シャインマスカットの栽培技術

Yamada Masahiko
山田昌彦 編

創森社

ハウス栽培での着果

シャインマスカットの高品質安定生産に向けて～序に代えて～

ブドウ「シャインマスカット」は、国立機関の農研機構が育成し、2006年に品種登録された新品種で、急速に栽培が拡大している。

栽培面積は1379ha（農林水産省、2017年）で、日本で栽培されるブドウ品種の中で、「巨峰」、「ピオーネ」、「デラウェア」に次ぐ第4位となっている。これまで市場における高価格が続いており、今後も相当の需要が見込まれる。

＊

「シャインマスカット」により、これまであまり市場になかった欧州ブドウの食味を、大粒で種なし、皮ごと食べられるものとして供給できるようになったため、それを好む大きな需要に応え、生産は急増してきた。ブドウの国内産出額は、2014年以降増加を続け、2018年にはリンゴの国内産出額を上回る1464億円となったが、これには「シャインマスカット」が貢献している。

一方、種なし・小～中粒・皮ごと食べられる欧州ブドウ品種のアメリカ、オーストラリア、チリなどからの輸入は、2014年の2万tから増加し、2019年には4・7万tとなった（農林水産省、2019年）。これは、国内ブドウ収穫量の4分の1を超えている。

国内ブドウ産業は、「シャインマスカット」を始めとして、大粒・高品質のブドウを供給していかなければならない。そのためには、生産者がそれを安定生産で

シャインマスカットの収穫果

き、確実に収入を得られる技術が必要である。「シャインマスカット」も流通量が増加しており、今後は品質による価格差が大きくなると見込まれ、ますます栽培技術が重要である。

「シャインマスカット」は国公立試験研究機関の協力によって特性が解明され、普及が推進されてきた。各都道府県では様々な栽培・流通技術が開発され、普及が図られており、様々な経験が蓄積されてきた。

＊

本書は、技術開発の第一線で活躍され、「シャインマスカット」栽培をリードされてきた主産地の方々を主に執筆陣を編成し、現在の「シャインマスカット」栽培・流通技術を生産者・技術者向けに解説しようとするものである。執筆をご了解いただいた執筆者各位ならびに関係機関の方々に深く感謝申し上げる。

私は、かつて農研機構で長くブドウとカキの品種改良に従事し、「シャインマスカット」の筆頭の育成者であることから、このたび創森社より、本書の編纂の依頼をいただいた。長くこのブドウの育成と普及に関わってきたことを鑑み、国内ブドウ産業振興に資することができれば、とお引き受けした次第である。

技術は時代とともに進化する。本書が「シャインマスカット」の高品質安定生産を可能にし、さらなる技術の進化に資することを期待している。

2020年　9月

編者　山田　昌彦

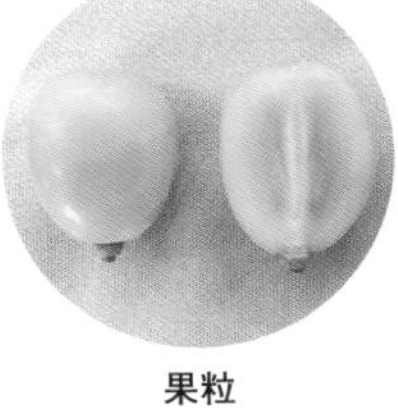
果粒

第2章 シャインマスカットの生育と仕立ての類型 山田昌彦 29

苗木

第3章 山梨県における生育と栽培管理 宇土幸伸 45

花穂満開

第4章 岡山県における生育と栽培管理

安井淑彦

ハウス栽培

第5章

目標果房

第6章 シャインマスカットの長期貯蔵技術

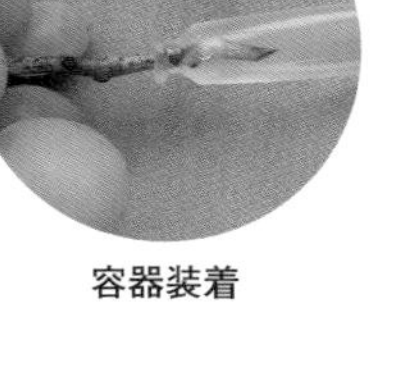

容器装着

第7章 シャインマスカットの生理障害と防止対策　持田圭介　175

カスリ症

第8章 シャインマスカットの病虫害と防除対策　綿打享子　内田一秀　199

黒とう病

本書の見方・読み方

◆本書では、シャインマスカットの育成と品種特性、および生育と主な栽培管理、貯蔵技術、生理障害・病虫害の対策などを紹介しています。

◆第３～５章の生育と栽培管理は執筆者の地域を基準にしています。生育は品種、地域、気候、栽培管理法などによって違ってきます。

◆本文中の専門用語、英字略語は、用語初出時、もしくは初出下の（　）内などで解説。また、用字用語はブドウ栽培での使用頻度の多いもの、病虫害、数字、記号などを整えるにとどめ、基本は各自執筆文に準拠しています。

◆本文中の植物成長調整剤、農薬などの薬剤は 2020 年 8 月時点のもので、それぞれの使用基準を守るようにします。

◆年号は西暦を基本としていますが、必要に応じて和暦を併用しています。

苗木の育成

第1章

シャインマスカットの育成と品種特性

日本大学生物資源科学部
山田 昌彦

収穫間近の果房

新品種シャインマスカットの育成

強い需要が見込まれて

ブドウ「シャインマスカット」は、2006年に農林水産省に品種登録された、国立機関の農研機構（国立研究開発法人農業・食品産業技術総合研究機構）が育成した新品種である。なお、品種をつくることを「品種を育成する」という。

「シャインマスカット」は2007年に苗木販売が開始されて以降、急速に普及しており、その栽培面積は2017年には1379haで、日本で栽培されるブドウ品種の中で第4位で、日本全体のブドウ栽培面積の10・3%となっている（**図1-1**）。

「シャインマスカット」は栽培が比較的容易で、強い需要があることから、今後も栽培面積は大きく拡大していくと見込まれる。その品種特性とともに、「シャインマスカット」がどのようにしてつくられたのか、なぜ大きく消費と生産が伸びる品種なのか、について示したい。

ハウスでの果房

育成の背景と経過

初めに、簡単に「シャインマスカット」が育成された流れを示すと以下のようになる。

世界で栽培されている主なブドウは、欧州ブドウ(学名 *Vitis vinifera* L.)と米国ブドウ（学名 *Vitis labruscana* Bailey）に大別される。欧州ブドウは、生育期に降雨が多い環境では病害や裂果が多発する。優良な生食用品種の果肉はかみ切りやすくて硬く、一部の品種は特有のマスカット香（マスカットオブアレキサンドリアに代表され

出荷の姿

図1－1　全国のブドウ品種別栽培面積割合

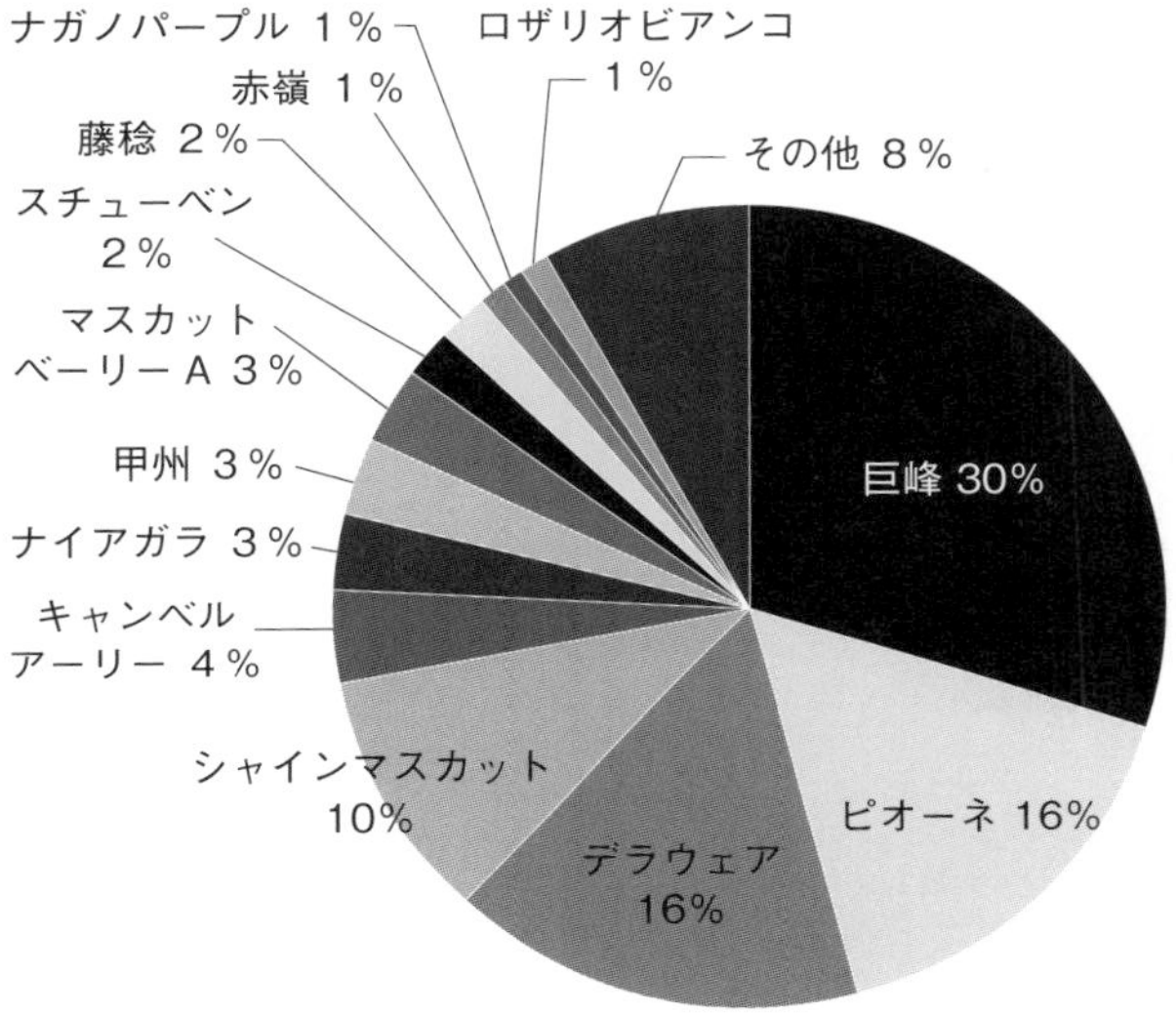

注：農林水産省特産果樹生産動態等調査による（2017年）。
総栽培面積1万3633ha

収穫期の果房

る香り。主な成分はリナロール、ネロール、ゲラニオールなど）がある。一方、米国ブドウは、降雨の多い地域でも比較的栽培できる。その果肉はかみ切りにくく、多くが特有のフォクシー香（ナイアガラ、コンコードなどに代表される香り。主な成分はメチルアンスラニレートなど）を持っている。

日本では、明治以降、海外から多くのブドウ品種を導入したが、降雨が多いことから、「デラウェア」や「キャンベルアーリー」などの米国ブドウが栽培の主流であった。

このため、ブドウの消費拡大に向けて、米国ブドウとは異なる食味を持ち、かつ日本でも栽培しやすい品種の開発が大正や昭和初期から民間で進められ、欧州ブドウと米国ブドウの交配により「巨峰」や「マスカットベーリーA」などの品種が誕生した。

これらの品種の肉質は欧州ブドウと米国ブドウの中間的であり、香りもマスカット香ではなくフォクシー香を持っている。

そこで、農研機構では、優れた生食用欧州ブドウ品種と同様の食味と米国ブドウの栽培しやすさを持つ品種の開発を目指して品種改良を進め、「シャインマスカット」を育成した。

欧州ブドウと米国ブドウ

世界で主力の欧州ブドウ

ブドウには多くの種があるが、世界で主に生産・消費されているブドウは欧州ブドウという種である（小林、1970）。

この種は黒海とカスピ海の間の地域が原産地とされている（Einset and Pratt 1975）。原産地の気候は夏季には降雨が少なく、この種はもともと降雨の少ない気候に適応している。

デラウェア

特性の一般的傾向

縮果症の発生	果実の日持ち性	果粒の脱粒	耐病性	耐寒性
無	短い	しやすい	強い	強い
一部の品種であり	長い	しにくい	弱い	弱い

ブドウには降雨を介して発生する病害が多い。夏季に降雨の多い地域では病害や裂果が多発するため、栽培が難しい。夏季に降雨の少ない地中海沿岸地域に古くから広がり、ヨーロッパで広く栽培されて多くの品種が生まれている。主にワイン用（醸造用）に生産されてきたが、生食用の品種も多くある。日本のような降雨の多い地域では病害や裂果が多発して栽培が難しい。

米国ブドウとは

17世紀から欧州より北米東部に人々が移住するようになり、欧州ブドウも持っていって栽培しようとしたが、降雨が多いための病害発生、米国に原生していたブドウネアブラムシ（フィロキセラ）による被害、北部における低温などにより、欧州ブドウの栽培は失敗した（菊池、1948；小林、1970）。

そこで、北米原産種の中からの選抜または北米原産種と欧州ブドウとの交雑により多くの品種が育成され、米国ブドウと呼ばれている（小林、1970）。北米原産種の中でもラブラスカブドウ（学名 *V. labrusca L.*）の血を引く品種が多い。米国ブドウは、欧州ブドウと比べて耐病性・耐寒性が強く、裂果もしにくい品種が多い。

欧州ブドウは原産地より東へも広が

り、中国西部に広がった。

　日本には古く中国を経由して欧州ブドウが伝わり、ごく少数の品種が知られるようになったが、明治以前は広くは栽培されなかった。

　ブドウ品種「甲州」は1186年に山梨県勝沼で発見されたとされ（菊池、1948）、今日まで栽培が続いている。「甲州」は黒とう病に強く、最近のDNA研究の結果、「甲州」は欧州ブドウと東アジア原産のブドウ野生種との雑種と推定されている（Goto-Yamamotoら、2015）。

甲州

キャンベルアーリー

表1－1　日本に導入された生食用欧州ブドウ品種と米国ブドウ品種の

	果実成熟期	果粒重	果肉特性	果実の香り	果実の甘味	裂果性
米国ブドウ	早い	小	かみ切りにくい	フォクシー香	高い	低い
生食用欧州ブドウ	遅い	大	かみ切りやすい	マスカット香	低い	高い

注：Yamada・Sato　2016

日本へのブドウの導入

　明治になり、日本には多くの品種が外国から導入されたが、降雨の多い日本では欧州ブドウの栽培は難しかった。そして、「デラウェア」、「キャンベルアーリー」、「ナイアガラ」などの米国ブドウ品種が広く栽培された（菊池、1948）。これらの品種は、現在もかなり栽培されている。欧州ブドウは少量ではあるが、岡山県などでガラス室を用い、「マスカットオブアレキサンドリア」などが栽培された。

　日本に導入された欧州ブドウ生食用品種と、米国ブドウ品種には、かなり特性の差異がある（**表1－1**）。欧州ブドウ生食用品種は、かみ切りやすい肉質であり、一部の品種はマスカット香を持っている。米国ブドウ品種はかみ切りにくい肉質で、多くがフォクシー香を持っている。

品種改良と新品種の苗木生産

新品種ができるまで

「品種改良」のことを「育種」と呼ぶ。ブドウをはじめ、多くの果樹類の品種改良は、交雑育種によって行われ、リンゴの「ふじ」、ナシ「幸水」、カンキツ「不知火《しらぬい》（デコポン）」など、広く栽培される品種が生まれてきた。

果樹の交雑育種とは、多くの品種の中から、母親となる品種と父親となる品種を選んで交配し、その両親の子を多くつくり、その中から目的の子を選んで新品種とする育種である。

交配は、「開花前に母親品種の葯を取り除き、袋をかける。その後、父親品種の花粉を母親品種の雌しべの柱頭に塗り、再度袋をかける」。このことによって、果実が結実し、種子がつくられる。ここで得られる種子は、両親の子（母親品種と父親品種のＤＮＡを持つ雑種）である。

この種子を播種して、植物体を数年をかけて育成し、果実を結実させて特性を調査し、目的とする性質を持った子を1個体選抜できれば新品種とすることができる。この個体から枝をとり、接ぎ木により繁殖することより、同じ遺伝子を持つ個体を苗木としてつくることができる。新品種は苗木として普及していく。

苗木生産と供給

新品種は、農林水産省に品種登録がされると、種苗法により育成者としての権利（育成者権）が保護される。この権利により、育成者の許諾なく、この新品種の苗木を生産して販売することはできない。品種登録された果樹品種は、育成者から苗木生産の許諾を受けた種苗生産業者が生産した苗木を、生産者は購入して植えることができる。

接ぎ木した苗を温床に入れて芽出し、発根させたうえで畑に定植（片側をマルチ、６月）。秋には１年生苗木になる

品種登録制度については、農林水産省品種登録ホームページに示されている。果樹では育成者権の保護期間は30年である。「シャインマスカット」は、２００６年に品種登録されており、２０３６年3月まで農研機構は育成者権が認められている。それまでの期間は、仮に海外で生産されても日本に果実を輸出することはできず、輸入を差し止めることができる。

図1－2　農研機構育成品種の育成から苗木生産・販売の流れ

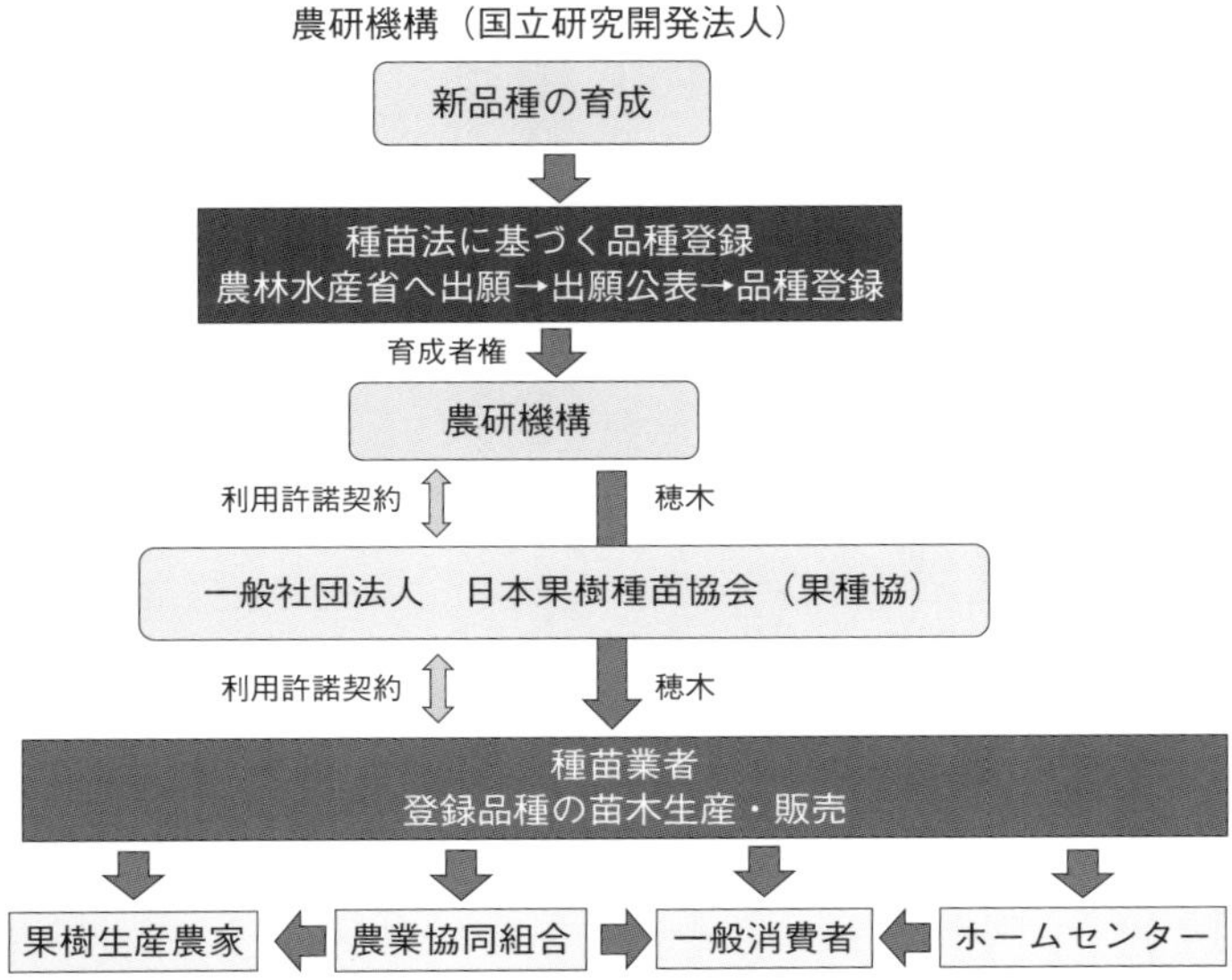

注：日本果樹種苗協会ホームページより一部改変

鉢栽培の苗木

国立機関の農研機構は国内果樹産業振興のために、様々な果樹品種を育成してきた。これらの品種は、広く国内生産者の方々に生産していただくためのものであり、公正に苗木が供給されなければならない。苗木生産は、国内果樹種苗生産業者の方々が担っており、その苗木生産力が、国内の苗木供給力となっている。

農研機構で育成された果樹品種は、農研機構が「一般社団法人日本果樹種苗協会（果種協）」に利用許諾を行い、果種協が全国の多くの果樹種苗生産業者と個々に利用許諾を行うという2段階の仕組みとなっている（**図1－2**）。果種協は、多くの果樹種苗生産業者などが会員となっている。許諾を受けた果樹種苗生産業者が生産・販売する農研機構新品種の苗木には、1本ずつ、農研機構が育成し、品種登録された品種あるいは品種登録に出願している品種であることを示す「証紙」（果種協が発行）が貼付されている。

農研機構では、「シャインマスカット」をはじめ、育成したブドウ品種は、農研機構果樹茶業研究部門ブドウ・カキ研究拠点（安芸津）の隔離圃場で母樹が栽培され、栽培上問題と考えられているウイルスの検定が定期的に行われている。この母樹の枝を冬季に採取して、接ぎ木のための「穂木」とする。穂木は、許諾を受けた種苗生産業者からの求めに応じて、果種協に供給され、さらに種苗生産業者に供給されている。

日本におけるブドウの品種改良

初期の品種改良

米国ブドウの栽培が広がったが、さらにブドウ消費を拡大しようとすると、生食用としてもワイン用としても欧州ブドウの味を持った品種の栽培が必要となる。そこで、欧州ブドウの味を持ち、日本で露地栽培できる品種を開発することが育種の目標となる。

民間の個人育種家による交雑育種が始められ、広田盛正氏による「ネオマスカット」が1932年に、川上善兵衛氏による「マスカットベーリーA」などが1940年に、大井上康氏による「巨峰」が1945年に発表された。

ネオマスカット

「ネオマスカット」は欧州ブドウと「甲州三尺」（黒とう病に強い）の交配、「マスカットベーリーA」と「巨峰」は米国ブドウと欧州ブドウの交配から生まれた品種（欧米雑種）である。「巨峰」は通常のブドウ（2倍体）が細胞内に持っているDNAの量が2倍ある4倍体であり、果粒が大きい。これらの品種は、第二次世界大戦後、ブドウ生産の拡大とともに、栽培が広く行われた（**図1-3**）。

これらの品種は、生食用欧州ブドウ品種のかみ切りやすくて硬い肉質、マスカット香を持つには至っておらず、欧米雑種は欧州ブドウと米国ブドウの中間的な性質であった。

マスカットベーリーA

「巨峰」、「マスカットベーリーA」の耐病性は、総合的に見て、米国ブドウほどではないが、かなり強く露地栽培が可能である。裂果しにくく、通常栽培ではその発生は問題とならない。「ネオマスカット」の耐病性と耐裂果性はやや劣るが、降雨の少ない温暖な地域で露地栽培された。

巨峰普及期の品種改良

「巨峰」は、1960年代から普及し始め、栽培技術の確立が進んで、19

図１－３　全国のブドウ品種別栽培面積割合

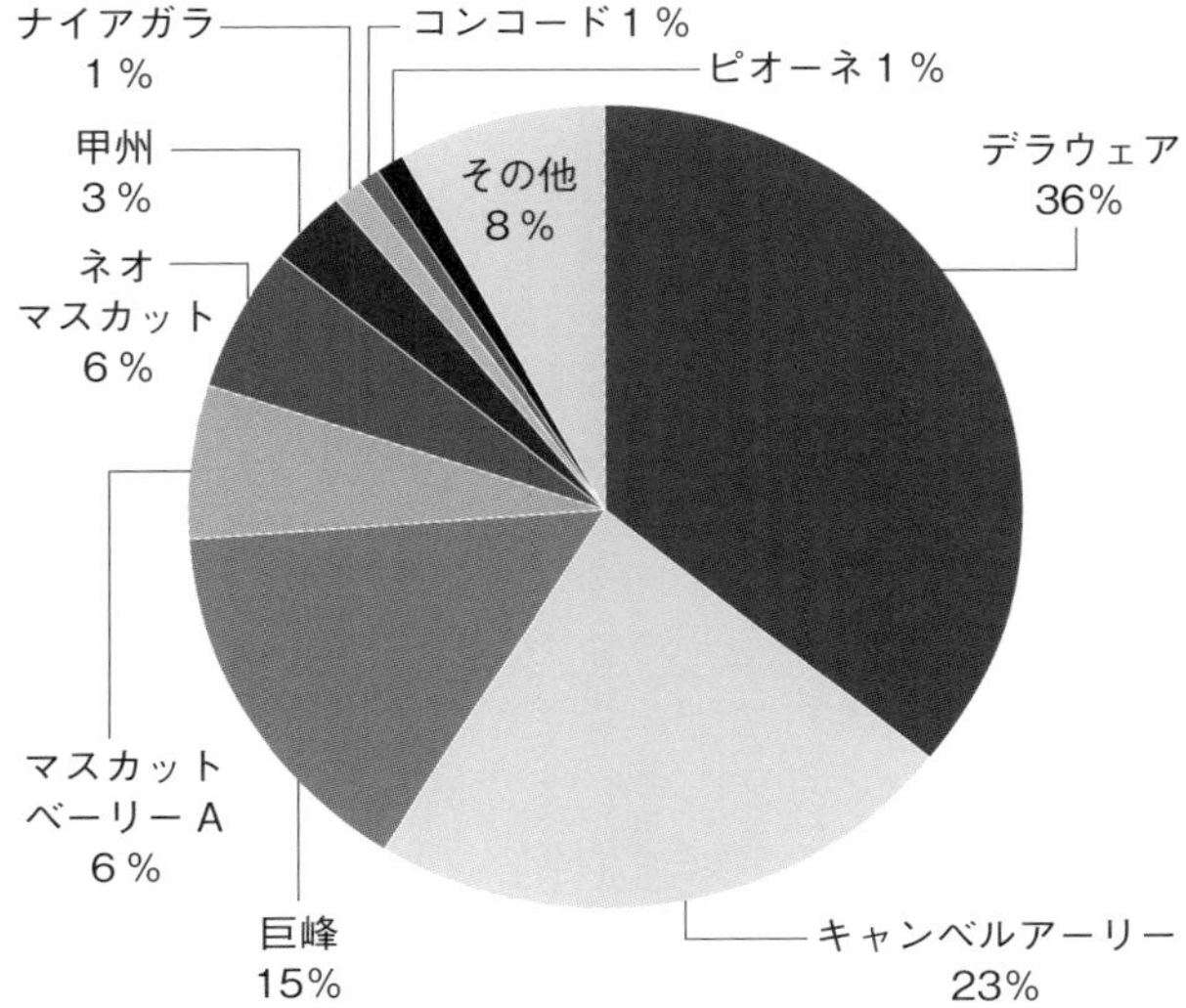

注：農林水産省特産果樹生産動態等調査による（1978 年）

巨峰

ピオーネ

７０年代後半～１９８０年代は大きく栽培が拡大した。「巨峰」は12ｇ程度の大きな果粒で良食味であったことから、「巨峰」の普及以後は大粒であることが強く求められるようになった。民間育種家により「巨峰」を交配親に用いた４倍体品種育成も多く取り組まれ、より大粒の「ピオーネ」や「藤稔」が生まれた。

　１９９０年代後半には「巨峰」の需要に生産が追いつき、飽和状態となる一方、「巨峰」の需要がしだいに低下してきたため、販売価格が低下した。市場価値を高めるため、ジベレリン（植物ホルモンの一種。無核果の生産、果粒肥大などを促進するために使用）で花・果房を処理する種なし栽培（無核栽培）が広く取り組まれるようになった。「ピオーネ」や「藤稔」は、種なし栽培が一般的である。このように、大粒・種なしが２０００年代以降の普及品種の条件となった。

　一方、民間育種家により、欧州ブドウ同士の交配から、１９７０～１９８０年代に「甲斐路」、「ロザリオビアンコ」、「瀬戸ジャイアンツ（桃太郎）」などの良食味で大粒の品種が育成され、一部で普及した。しかし、欧州ブドウは多くの病害について耐病性遺伝子を持っておらず、耐病性が優れて広く栽培できる品種にはならなかった。

国立機関による新品種の育成

品種改良の目標

農林省は1968年に広島県豊田郡安芸津町《あきつちょう》（現、東広島市安芸津町）に園芸試験場安芸津支場（現、農研機構果樹茶業研究部門ブドウ・カキ研究拠点）を設置して、業務の一部としてブドウの品種改良を計画的に開始した。

品種改良の目標はいくつかあったが、欧州ブドウの味を持ち、日本で露地栽培できる品種を開発することが重要な目標であった。「巨峰」など4倍体品種を交配親とした育種（欧米雑種4倍体の育種）にも取り組んだが、交雑種子獲得率・種子発芽率が低いこと、かみ切りやすく硬い肉質の子は得られにくいこと、収量性や栽培しやすさが2倍体より低いことなどの問題があった。

もう一つの路線として、欧米雑種2倍体により、目標を達成しようとする方向で育種が取り組まれた。

安芸津21号と白南の交配

2倍体の欧州ブドウと米国ブドウの交配が多く取り組まれたが、米国ブドウは小粒で大粒の子は生まれず、肉質は中間的なものが多く生じ、大粒でかつ生食用欧州ブドウの持つかみ切りやすく硬い肉質の子はなかなか生まれなかった。また、マスカット香を持つ個体は少なかった。

その中で、「スチューベン」（米国ブドウ）×「マスカットオブアレキサンドリア」（欧州ブドウ）の交配から生まれた子の中の1個体が、香りは不良であるが、やや大粒で、かみ切りやすく硬い肉質を持っていた。

これを選抜して安芸津21号とし、これに様々な欧州ブドウ品種を交配した。そして、大粒、かみ切りやすく硬い肉質、マスカット香を持つ子の出現を期待した。その中で、安芸津21号と「白南」の交配から「シャインマスカット」が誕生した（**図1-4**）。「白南」は民間育種家・植原宣紘氏の育成

農研機構ブドウ・カキ研究拠点（東広島市）

図１－４　シャインマスカットの系譜

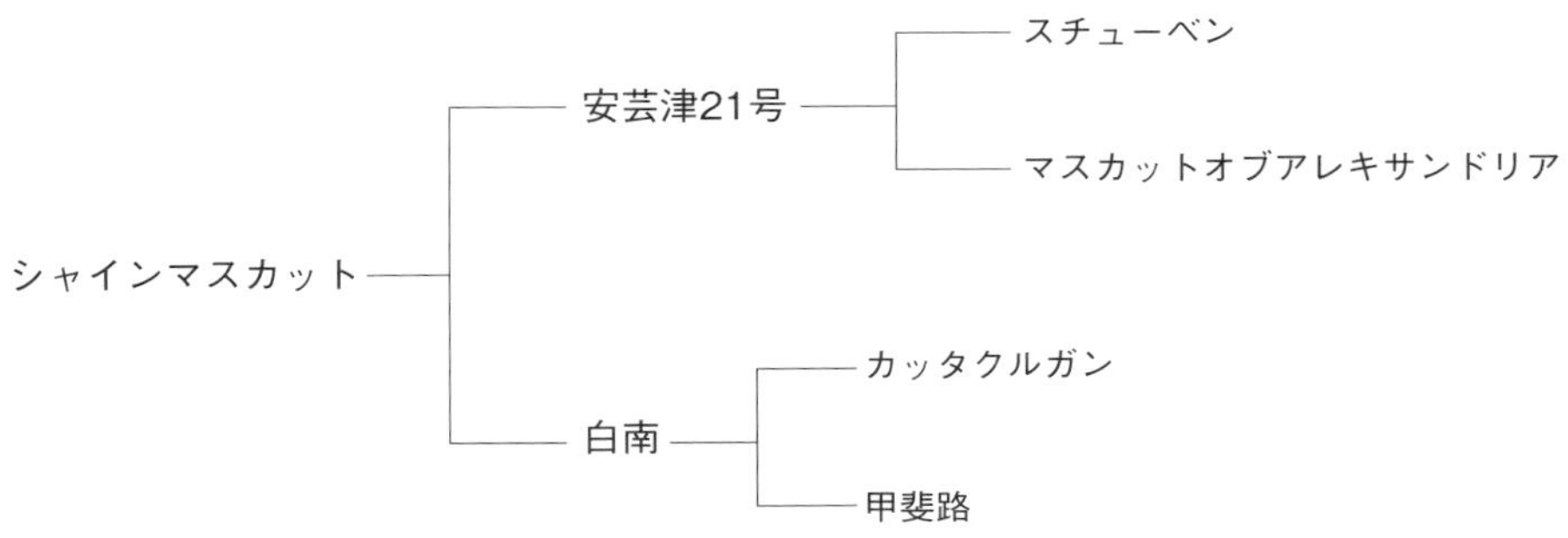

有核栽培のシャインマスカット果房

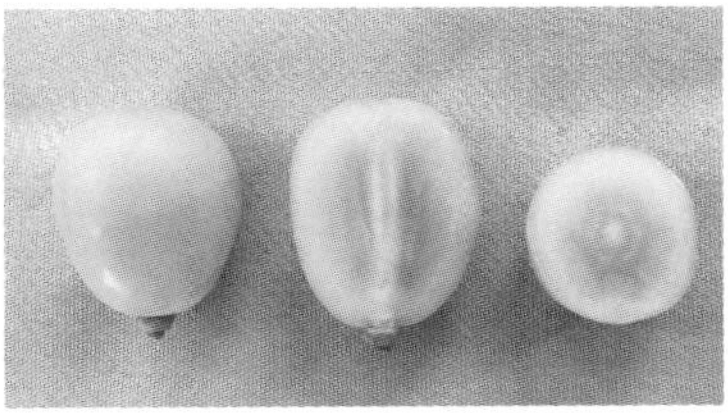

シャインマスカット果粒（無核栽培）

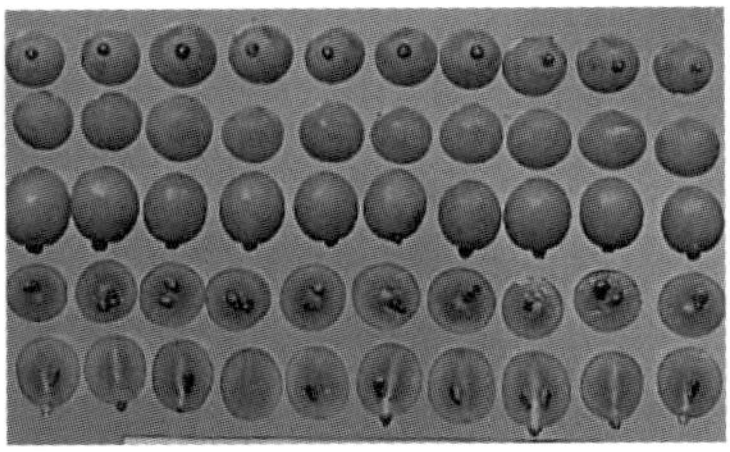

品種登録時の資料

品種で「カッタクルガン」と「甲斐路」の子である（植原・山本、２０１５）。なお、安芸津21号と「ルビーオクヤマ」の交配から「オリエンタルスター」も誕生した。

試作栽培試験などを経て

新品種の普及が進むためには、生産地での試作が不可欠である。選抜された個体は、系統と呼ばれて接ぎ木で繁殖し、苗木がつくられる。

国立研究機関で作出されて選抜した系統は、全国のブドウ生産地の都道府県立試験研究機関における試作栽培試験が行われる（系統適応性検定試験、略称は系適試験）。その全国試験で特性と普及性が検討され、普及すべきと判断された系統が新品種として発表される（**図１‐５**）。

「シャインマスカット」は、ブドウ安芸津23号として１９９９年より28都道府県30か所の国公立試験研究機関で系適試験が行われ、各地における適応性、短梢剪定・摘心栽培の有効性、栽培労力の程度、ストレプトマイシン剤処理による種なし化促進などについて

図１－５　国立研究機関（農研機構）の交雑育種における都道府県および生産者との連携体制

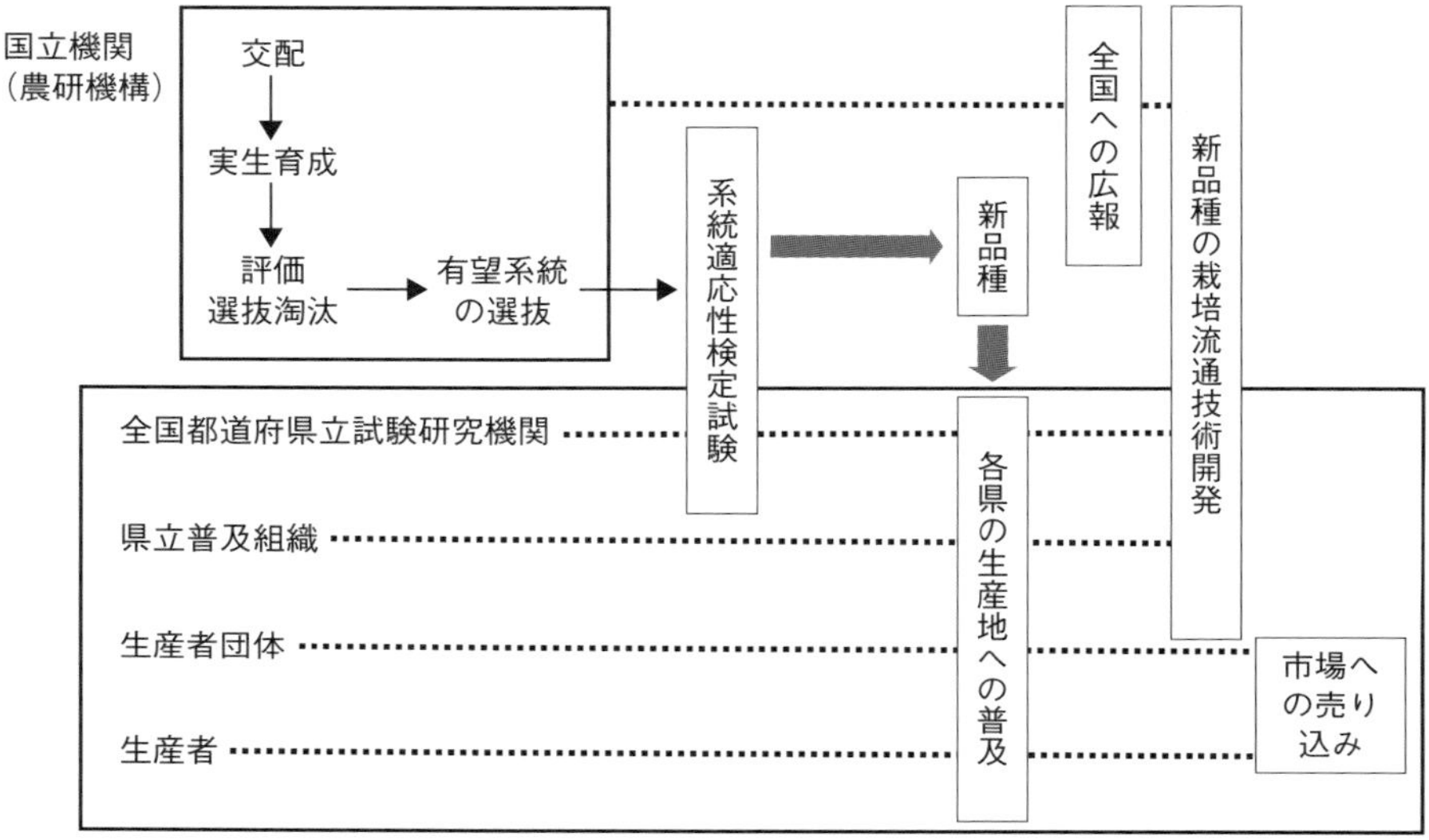

注：山田　2016を一部改変

解明が進んだ。「シャインマスカット」が新品種となったのち、公立試験研究機関、農研機構などで、普及に資する多くの研究が取り組まれた。商品性の向上を目指した大粒化技術として、フルメット液剤（有効成分：ホルクロルフェニュロン0・1％）の利用と摘心技術の発展が特筆される。「シャインマスカット」の日持ち性が長いことから長期貯蔵技術も開発され、長い期間、販売されるようになった。食味の劣る未熟果や低糖度果の流通を避けるため、成熟期判定のためのカラーチャートが開発された。各府県で栽培マニュアルが作成されて普及が進んだ。

「シャインマスカット」の品種名称については、当時の規定に従って以下のように進められた。安芸津の育種研究室では、育成関係者や系適試験参画機関等より名称を募ったのち、7個の名称を順位をつけて選定し、農研機構果樹研究所（現、果樹茶業研究部門）に提出した。

さらに果樹研究所から農林水産省に順位をつけて名称候補を提出し、農林水産省新品種命名登録評価検討会において「シャインマスカット」として品種登録出願することが決定された。「シャインマスカット」は、輝くようなマスカットブドウの意である。

シャインマスカットの品種特性

欧州ブドウの食味

「シャインマスカット」は「生食用欧州ブドウの食味を持ち、耐病性が比較的強くて栽培しやすく、種なし栽培できる大粒の黄緑色品種」である。

肉質はかみ切りやすくて硬く、マスカット香がある（**表1－2**）。果皮は厚くなく、渋みがないため、皮ごと食べられる。裂果は一般に発生しない。

無核栽培のシャインマスカット果房

糖度は高く、酸味は低い。酸度は、「巨峰」より低い。「巨峰」より脱粒しにくく、日持ちが長い。

現在、生食用全ブドウ栽培面積のうち、欧州ブドウは4％程度しかなく、「シャインマスカット」以外のマスカット香をもつ品種は1％以下である（農林水産省、2017）。「シャインマスカット」により、これまであまり市場になかった欧州ブドウの食味を、大粒で種なし、皮ごと食べられるものとして供給できるようになったため、それを好む大きな需要に応え、生産は急増してきた（**図1－6**）。

図1－6　シャインマスカットの全国栽培面積の推移

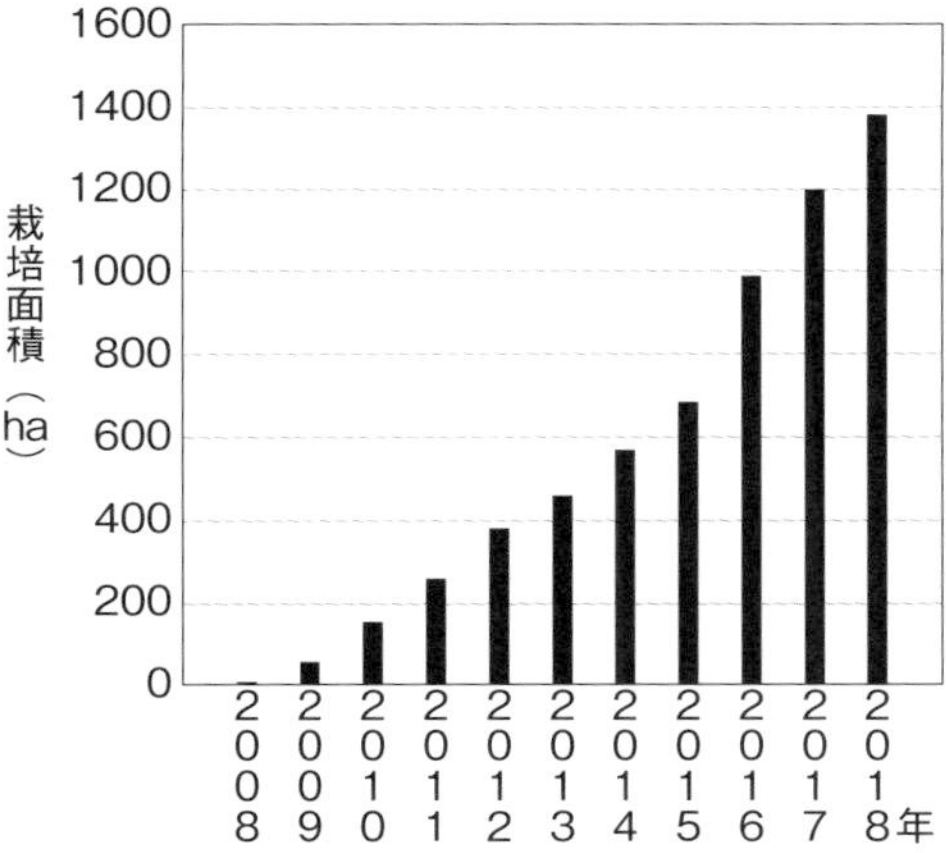

注：農林水産省特産果樹生産動態等調査による

種なしの果実生産

「シャインマスカット」は一般に種なし果実生産（無核栽培）が行われる。本来、種子ができる品種であるが、「巨峰」や「ピオーネ」などと同様、植物ホルモンのジベレリンを花・果房に処理することにより種なしの果実を生産できる。

ジベレリン処理により「巨峰」なみに果房の種子がなくなるが、安定して完

特性

酸含量 (g/100mℓ)	果肉のかみ 切りやすさ	果肉の硬さ	果実の香り	はく皮 しやすさ	渋み	日持ち性
0.35	容易	硬	マスカット	中～難	無	中
0.55	中	中	フォクシー	容易	無	短

②巨峰は1999年に12年生の樹を1999年～2003年の4年間反復評価した平均値。ジベレリン処理を行わない種あり栽培。
③山田ら　2008

全に種なし果実を生産するためには、開花前にストレプトマイシン剤を散布する。

　また、現在では、着粒安定と大粒化のため、一般にフルメット液剤（有効成分：ホルクロルフェニュロン、CPPU）を処理する。詳細は第3章以下を参照されたい。

「シャインマスカット」は、このような処理を行わない栽培（種あり栽培、有核栽培）でかみ切りやすくて硬い肉質であるが、ジベレリン処理による種なし栽培では、それより肉質がやや硬くなる（Satoら、2004；山田ら、2008）。

　生理障害の縮果症の発生は、系適試験では特に問題とならなかったが、フルメット液剤の利用などを含む現在の栽培技術では、近年の気象の変動も大きく、各地で発生が問題になっている。発生に注意した管理を行うことが必要である（第7章参照）。

発芽・開花と新梢伸長

　春・夏季における新梢とは、その年に伸びている、葉のついている緑色の枝のことである。この枝は冬季には褐色の硬い枝となっている。

　春季に「前年の新梢」（冬季には結果母枝という）についている芽が伸びて今年の新梢となる。ブドウでは、その新梢の基部側に花穂《かすい》（蕾、花が穂状に集合したもの）がつく。この花穂をもつ芽を花芽《かが》（「はなめ」ともいう）と呼ぶ。「シャインマスカット」は花芽がつきやすく、結果母枝の基部の芽まで花芽となりやすい。

　このため、冬季に結果母枝を基部の1～2芽まで切り落とす栽培（短梢剪定栽培）が可能である（第2章参照）。結果母枝の基部に花芽がない品種の場合は、冬季の剪定では、結果母枝を6芽以上で切る長梢剪定が用いられる。

表1－2　シャインマスカットの

	剪定法	樹勢	収穫日	果房重 (g)	果粒重 (g)	裂果	糖度 (%)
シャインマスカット	短梢	極強	8月19日	543	13.0	無	18.0
巨峰	長梢	強	8月23日	461	13.3	無	19.8

注：①シャインマスカットは2002年に5年生の樹を2002年と2003年に2年間反復評価した平均値。満開時と満開10～15日後のジベレリン25ppm花・果房処理による種なし栽培（フルメット液剤は用いていない）。短梢剪定樹で，新梢長125cm程度で数回摘心。

図1－7　葉への菌接種試験における黒とう病抵抗性の品種間差異

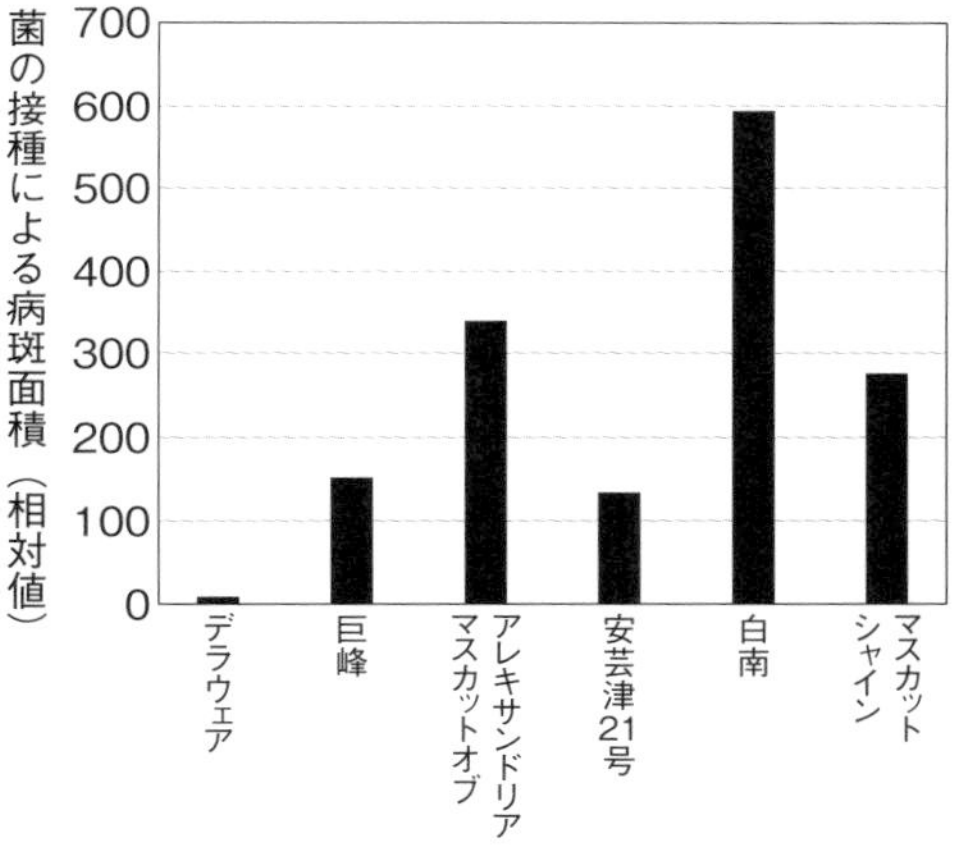

注：Konoら　2013より

開花始めの状態

「シャインマスカット」は短梢剪定栽培も長梢剪定栽培も可能である。

長梢剪定の場合、「巨峰」や「ロザリオビアンコ」と比べて、「シャインマスカット」の芽は、春季に萌芽しやすく、揃いやすい。

樹勢と耐病・耐寒性

樹勢は強い品種で、新梢は強く伸びやすい。収量は「巨峰」より多く、成園（成木となり適度な葉の密度で栽培されている場合）では多くの場合、1・5～1・8t／10a程度と考えられている。

耐病性については、べと病および晩腐病抵抗性は「巨峰」なみに強いと評価されている（Shiraishiら、2007；山田ら、2008）。しかし、黒とう病には強くなく（**図1－7**）、降雨の多い地域ではビニール被覆による雨よけ栽培が望ましい。花・果房へのジベレリン処理を安定して行うことや、降雨を介して感染する晩腐病などの果房への感染を防ぐため、短梢剪定栽培とし、果房近辺をトンネル状に棚面を被覆するトンネル簡易被覆栽培も多い（トンネルメッシュ）。他の病虫害に対しては、これまでの試験栽培で、黒とう病以外は「巨峰」と比べて、特に目立って発生した病虫害はなく、「巨峰」を対象とした病虫害防除で栽培できる。

耐寒性は比較的強いが、東日本では、冬季の最低気温がかなり下がる地域が多い。新梢が大きく伸びている若木は、耐寒性が低いので、主幹をわらで防寒する等の防寒対策が必要である。

黒とう病（果房）

簡易雨よけ施設

系適試験では、少なくとも東北地方南部以南の「巨峰」栽培地域で「シャインマスカット」の栽培が可能と評価された。系適試験における岩手県農業研究センター（北上市）での試験栽培では「シャインマスカット」の耐寒性は「巨峰」と同程度で「ネオマスカット」より強いと評価された。また、東北地方では、２０１８年には山形県１５ha、福島県18ha、秋田県15ha、青森県10ha、岩手県６ha、宮城県３haの「シャインマスカット」の栽培がある（農林水産省、２０１８）。

冷涼な地域は温暖な地域と比べ、ブドウの成熟は遅く、酸含量は高くなる。「シャインマスカット」の酸含量は「巨峰」より低く、下がりやすい。東北地方など冷涼な地域では、冬季の低温と耐寒性、さらに果実成熟期に注意する必要があるが、地域により栽培できる。

夏季が高温となる西南日本では、「巨峰」や「ピオーネ」の栽培では果実が着色しにくいことが「赤熟《あかう》れ」として問題になってきたが、「シャインマスカット」は果皮が着色しない黄緑色の品種であるため、この問題はない。九州の全県で栽培されている（農林水産省、２０１８）。また、特に高温に弱いという評価も出ていないので、温暖化に適応している品種ともいえる。

シャインマスカットの需要

普及する新品種は、既存の品種と異なって消費者のニーズに応える良い点があり、生産者が栽培しやすい品種である。裂果しやすい、耐病性が弱く病害が発生しやすい、果実が結実しにくいなどのように栽培が難しい品種は、それらを克服する技術ができない限り大きく普及しない。

「シャインマスカット」は栽培しやすく、これまで消費者への供給が少なかった、優良な欧州ブドウの味を、大粒、種なし、皮ごと食べられる特性とともに供給することを可能とした。

この需要が大きいことが高価格、生産拡大の大きい要因である。試みに、この需要の大きさを米国ブドウや「巨峰」などとの関係で示すと28頁の**図1-8**のようになる。この図では、円の大きさにより需要の大きさを表し、円が重なっている部分は、たとえば、「巨峰」も好きだが、「デラウェア」も好きというように、どちらの円の品種の果実も買いたいという人々の需要を模式的に示した。

（本章の多くは山田・山根・佐藤（2017）によっている。詳しくは園芸学研究（16巻）を参照されたい）

収穫果房

出荷の準備

スーパーマーケットの売り場

〈引用文献〉
（著書）
『果樹園芸学（上）』１９４８年　菊池秋雄
ｐ２５９-３１２　養賢堂

図１－８　米国ブドウと欧州ブドウの食味需要の模式図

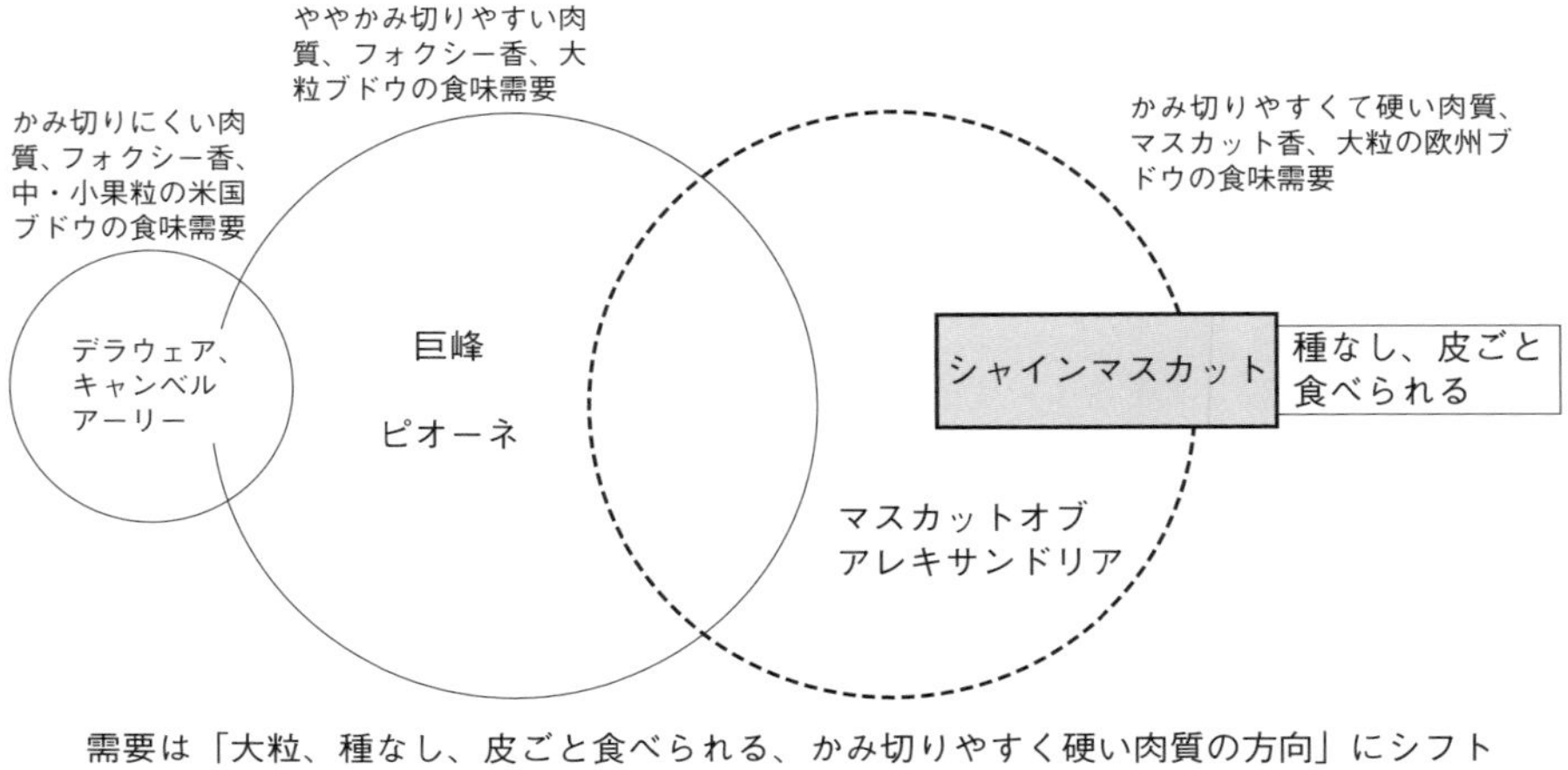

需要は「大粒、種なし、皮ごと食べられる、かみ切りやすく硬い肉質の方向」にシフト

注：山田　2016 を一部改変

『ブドウ園芸』１９７０年 小林章 ｐ１－18 養賢堂

『Advances in fruit breeding』１９７５年 Einset, J. and C. Pratt. Grapes. ｐ１３０－１５３ Janick, J. and J. N. Moore 編 Purdue University Press, USA

『日本のブドウハンドブック』２０１５年 植原宣紘・山本博 ｐ１７４ イカロス出版

『新品種・新技術で拓く果樹産業の未来』２０１６年 山田昌彦 第１章 果樹品種の変遷と品種改良 山田昌彦・別所英男・後藤一寿編著 農林統計出版

（論文）

Satoら ２００４年 Quantitative and instrumental measurements of grape flesh texture as affected by gibberellic acid application 園芸学会雑誌 73巻 ｐ７－11

Shiraishiら ２００７年 Screening for resistance to ripe rot caused by *Colletotrichum acutatum* in grape germplasm. Vitis 46巻 ｐ１９６－２００

山田ら ２００８年 ブドウ新品種〝シャインマスカット〟果樹研究所報告 ７巻 ｐ21－38

Konoら ２０１３年 Resistance of Vitis germplasm to *Elsinoë ampelina* (de Bary) Shear evaluated by lesion number and diameter. HortScience 48巻 ｐ１４３３－１４３９

Goto－Yamamotoら ２０１５年 Genetic analysis of east Asian grape cultivars suggests hybridization with wild Vitis. PLOS ONE 10(10) DOI: 10.1371/journal. pone. ０１４０８４１

Yamada・Sato ２０１６年 Advances in table grape breeding in Japan. Breeding Science. 66巻 ｐ34－45

山田・山根・佐藤 ２０１７年 ブドウ新品種「シャインマスカット」の育成と普及 園芸学研究 16巻 ｐ229－237

第2章

シャインマスカットの生育と仕立ての類型

日本大学生物資源科学部
山田 昌彦

H 字型整枝の例

落葉樹一般の生育特性

生育サイクル

落葉樹類の生育は、温帯での生存に適応している。温帯は、亜熱帯や熱帯と異なり、冬という低温の季節があるのが特徴である。

落葉樹類は、冬を乗り切るため、寒さに耐えられるように枝は硬くなり、晩秋には落葉する。春季に樹体にある貯蔵養分を使って萌芽し、新梢（第１章参照）を伸ばす。夏季に葉で最も光合成を行って、生きていくエネルギーをつくる。秋が進むにつれて葉・新梢にある光合成産物を太い枝・幹・根に送って、晩秋には落葉する。

落葉樹は、一般に、このような生育サイクルを基本に生存している。５月と10月の月平均気温はほとんど変わらないが（図２・１）、５月には新梢は伸長し、10月は伸長しない。５月にそれまでに伸びた新梢からすべての葉を切って除いてしまうと、再び芽が吹いて新梢と葉をつくる。しかし、成木の場合、一般に、９月末に台風による潮風害によってほとんど落葉した場合でも10月には芽を吹かず、新梢は伸びない。

新梢が伸びるには、樹は自らの持っているエネルギーを相当に使う。10月に新梢を伸ばしても、その後の気温低下のために、光合成は十分できずに冬になってしまう。また、樹体や新梢も低温に対する耐性ができず、凍害を受ける。いわばエネルギーの投資に見合う成果が得られず、収支がマイナスになることから、秋季に枝を伸ばさない適応をしているように見える。

図２－１　広島県竹原市における月平均気温の変化

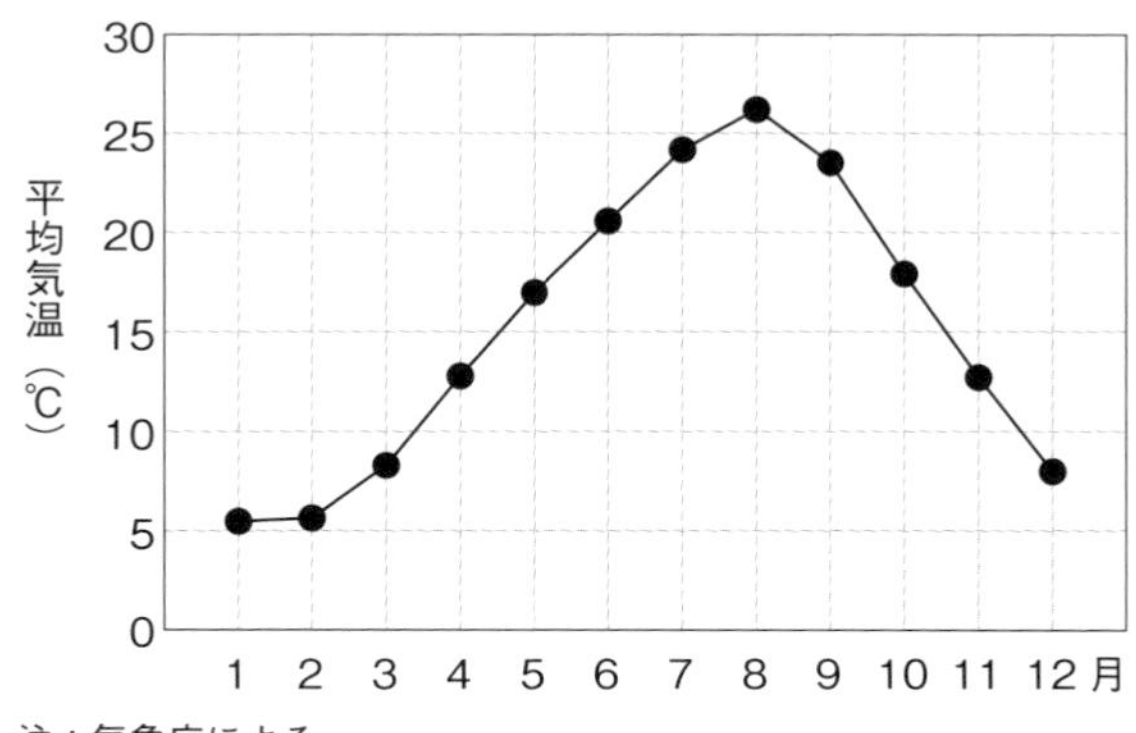

注：気象庁による

休眠期と養分の移行

新梢からの芽吹き

落葉樹は、季節の変化を日長と気温の変化により感じていると考えられている。新梢には、葉の基に芽がつくられる。

夏から秋に、新梢を切り取って水挿しし、生育に好適な20～25℃に置いて芽が吹くかどうか見る試験をすることで、その時期に樹が新梢を伸ばせるかどうかを測ることができる（切り枝試験）。また、鉢植えした個体の新梢を切り戻し、同様の好適気温に置いて芽が吹くか試験することができる（鉢植え試験）。これらの研究から、夏以降、だんだん芽は吹かなくなり、最も芽の吹かない時期は一般に9月中旬～10月中旬と考えられている。

ブドウにおける鉢植え試験の例を**図2・2**に示す。日長は、夏至（6月21日頃）が最も長く、冬至（12月22日頃）が最も短い（**図2・3**）。夏至以降、一日一日、日長は短くなり、昨日の日長と今日の日長を比較した場合、その変化が最も大きくなるのは秋分の日（9月23日頃）である。また、9月下旬～10月は気温が大きく低下していく時期である。

図2－2　休眠の深さの季節的変化

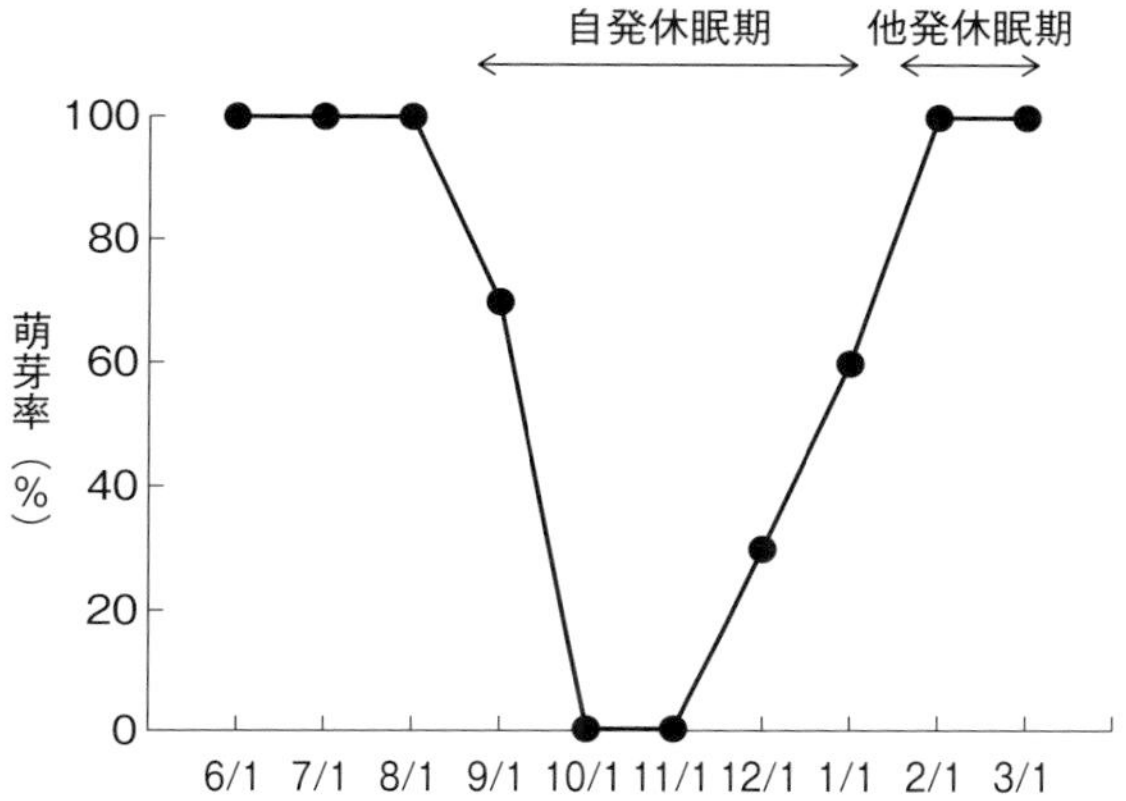

注：①鉢植えしたブドウ個体を切り戻したのち、20℃以上に置く試験における萌芽率の変化を示す。品種デラウェア
②堀内ら　1980

図2－3　広島市における日長の年変化

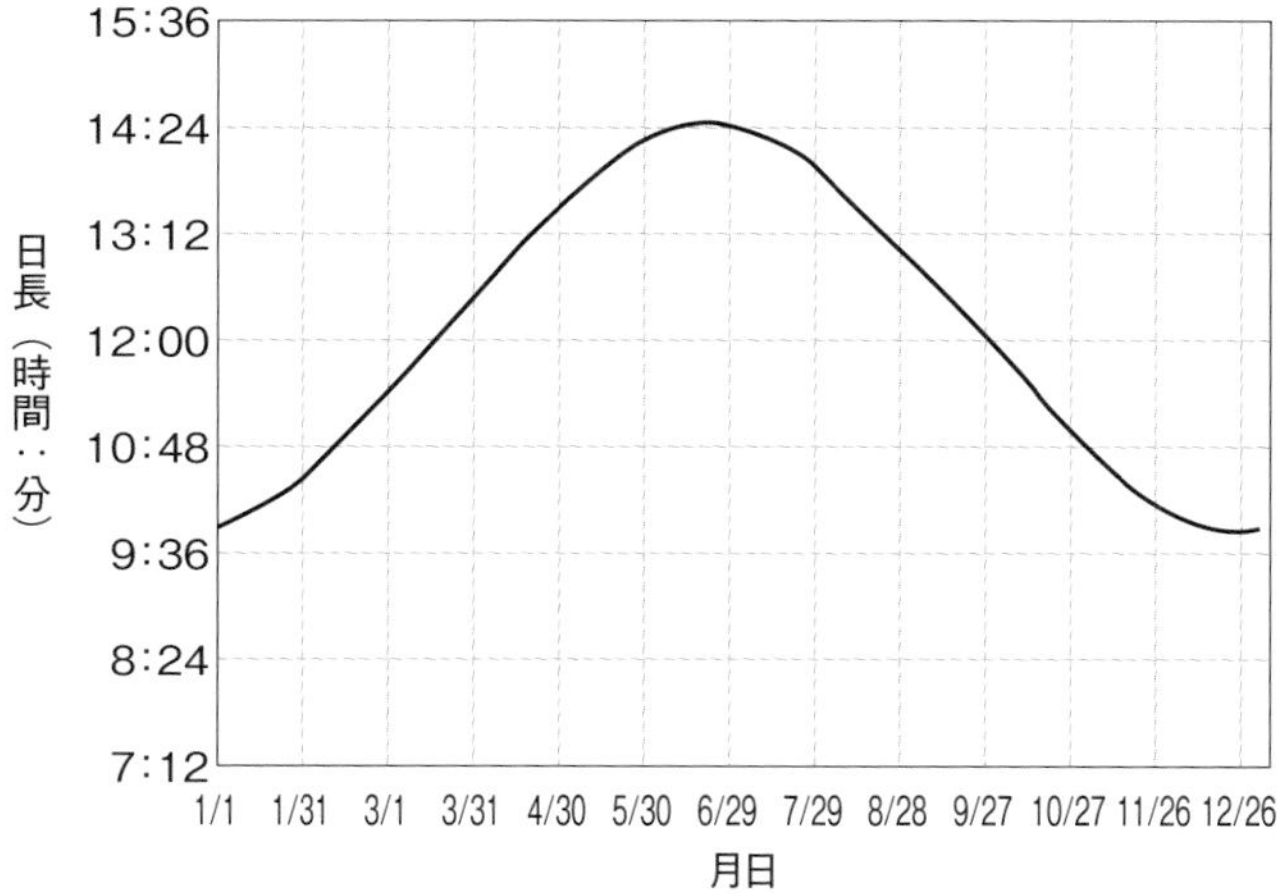

注：国立天文台・各地の暦　2020年による

自発休眠

これらの試験では、11月以降は、不完全ではあるが、次第に芽が吹くようになり、一般に、冬を越した2～3月には、一斉に良好に吹くよ

うになる（図2‐2）。このように、樹体が自身で芽が吹かない状態を「自発休眠」という。これに対して、2月や3月のように、樹体（枝）が生育好適な温度に置かれれば芽を吹けるのに、気温が低いために、結果として芽が吹かない状態を「他発休眠」という。

自発休眠が完全に終わるためには、新梢・樹体が一定期間低温に当たることが必要である。樹は冬の低温を感知しており、一定時間の低温期間を樹が測定する仕組みを持っている。加温ハウス栽培では、一般に、自発休眠が終わった後に、加温して栽培する。自発休眠が終わるために必要な低温量は、樹種や品種によって異なっている。

図2－4　落葉樹の季節による養分移動のイメージ

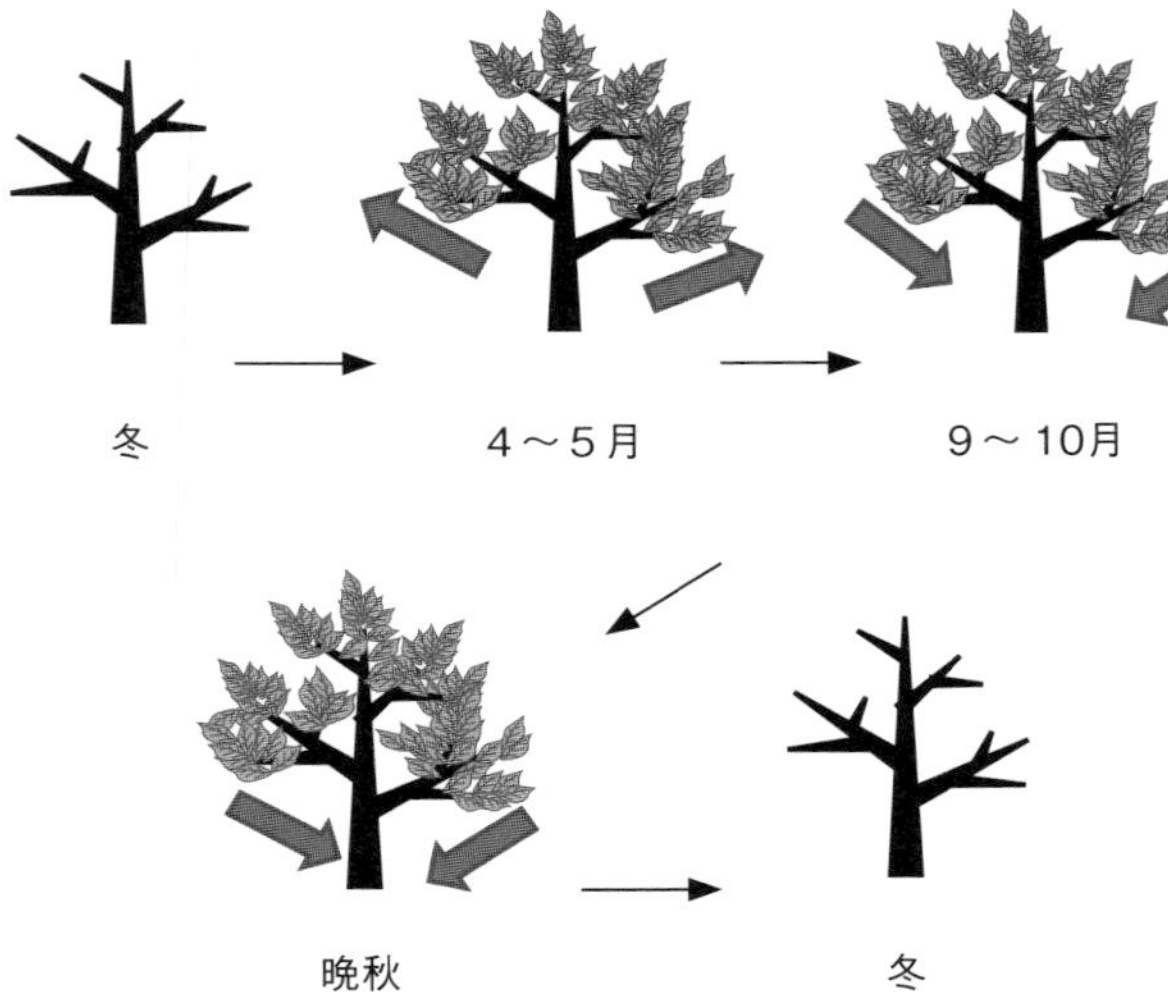

養分の移動

以上、新梢からの芽吹きについて述べたが、樹は新梢だけでなく体全体として、季節変化に対応している。

落葉樹の場合、春季に新梢をつくるときのエネルギーは、主に前年に太い枝・幹や根に蓄えた貯蔵養分による。そして、新梢が形成されれば光合成が行われ、エネルギーを得て生育に用いられる。ここでは、「養分」を光合成によって得られた炭水化物と根から吸収され樹体内にある無機成分を総合したものとする。秋になるにつれて、新梢にある光合成産物（光合成によって得られた炭水化物）を太い枝・幹や根に移行させる。

これらの動きは、簡単には、春季には養分の上方移動、秋季には下方移動ととらえるとよい（図2‐4）。

無機成分の吸収

生育に必要なエネルギーは、光合成によって得られる炭水化物を分解して得られる。

炭水化物は、炭素・水素・酸素でで

きている。新梢をはじめとした樹体を形づくる材料としては、炭素・水素・酸素のほか、窒素も多く必要である。また、樹体はリン、カリ、マグネシウム、カルシウムのほか、微量にはホウ素、マンガンなどでも構成される。炭水化物は光合成により、水と空気中の二酸化炭素から合成される。窒素、リン酸などの無機成分は土壌から吸収される。

図2－5　巨峰幼樹の時期別成分吸収量

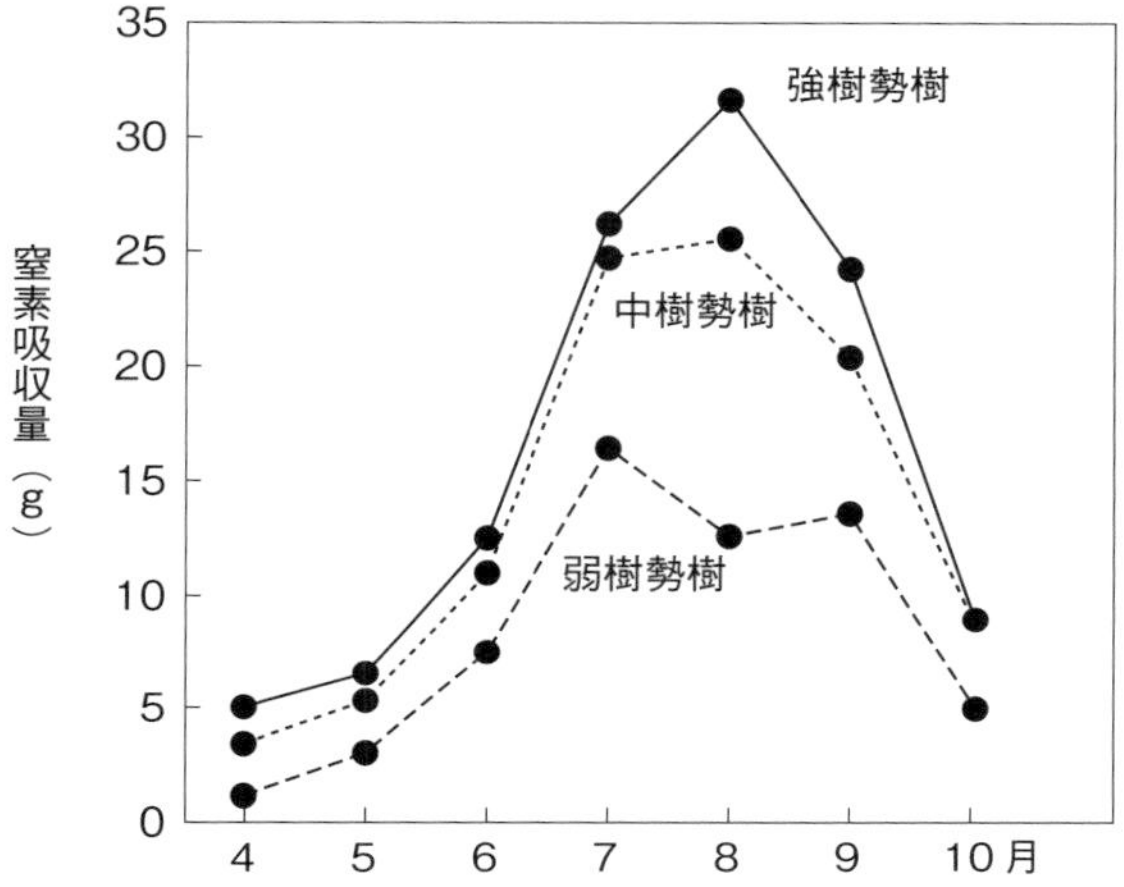

注：愛知園研　1978　深井（1982）による

土壌からの窒素、リン酸、カリなどの無機成分の根による吸収についても、季節変化がある（図2-5）。これは主に気温によるものと考えられ、無機成分を吸収するのに好適な気温となるのは夏季である。春季や秋季は無機成分の吸収量は少ない。夏季に吸収された無機成分は、一定程度が太い枝や幹、根に貯蔵され、これを用いて、翌年の春季に新梢が形成される。

冬季の剪定と樹勢

秋季に養分が太い枝・幹や根に移行したあとの新梢には、養分は少ししか残っていない。翌春に伸びる力は貯蔵された養分によるので、この量が樹の勢いを決める。冬季に、剪定により1年生枝（前年の新梢。結果母枝）や細い枝を多く切り落としても、樹体に残された養分量はほとんど変わらない。すなわち、1年生枝を切り落としても樹の潜在的な力は弱らない。

1年生枝が減ることは、萌芽する芽の数が減ることになる。芽は貯蔵養分が春季に噴出する孔と考えることができるので、冬季に1年生枝を多く切り落とすと、残った芽の数は少なく、その芽に集中して貯蔵養分が噴出することになるので春に強い新梢が生じ、観察した結果からは「樹勢（樹の伸びる勢い）が強すぎる」というように見える。

貯蔵養分が消費しきれないと、カキなどの陰芽《いんが》が吹きやすい樹種では、陰芽や不定芽《ふていが》が吹いて徒長枝となったり、新梢の先がいったん止まったあと、再度、先端の芽が吹く2次伸長が起こる。ブドウでは、夏・秋に新梢が伸び続けることになる。

なお、陰芽とは、何年か前に新梢の葉の基部にできた芽が吹かずに経過した芽であり、不定芽とは本来、芽のない場所に新たにできた芽のことをいう。

このように、冬季の剪定は、樹体にある貯蔵養分量と芽の数のバランスをとり、中庸で適度な樹勢の樹をつくることが重要な目的である。強剪定とは、多くの枝を剪定で落とす場合であり、あまり切らずに多く残した場合は弱剪定と呼ぶ。

樹勢が強く貯蔵養分量が多い場合は弱剪定とし、樹勢が弱い場合は強めの剪定とすることで、中庸な強さの新梢が出るようにして翌年の樹勢を中程度に調節する。

ブドウの生育と栽培管理

成長の要因とバランス

呼吸は、酸素を使って糖（炭水化物）を代謝し、エネルギーを生み出す過程である。光合成で得られた炭水化物を樹体の各部位が消費して呼吸し、その部位でエネルギーを得ることで、樹体の維持、成長や拡大、果実成長が行われる。

果樹栽培では、葉で光合成される量をつかみ、①樹体の維持と新梢成長（栄養成長）、②果実生産（生殖成長）、③貯蔵養分　の三つの分配バランスをとることが重要である。

果実を多くならせると、②が多くなり、①と③が少なくなる。結果として、翌年の樹勢は弱くなる。果実の結実が少ないと、①と③が多くなり、ブドウでは新梢成長が遅い時期まで続くとともに、貯蔵養分が増えるため、翌年の樹勢は強くなる。

なお、土壌中に窒素が多いと、新梢は伸びる傾向が強く、栄養成長が強くなる。また、根を含む樹体の正常な生育には適度な土壌水分と酸素が必要であるが、降雨・灌水が多いと、新梢の成長が強く、果粒も肥大する。

樹齢と樹勢

樹齢が若いと新梢成長が続きやすく、成木になると、落ち着いて新梢の伸びが止まりやすくなる。若木では、幹や主枝が細くて呼吸量が少なく、光合成産物の消費量が少ない。その結果、①では新梢が大きく伸びるとともに、③の貯蔵養分が多くなり、翌年の成長が大きくなる。圃場に栽植してから数年間、年とともに指数関数的に樹体が拡大していく。

しかし、樹齢を経ると、主幹、主枝といった骨格枝が太ってくる。これらの骨格枝も生きていくためには、炭水化物（糖）を分解してエネルギーを得ること（呼吸）が必要である。しかし、自らは光合成をしているわけではなく、葉のついた新梢から送られてきた光合成産物を用いて生きている。

骨格枝が太ってくると、呼吸量が大きく増え、光合成産物が消費されるため、新梢の伸びに用いる光合成産物は少なくなり、伸びは減少して樹は落ち着いてくる。樹齢を相当に経ると、骨格枝は非常に太く、呼吸量が大きく成りすぎ、新梢があまり伸びなくなる。これが老木化である。

老木化した樹を若返らせるには、太くなった骨格枝を切り、骨格枝に対する新梢の比率を大きくし、樹体を形成し直す。冬季の長梢剪定で古い側枝を切り落として更新し、新しい側枝をつくっていくのも同様の原理である。

樹の光合成量

樹の光合成量は、葉の密度に大きく影響される。

葉面積指数

園地の全葉の面積の合計と、土地面積の比をとった値を葉面積指数という。一定の面積の土地（平棚）に均一に葉を配置している場合、葉をすべて切り取って個々の葉の面積を測定し、土地の面積で割った値が葉面積指数であり、葉面積指数3とは、土地の面積の3倍の面積の葉がある状態をいう。実際には、葉を取って面積を測定することはできないので、棚下の地面に落ちる光の量、換言すると葉影率により推定される。

これについての詳細は、この研究をブドウについて長年されてきた高橋国昭氏の著書を参照いただくとよい。

ブドウの平棚栽培の場合、土地面積より葉の延べ面積が大きい状態であると、上の葉と下の葉ができ、上の葉には光が当たりすぎ、下の葉は光不足となるように思われるかもしれない。

しかし、実際は、葉は広がった平面ではなく、ある程度反っており、葉のついている方向にはばらつきがある。また、日光も時間とともに当たる角度が変化する。このようなことから、光を受ける量をいずれの葉も均一に近く、ある程度重ねることができる。

光合成は、光が当たれば当たるほど多く行われると考えがちであるが、そうではない。暗い状態から光の強さを上げていくと光合成をする速さは上がっていくが、しだいに上昇程度は少なくなり、光がある強さまで来ると光合成速度はそれ以上上がらなくなる。このときの光の強さを光飽和点という。

　葉の細胞には緑色の葉緑体があり、ここで光合成が行われる。緑色の本体は、クロロフィルという物質であり、光が強くなればなるほど物理的に光エネルギーを吸収する。吸収した光エネルギーは、化学反応により化学物質の形に変えられて利用されるが、光が強すぎると、この化学反応の能力は限界に達する。

　強い光が当たり続けると、吸収された光エネルギーが余ってしまう。余った光エネルギーは活性酸素を生み出し、光合成をしている組織を壊し、光合成量が減ってくる。高温はこれを大きく促進する。

光合成量と葉の密度

　ブドウでは、光合成が限界に達する光の強さ（光飽和点）は、およそ3万～4万ルックスと考えられている（**図2-6**）。水平面における晴天では、夏季の昼の光は、10万～十数万ルックスにもなる。実際に葉に当たる光の強さは、時刻、晴天・曇天などで異なり、場所によっても異なるので複雑であるが、ブドウ栽培での最適な葉面積指数は、2前後としている研究が多く、3前後としている研究もある（高橋、1989；杉浦、1996）。高橋氏は3前後を提唱されている（高橋、1989：2016）。

　葉面積指数4程度となると、棚面は暗い。このような状態では光合成は落ちるとともに、光の当たっていない葉が光合成産物を消費してしまい、果実に養分が回らなくなり、小果粒で糖度の低い果実となり、良品生産はできない。葉面積指数3のブドウ棚の下では光が少なすぎ、別のブドウ個体を栽培しても生育できない（高橋、1989）。

　一方、葉面積指数が低すぎる場合、すなわち、葉が少なすぎると、園地全体としての光合成量は減るが、高温で強い光が当たりすぎた場合は、個々の葉の光合成量も減少する。

図２－６　照度がブドウ葉の光合成速度に及ぼす影響

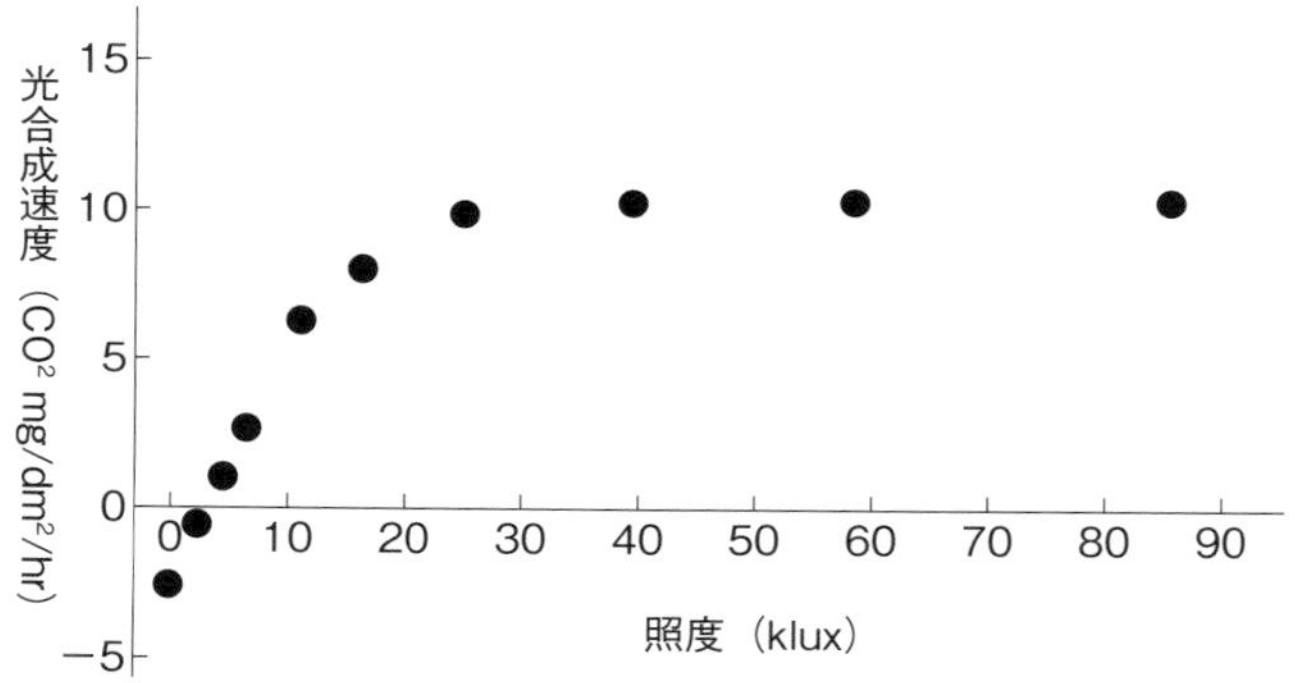

注：天野ら　1972

光合成と果実の発育

　収量を上げ、良品を生産するには、光合成量を多くすることが必要だが、それだけでは栽培上、適切な葉の密度は決められない。ブドウは果実の発育ステージの進行や成熟、果皮の着色には、果房に光が当たることが必要であり、葉の密度を下げる必要がある。

　ブドウ果実の発育は、開花以降、初期には大きく肥大し、中期には肥大が停滞し、後期には、再び大きく肥大する（**図2-7**）。これは、それぞれ果実発育第Ⅰ期、第Ⅱ期、第Ⅲ期と呼ばれる（第Ⅱ期は硬核期とも呼ばれる）。第Ⅲ期に入ると果粒は急に軟化し、黒や赤に着色する品種では着色が始まる。この状態をベレゾンという。この果粒が急に軟化することを水回りとも呼んでいる。本書では、この時期を果粒軟化期（水回り期、ベレゾン期と同義）としている。

図2－7　ブドウ果粒の成長曲線

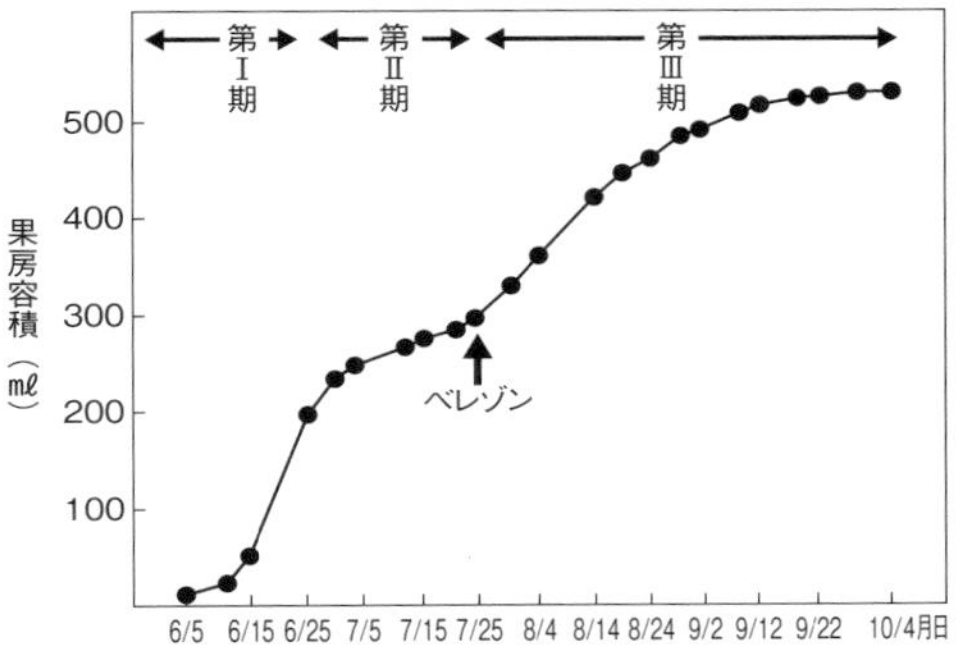

注：①品種マスカットオブアレキサンドリア
　　②高木・井上　1982

　第Ⅰ期・第Ⅱ期では、果房に光が当たると果実の発育ステージが早く進み、ベレゾンに早くなる一方、果粒は小さくなる。果房に当たる光が少ないほど果粒は肥大するが、ベレゾンになるのは遅い。収穫期前1か月程度は、果房に光が当たるほど成熟が早くなり、葉が多く棚下が暗いと、成熟期は遅くなる。

葉の密度を調節

「シャインマスカット」の若木では、果粒が小さく、成熟期が早い果房を生産している場合は少なくないが、これは、新梢の伸びに養分がとられていることに加え、園地の広さに対して新梢が少なく、果房に光が当たりすぎ、高温となって果実発育が早くなっていることが要因である。若木であっても、葉の密度を適正にして果房に当たる光を減らし、摘心により新梢成長を止めると、大粒生産は可能である。

　これらの要因を考え、葉の密度を管理により調節する。ブドウ栽培では、棚面の葉の密度を適切に調節することが基本的な技術であり、冬季の整枝・剪定、春季の芽かき、誘引、摘心、副梢管理、摘葉などにより、葉の密度を調節する。葉や新梢の配置は、冬季の整枝・剪定によりかなり決まってしまう。個々の樹のもつ勢いを把握し、夏季管理を容易にできる整枝・剪定が重要である。

　しかし、自園における葉面積指数がどの程度か、実際に数値で把握することは容易ではない。一方、自園で果実の状況を見ながら葉の密度を調節して良い成績が得られた場合や、他で良品生産されている園地の葉の密度や葉影率から、それを適正な葉面積指数と見て、それに合わせていくことは比較的容易にできると思われる。光合成量は品種や気候、日当たり、場所、作型などにより異なる。「シャインマスカット」では、葉影率80％前後（推定葉面積指数2前後）での露地栽培事例の研究報告がある（白石ら、2012）。

日長反応と品種

米国ブドウは、一般に、日長に対する反応性が高く、短日（日長時間が短い）では新梢の成長が止まりやすく、欧州ブドウは、日長に対する反応性は低い（杉浦、1996）。「シャインマスカット」は、欧米雑種であるが、「巨峰」などと比較すると、秋季に枝が伸長しやすい。

シャインマスカットの仕立ての類型

長梢剪定と短梢剪定

ブドウの剪定・整枝の方法には、長梢剪定と短梢剪定がある。長梢剪定とは、冬季の剪定時に新梢（結果母枝）を6芽以上の長さで切る剪定であり、短梢剪定は2芽以下で切る剪定を指す。それぞれ仕立てが異なる。

管理が容易で、良品の果実が生産できる樹勢の強さに維持することが重要である。剪定により樹勢を調節するが、長梢剪定でも短梢剪定でも、まず樹冠（葉や枝のある広さの範囲）の大きさを調節することで行う。

ここでは、二つの剪定法の特徴的な差異について示す。いずれの剪定法についても具体的な栽植・仕立て方法は第3～5章に示されているので、そちらを参照されたい。

二つの剪定法の特徴的な差異について、**表2―1**に示した。

短梢剪定栽培の比較

若木における樹冠の拡大	夏季労力	簡易雨よけ施設（トンネル）の設置
早い	少	適応しておらず不可
遅い	摘心労力が要	設置可

長梢剪定の特徴

新梢の数と勢いを調節

長梢剪定では、冬季の剪定時に残す芽の数、また、春季の芽かきにより新梢の数と勢いを調節できる。樹体が伸

図２－８　長梢剪定によるＸ字型整枝の形

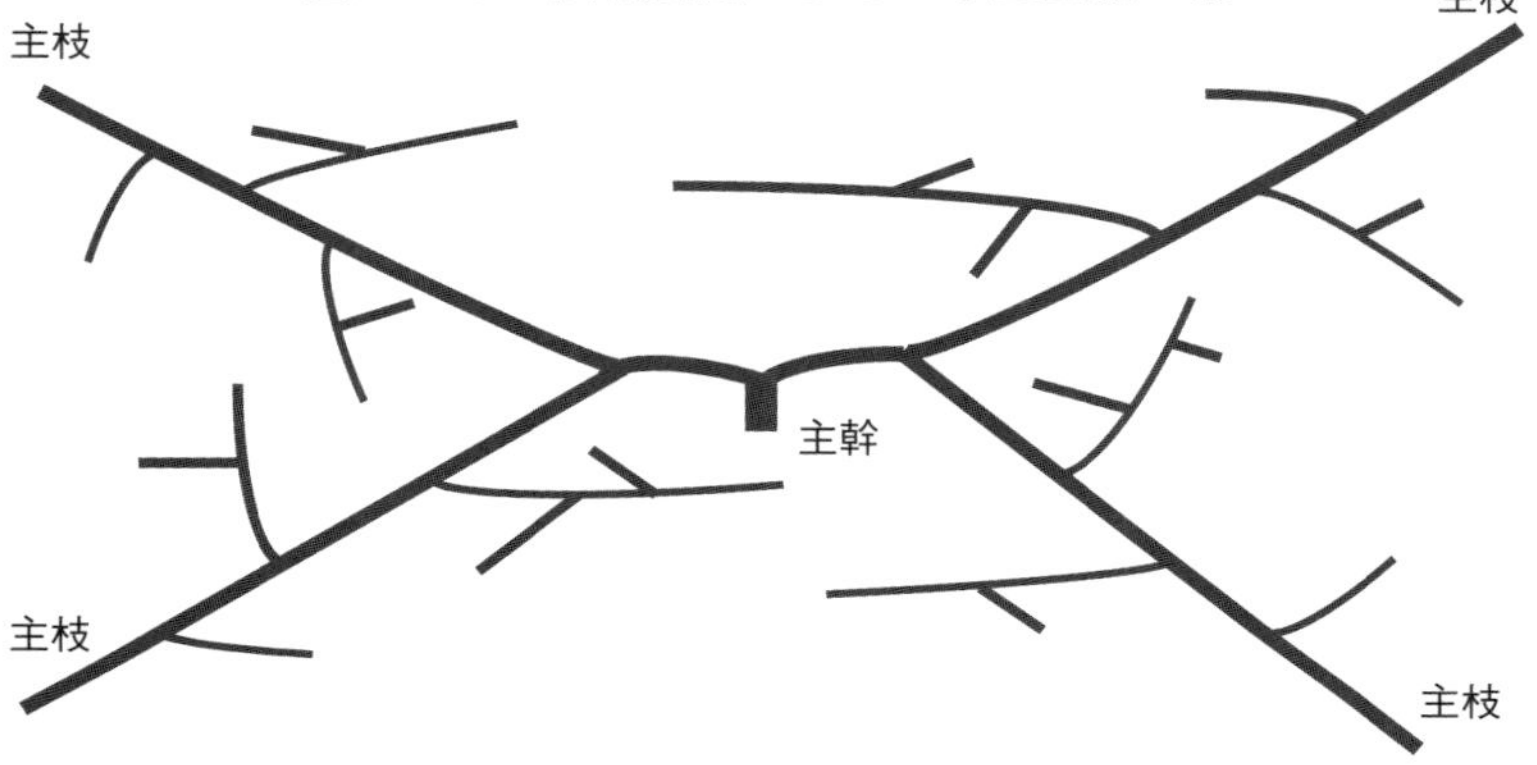

表２－１　シャインマスカットにおける長梢剪定栽培と

剪定方法	剪定労力	新梢の揃い	若木における果粒肥大
長梢剪定	技術習得が必要 冬季剪定に誘引が必要	結果母枝の剪定程度と芽かきにより揃える	しにくい
短梢剪定 (摘心する栽培)	単純で省力	揃いやすい	摘心により肥大良

びる勢いに合わせて剪定する方法であり、強い結果母枝は長く、弱い結果母枝は短く剪定することにより、春季に生じる新梢の強さを揃える。

さらに、残した結果母枝の芽をすべて用いるのではなく、2〜3回に分けて、出てきた新梢の伸びが短いうちに一部をかき取ることにより、新梢数が減るとともに新梢の勢いが均一化する(芽かき)。花房にジベレリン処理を行って種なし化させるが、新梢の勢いが均一化して開花期が揃い、一斉にジベレリン処理を行うことが可能となる。

長梢剪定では、主枝をX字型に整枝する方法が山梨県の土屋長男氏により確立された（**図２－８**）。主幹の近くの枝は勢いが強く、遠くの枝は弱りやすい。一つの主枝や亜主枝をとってみても同様で、主枝・亜主枝の基部近くから生じた枝は勢いが強くなる。そこで、このような太い枝の基部から側枝を出さず、それから遠い場所に発生している側枝を主幹や主枝のほうに返して用いる（返し枝）。主枝の先端が常に強くなるようにし、樹形を乱す負け枝（ここでは先端の枝の勢力が基部の枝より弱くなる状態）が出ないよう調節する剪定を行う。

長梢剪定の基本的な考え方は「①早期に貯蔵養分を放出して葉と新梢を形成し、適正な葉面積指数とする（早期より光合成を最大にするよう努める）、

②その後は新梢を伸ばさず、葉で生産した光合成産物を果実発育に用いる」というものである。

冬季剪定で樹を拡大・縮小

適切な葉面積指数となることを目指し、樹勢を考え、まず、その樹が夏にどの程度の樹冠となるかを想定し、それに合わせ、冬季の剪定時に、樹を拡大・縮小する。

成木となり、樹勢が落ち着いてくると、この調節は比較的容易である。成木では、開花後1か月後頃にはほとんどの新梢が停止している樹相が望ましい。このようになると、夏季の新梢管理は省力で容易である。

新梢が伸びるには相当のエネルギーを要する。伸びが続いている新梢に着いている果房の果粒は小さい。冬季の剪定程度を強くせず、早期に新梢の伸びを止めて、光合成産物を果実に持ってくるのがよい。一方、強剪定してしまうと、新梢はなかなか伸長を停止しなくなる。勢いの強い新梢は、伸長する力が強くなる傾向が強い。

ブドウでは、結実過多でなければ、果房に転流してくる光合成産物は、その果房が結実している新梢の葉からだけではなく、近傍の新梢から光合成産物が相当に転流するので、新梢の強さに差が出ても果粒肥大について過度に心配する必要はない。

長梢剪定は、冬季の剪定時には技術と労力を要するが、夏季には新梢が止まり、管理労力は少ない。樹冠の拡大が早く、早いうちに成木となりやすい。しかし、樹冠拡大中の若木では、枝の伸びに養分が使われる結果、果粒が肥大しにくい。

「シャインマスカット」では開花時に摘心し、一時的に養分を花・果房に集中させ、果粒肥大を促進する栽培が行われている（第3章参照）。

短梢剪定の特徴

剪定が容易で省力的

短梢剪定は、一律に結果母枝を短く剪定するので、冬季の剪定が容易で、省力的である。伸びている1年生枝（結果母枝）のほとんどを切り落とすのであるから、長梢剪定と比べて、強い剪定となりやすい。

短梢剪定では、一般に主枝はH型に仕立てられ、樹勢が強い場合はWH型に仕立てられる（**図2-9**）。ブドウの枝は重力と反対の方向に最も伸びるので、傾斜地に植えると傾斜の上方に伸びる枝は強く、下方に伸びる枝は弱くなりやすい。そこで、傾斜地では、U字型に仕立てる方法がある。

主枝の先端で主枝を延長する枝となる1年生枝（前年の新梢）上の芽から翌年は新梢が発生するが、次年の冬季には、この新梢（結果母枝）を基から1～2芽で切る。さらに次年以降も同様に1年生枝を短梢剪定するので、毎年、主枝上の同じ場所（芽座《がざ》＝芽の出る場所）から新梢が生じる（図2－10）。毎年、伸びる新梢の長さが同じとなり、揃いやすい。

図2－9　短梢剪定による整枝の形

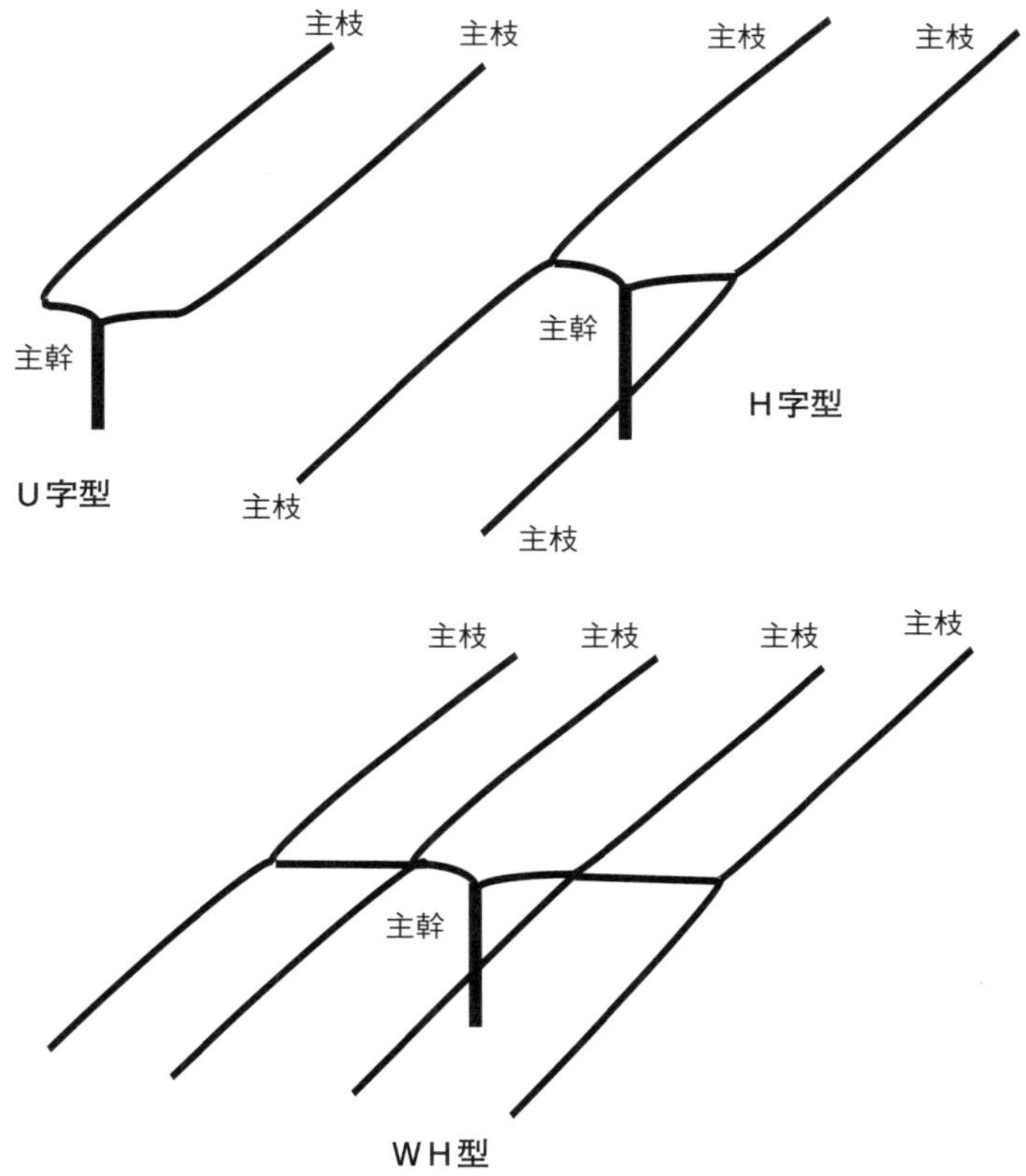

芽座の標準間隔は25cm程度

主枝に沿って、簡易被覆（トンネル）を行って栽培をすることが可能である（第4章参照）。

　主枝上の芽座の間隔は25cm程度が標準であるが、樹勢が強い場合、主枝延長枝（新梢）の節間が長く、結果として芽座の間隔が長くなることがある。この場合は適度に2芽剪定とし、新梢と果房の数を確保する。

　樹勢の調節は樹冠の大きさ、拡大程度を調節することにより行う。樹の勢いに対して樹冠が大きければ、残す芽の数も多くなり、主枝（骨格枝）も長くなるので、樹勢は低下する。逆に、樹勢が落ちてきた樹の場合は、樹冠を縮めることにより樹勢は強くなる。

　伸びていく枝の箇所は主枝延長枝だけであり、長梢剪定と比べて樹冠の拡大は遅くなる。

　強樹勢となるほど、新梢から生じる葉の大きさは大きくなる。一方、樹勢が弱すぎると葉が小さく、1芽座1新梢では適正な葉面積指数とならない場合もある。

良品生産できるためには、適正な葉面積指数となることが必要であり、短梢剪定栽培といえども、適度な大きさの葉が揃うよう、樹冠の大きさを調節するとともに、必要により2芽剪定としたり、芽かきを行うことで調節を行う。

冬季の剪定時に、病害に感染した結果母枝を残すと、翌春、そこから感染が広がる。短梢剪定では、ほとんどの結果母枝部分を切り落とすので、黒とう病などの感染源を除くことができる。西日本は、東日本より生育期の降雨量が多い。短梢剪定は降雨の多い西日本における露地栽培に適応しており、かつては「キャンベルアーリー」などが短梢剪定で広く栽培された。

シャインマスカットの短梢剪定栽培

短梢剪定栽培のタイプ

新梢先端の扱いと摘心

気候・土地条件や仕立ての考え方により、主枝と主枝の間隔や主枝の長さも異なり、目標とする樹勢、新梢の強さや長さも異なるが、「シャインマスカット」の短梢剪定栽培で用いられる仕立て方は、

（1）新梢先端を棚下に垂らす（岡山県）。開花時を含め、数回の摘心を行う（第4章参照）。

（2）新梢の先端は垂らさず、棚上に新梢をのせて栽培し、先端を摘心して止める（第3、5章参照）。

の二つに大別される。

（2）の方法には、

①新梢の長さを主枝間の中央を越えて、4分の3程度まで伸ばして摘心する（香川県、長野県）

②新梢の長さを主枝間の中央として摘心する（山形県）

③新梢の長さを花房の先の葉枚数5枚のところで摘心する（茨城県）

などがある。

いずれの方法でも適正な葉面積指数とできればよい。1新梢には1果房を結実させるが、見込みの果房重から収量を推定し、適正収量となる数の果房を結実させて、それ以外の新梢の果房は摘房する。

適正な葉面積指数にまで葉・新梢が形成されても、さらに新梢伸長が続く場合は多い。そこで、適正な葉面積指数を維持するために、摘心を行うことになる。また、開花期に摘心すること

図2－10　短梢剪定における新梢発生

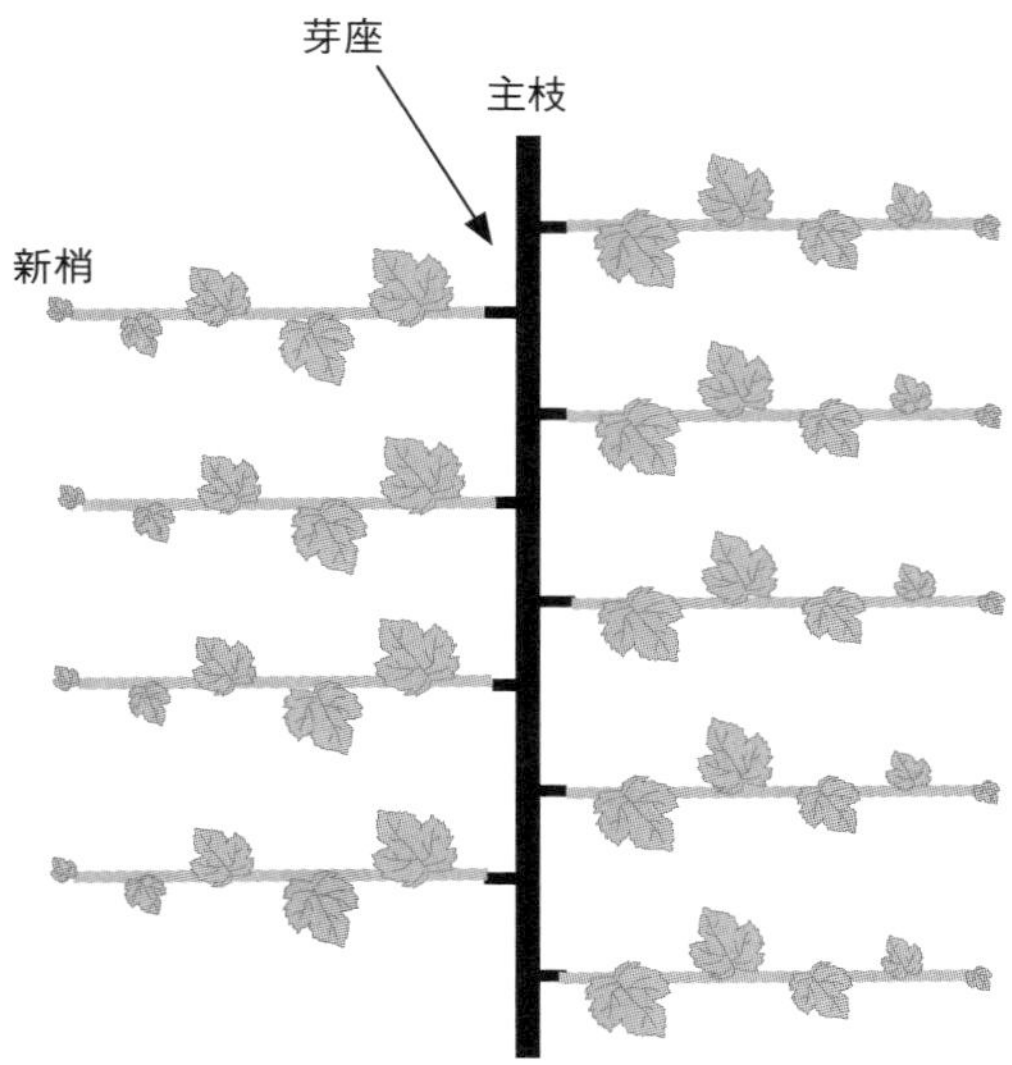

により、一時的に新梢の伸長を抑え、花穂への養分転流を促すことで、果粒肥大が促進される。摘心を行っても樹勢が強いと、新梢は再度伸びるが、繰り返し摘心して新梢の成長を止めれば、養分は果房に回り、大粒の果房が生産できることになる。

若木でも大粒生産しやすい

「シャインマスカット」では、これらの短梢剪定栽培により若木でも大粒生産しやすく、全国で広く短梢剪定栽培が行われている。短梢剪定では、一般に、芽の数が少ないため、強い新梢となるとともに、新梢伸長がなかなか止まらない場合は多い。（1）の栽培は、新梢を垂らすことより、新梢を止まりやすくした仕立て方である。

このような摘心栽培では、根から新梢・果房へのジベレリンや窒素の供給が大きいと考えられ、着色を要する品種では、大粒である反面、着色はしにくくなる。「シャインマスカット」は、着色しないため、摘心やフルメット液剤処理により、若木でも大粒を生産しやすい。

強樹勢の注意点

樹勢が非常に強く、貯蔵養分が余っている状況では、新梢を摘心しても、また再萌芽するため、繰り返し摘心することが必要となり、労力を要する。樹勢が強い樹は、土壌からの窒素の吸収量も多い。勢いがついた新梢は葉が大きく、再萌芽しやすい。

樹の勢いが強すぎると、新梢の先端だけでなく、副梢の芽が吹き、それを繰り返し摘心することも必要となってくる。短梢剪定栽培の場合、新梢の先端の場所は揃っているため、摘心しやすい（**図2－10**）。しかし、副梢の位置はばらばらで多くあり、これをすべて摘心していくのは難しい。

強剪定状態とし、強い新梢を出して

摘心を繰り返す栽培では、20g程度の大粒生産をすることも可能であるが、新梢管理に労力を必要とする。そして、適切な管理ができなくなった場合には、伸びる新梢に養分をとられるとともに、葉の密度が高くなりすぎて暗い棚面となり、光合成が十分行われず、小粒・低糖で成熟期の遅い果房となる。また、貯蔵養分が春季の新梢に強く集中する結果、大粒となる反面、花穂が横にも大きく伸びやすく、密着果房になりにくい。

したがって、短梢剪定で摘心する栽培でも、樹勢を適度となるよう努め、少ない摘心で栽培できるようにすることが管理上、得策である。現在栽培されている「シャインマスカット」は、若木が多く、長梢剪定と比べ、密植して摘心栽培している事例は多い。若木は、年々樹冠を拡大していくことが必要となるが、その拡大をせず、樹の大きさを小さいままとすると次第に強樹勢となり、8月や9月以降も新梢が伸びる状況となって棚面が暗くなる。これには、計画的に間伐して樹冠を拡大し、次第に成木時の適正な栽植密度となるようにすることが必要である。ブドウ樹成木の本来の大きさは、品種、台木、気候・土地条件による。

〈引用文献〉
『果樹園の土壌管理と施肥技術』１９８２年　深井尚也「第３章 ブドウ園の土壌管理と施肥技術」ｐ２９１‐３２２　千葉勉編著　博友社
『果樹の物質生産と収量』１９８９年　高橋国昭「第４章 棚仕立て果樹の葉量と生育、収量」ｐ１２５‐１５５　平野暁・菊池卓郎編著　農山漁村文化協会
『日本ブドウ学』１９９６年　杉浦明「第４章 生理・生態　第５節　栄養生長と生殖生長」ｐ１５８‐１６７　堀内昭作・松井弘之編　養賢堂
『高品質多収の樹形と剪定』２０１６年　高橋国昭　農山漁村文化協会

〈論文〉
天野ら　１９７２年「果樹の光合成作用に関する研究（第１報）環境条件が光合成速度に及ぼす影響」園芸学会雑誌　41巻　ｐ１４４‐１５０
堀内ら　１９８０年「ブドウの芽の休眠の一般的特徴」園芸学会雑誌　50巻　ｐ１７６‐１８４
高木・井上　１９８２年「ブドウ'マスカット・オブ・アレキサンドリア'の果粒の生長と葉における光合成速度の季節的変化」園芸学会雑誌　51巻　ｐ２８６‐２９２
白石ら　２０１２年「葉影率から推定したLAIに基づく露地栽培ブドウの着果量調節事例」園芸学研究　11巻　ｐ１２７‐１３６

第3章

山梨県における生育と栽培管理

山梨県果樹試験場
宇土 幸伸

X字型整枝の例

シャインマスカットの導入と沿革

導入の経緯

山梨県におけるブドウ栽培の歴史は古く、江戸時代には甲州種の棚栽培が行われていた。明治以降、諸外国からの品種導入や、それらを母本とした国内での育種が進み、多様な品種の栽培が試みられてきた。しかし、ブドウの生育期に降雨が多い日本の気象条件では、果実品質が高く、皮ごと食べやすい特長をもつものの、病気に弱く、裂果しやすい欧州系品種の栽培は難しかった。

そのため、「デラウェア」を中心とする耐病性が高いアメリカブドウ品種と、欧米雑種であり、大粒かつ一定の耐病性を有する巨峰系品種が長らく栽培の中心であった。

ジベレリン処理による無核化技術の確立により、有核栽培では、花振るいが栽培上の課題であった巨峰系品種においても高品質・安定生産が図られ栽培面積を拡大したが、消費者の嗜好から、大粒、種なしに加え、皮ごと食べられる品種の育成が望まれていた。

その中で、農研機構では、第1章でも述べられているが欧米雑種を母本とした欧州系品種の戻し交雑により、裂果が少なく、一定の耐病性を有し、大粒かつ皮ごと食せる「シャインマスカット」を育成した。

この画期的な新品種は、山梨県においても大きな期待が寄せられ、ブドウ第9回系統適応性検定試験（第1章参照）を経た後、本県での現地適応性を確認し導入が図られた。

山梨県ブドウ栽培の特徴

山梨県は、周囲が2000mを超える山々に囲まれるため、盆地特有の内陸気候である。雨が少なく日照に恵まれ、さらに夏季と冬季、昼と夜の気温較差が大きい特徴がある。台風などの自然災害も比較的少ない。これらの理由から、ブドウでは露地栽培が中心であり、施設化率は1割に満たない。

また、立地条件が京浜地域などの大消費地に近いことから、観光遊覧園の数も多く、収益性の高い農業が営まれている。特に「シャインマスカット」は、収穫期以降、一定期間果実をならせておいても傷みにくく、棚持ち性が優れるため、収益期間が長く確保でき、消費者だけではなく、生産者にとってもメリットが大きい品種となっている。

ブドウの栽培方法は、大きく、長梢

X字型整枝（生育初期）

剪定栽培と短梢剪定栽培の二つに分けられる。現在、山梨県で一般的に行われている方法は、土屋長男氏が考案した「X字型整枝」に代表される長梢剪定栽培である。また、主枝を4本配置するX字型整枝に対し、主枝を2本配置し、亜主枝はつくらずに、側枝と返し枝のみで構成する「ロケット式一文字整枝」が奴《ぬ》白《はく》和夫氏により考案され、導入する生産者も増加している。

H型整枝（生育初期）

一方、短梢剪定栽培は、昭和初期に岡山県で開発され、戦後には山梨県にもH字型整枝として導入された経緯がある。しかし、当時山梨県では「甲州」や「デラウェア」が栽培の中心であり、長梢剪定栽培が適したこれらの品種では、普及に至らなかった。その後、巨峰系品種の登場など品種構成も時代に合わせて変化してきたが、1990年代までは有核栽培が中心であったため、樹勢を弱めに調整できる長梢剪定で栽培が行われた。

その流れを受け、本県では長梢剪定栽培が中心となっているが、「シャインマスカット」を含め、多くの品種では無核栽培が行われるようになった現在では、その省力性、単純性が注目され、近年は短梢剪定栽培の面積が増加傾向にある。

山梨県における適応性

「シャインマスカット」は、一定の耐寒性を有することから、北日本での栽培も可能である。また、休眠の打破に必要な低温要求量も、既存品種と大きく異ならないと考えられることから、暖地での栽培も可能で、適応性が広い品種といえる。

主な栽培管理

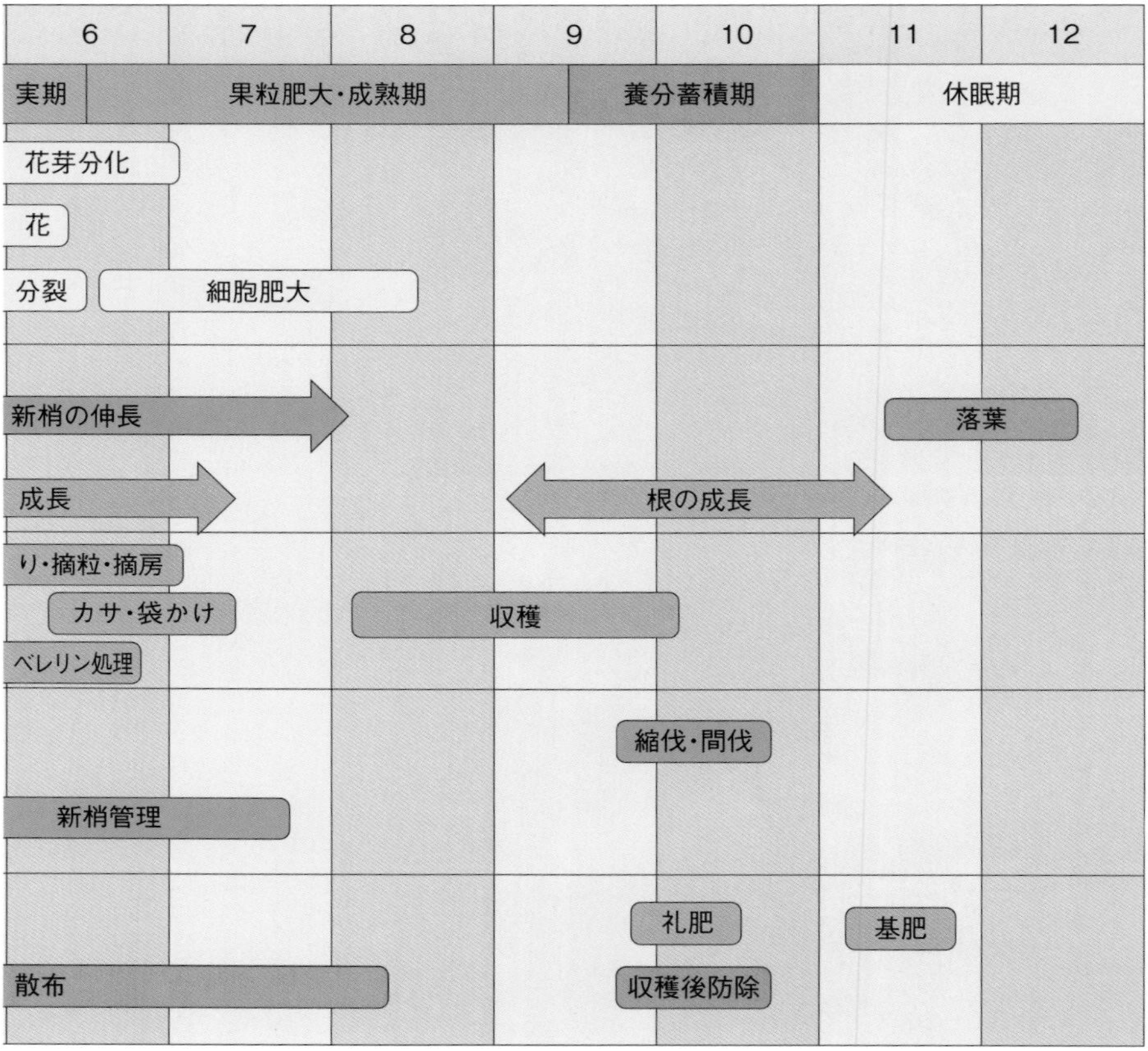

山梨県内の「シャインマスカット」産地は、標高200m～700m台に分布しており、土壌条件も砂質土壌、粘土分が多い土壌、火山灰土壌など様々である。

露地栽培における生育については、発芽は4月上旬（早場地域）～5月上旬（遅場地域）、開花は5月中旬～6月下旬、収穫は8月上旬～10月中旬となっている（**図3-1**）。

しかし、「シャインマスカット」は、糖度上昇が遅延する年次が認められており、特に成熟期の天候に恵まれない年は収穫が遅れる傾向が見られる。

地域別の課題として、高標高地において果粒肥大が若干不足する傾向が認められる。また、裂果の発生がやや多い。これらの対策として、摘粒、摘房などの作業が遅れないことに留意することに加え、簡易雨よけ、サイドレスの導入など、圃場の施設化も有効と考えられる。

図3－1　シャインマスカットの生育と

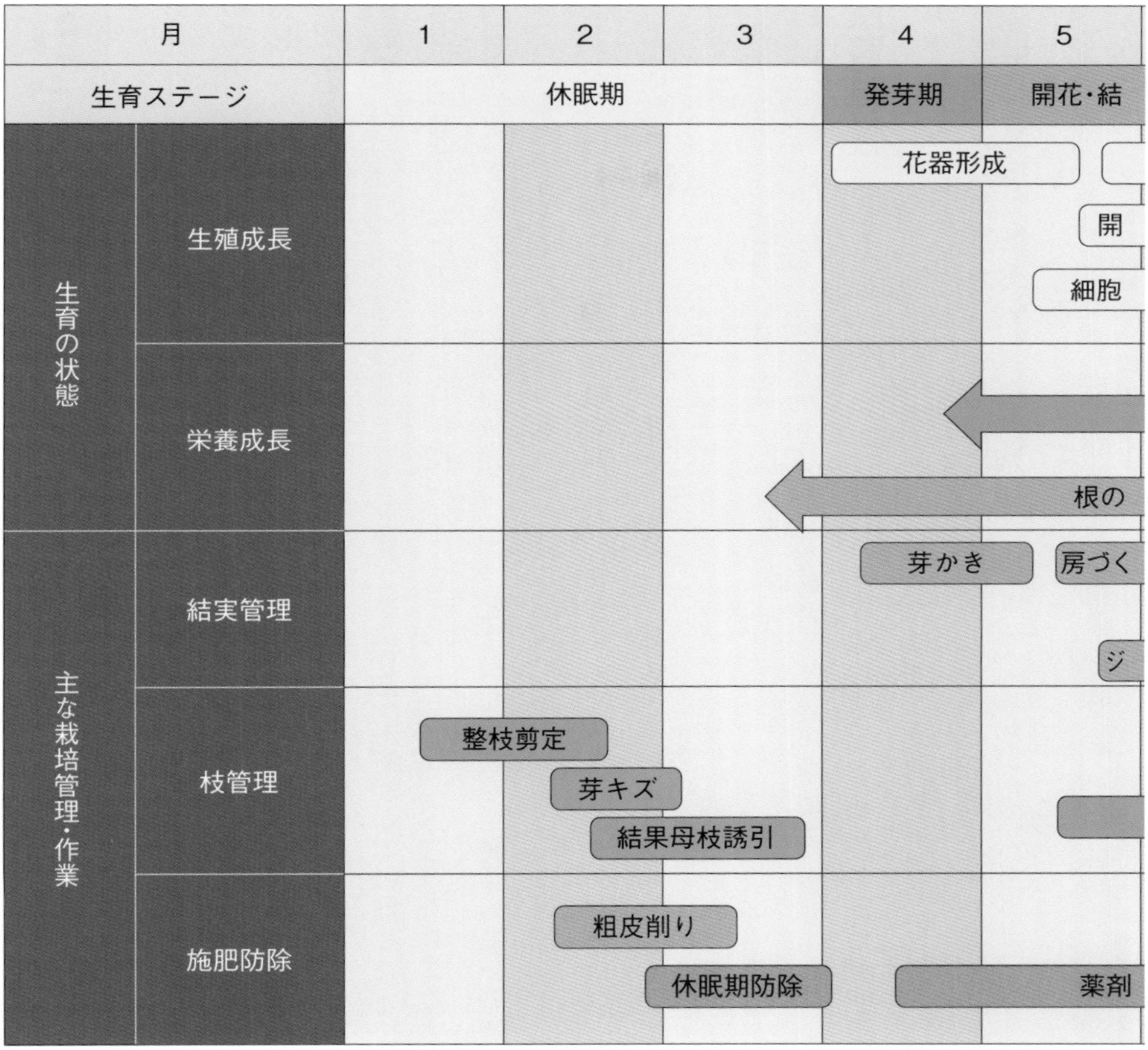

近年は環境変動が激しく、極端な気象現象に遭遇する場面も増加している。自然災害（雹《ひょう》害、霜害など）および病害を低減させ、確実な安定生産を行うため、本県においても施設化率を増加させることは重要と考えられる。

土壌別の課題として、土壌物理性が不良な土壌では、縮果症や日焼けなど生理障害の発生が多い傾向にある。また、樹勢も低下しやすく、一度衰弱した樹はなかなか回復しない。これらの対策としては、有機質の投入、排水性の向上、深耕施肥などの土壌改良の効果が高い。

特に、「シャインマスカット」は、土壌水分が過剰に存在する条件では、糖度が上がりにくく、果粒肥大も不足しやすい。高品質安定生産には、いかに根が地下深くまで十分広がるかも肝要と考えられる。

シャインマスカットの生育・果実特性

ここでは、山梨県果樹試験場（山梨市江曽原、標高450～460m、褐色森林土・埴《しょく》壌土）における露地栽培での各特性を、対照品種との比較により示す。

なお、山梨県における2019年度の出荷販売実績を見ると、品種別販売量は、「巨峰」、「シャインマスカット」、「ピオーネ」、「デラウェア」の順で多い。ちなみに、販売額では「シャインマスカット」が第1位となり、販売単価が堅調であることがうかがえる。

生育特性

発芽～生育初期

「シャインマスカット」の発芽は、「デラウェア」より6日、巨峰より1日程度遅く、「ピオーネ」、「赤嶺《せきれい》（早生甲斐路）」より2日程度早い。過去10年（2010～2019年）の平均値は4月19日である。発芽率は、「巨峰」や「ピオーネ」などの巨峰系4倍体品種や「甲州」、「ロザリオビアンコ」と比較して高く、発芽の揃いも優れる品種である。

「シャインマスカット」の花穂は「巨峰」、「ピオーネ」よりやや大きく、多くのブドウ品種にいえるが、短梢剪定栽培と比較し、長梢剪定栽培で花穂が大きい。岐肩《きけん》（副穂）は着生しにくい。着穂数は、「デラウェア」が1新梢当たり4～5花穂であるのに対し、おおむね1～2花穂で、「巨峰」、「ピオーネ」よりは若干少ない。

開花期

満開は、「デラウェア」より13日、「巨峰」より4日、「ピオーネ」より3日程度遅く、「赤嶺」より2日程度早い。過去10年間の平均値は6月7日である。花振るい性は「巨峰」より少なく、「ピオーネ」と同等であるが、房づくり作業が遅れた場合や、開花期の気温が低い年次では、極端な花振るいが発生することがある。

ジベレリン処理を行った際の着粒程度は「巨峰」と同程度で、「ピオーネ」より少ない傾向がある。摘粒の労力は「巨峰」並みであり、「ピオーネ」や「赤嶺」より少ない。

果粒肥大期

「シャインマスカット」を含め、ブドウ果実の肥大過程は、2重S字曲線を示す（第2章図2‐7参照）。

開花期以降に急激に肥大する時期を第Ⅰ期、その後の一時的に肥大が停滞する時期を第Ⅱ期、再び肥大が進む時

各品種の花穂

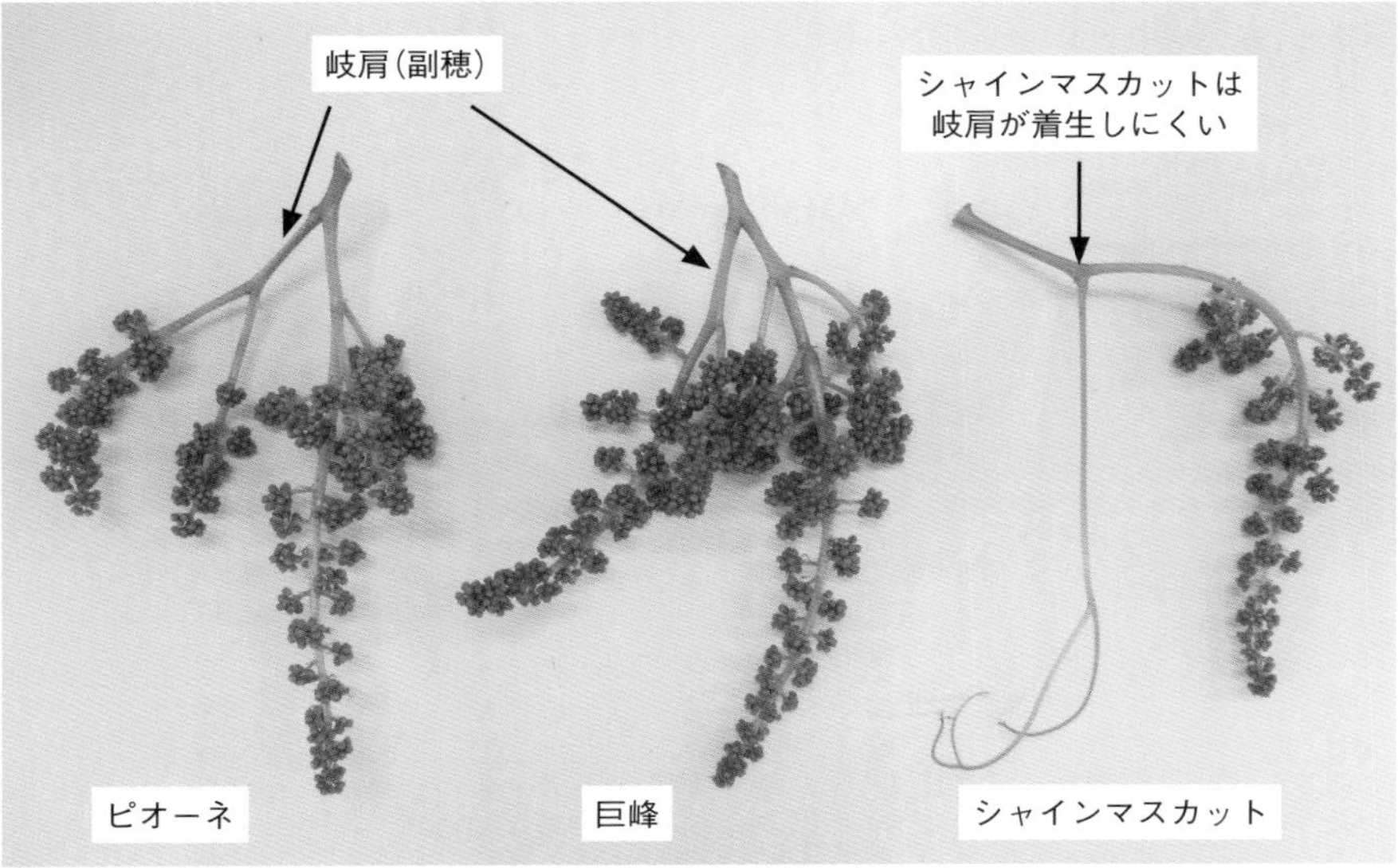

期を第Ⅲ期と分けることができる。第Ⅱ期から第Ⅲ期に移行する時期が果粒軟化（ベレゾン）期と呼ばれる。

「シャインマスカット」は、他品種と比較して、第Ⅰ期の肥大量が少なく、第Ⅲ期で大きい傾向が見られる。果粒軟化期の果粒重に対する、収穫期の果粒重の比率を調査したところ、「巨峰」で約１２０％、「ピオーネ」で約１５０％であるのに対し、「シャインマスカット」では、約１７０％と第Ⅲ期での肥大率が高い結果であった。

果粒軟化～成熟期

果粒軟化は、「デラウェア」より18日、「巨峰」より9日、「ピオーネ」より4日程度遅く、「赤嶺」より11日程度早い。過去10年間の平均値は7月26日である。

果粒軟化期を過ぎると成熟期に入る。この時期は、果実に糖やアミノ酸含量が増加し、酸含量は減少する。「シャインマスカット」の糖度上昇は、果粒軟化直後は進みやすいが、糖度が高くなるに従って上昇に要する日数は増加する。特に、成熟期後半で曇雨天が続く場合は、上昇が停滞する傾向が強い。

収穫期

収穫始めは、「デラウェア」より29日、「巨峰」より11日、「ピオーネ」より6日程度遅く、「赤嶺」より6日程度早い。過去10年間の平均値は8月29日である。

「シャインマスカット」における、満開から収穫始めまでの期間は83日間程度、果粒軟化から収穫始めまでの期間は35日程度となる。巨峰系品種より明らかに酸切れがよく、非着色系品種であるため、収穫の目安は糖度が基準となる。山梨県では、出荷の目標糖度を18%に設定している。

（山梨県果樹試験場、標高450m）

果粒重 (g)	糖度 (°Brix)	酸含量 (g/100mℓ)	果皮色 (c.c.)z	裂果 (%)
16.7	19.0	0.26	3.2	0.1
14.9	18.0	0.69	10.7	2.1
20.8	19.5	0.50	8.6	0.4

果実特性

対照品種との比較

長梢剪定栽培における成木時の果実品質を**表3・1**に示した。「シャインマスカット」の果粒重は、「巨峰」より2g程度大きく、「ピオーネ」より4g程度小さい。過去5年間（2015〜2019年）の平均値は16・7gである。

糖度は「巨峰」より1%程度高く、「ピオーネ」よりやや低い。過去5年間の平均値は19・0%である。「シャインマスカット」の糖度は、年次差が大きい傾向が認められるが、樹による差も大きい。

樹相および着果量が適正に管理された樹においては、20%を超える高糖度果実の生産も可能であるが、連年の着果過多や収穫の遅れにより負担のかかった樹の中には、14〜15%で糖度が停滞するものも散見される。このような樹は次第に樹勢が低下し、果粒肥大も不足する場合が多い。

酸含量は「巨峰」よりかなり低く、ピオーネよりも低い。過去5年間の平均値は0・26g／100㎖である。柑橘やスモモなど他の樹種でも、近年は高糖度、低酸含量の品種が人気であり、食味の良さも「シャインマスカット」需要拡大の大きな要因と考えられる。裂果の発生は、ほとんど見られない。発生率の過去5年間の平均値は0・1%である。

第1章でも触れているが、香りは「巨峰」、「ピオーネ」がフォクシー香を有するのに対し、「シャインマスカット」はマスカット香を有する。収穫期を延長した場合や、長期の冷蔵貯蔵を行うとマスカット香が減少すること

表３－１　各品種における果実品質

品種	調査日（月/日）	果房重（g）	着粒数（粒/房）	軸長（cm）	軸重（g/cm）	着粒密度（粒/cm）
シャインマスカット	9/2	570	34.0	7.9	0.8	4.3
巨峰	8/15	545	36.8	8.4	0.9	4.4
ピオーネ	9/1	665	31.9	7.4	1.4	4.3

注：①[z]カラーチャート値　シャインマスカット：1（緑）～5（黄）巨峰、ピオーネ：0（緑）～12（紫黒）
　② 2015-2019　長梢剪定樹、山梨果試

図3−2　各品種における初結実からの果粒重の推移

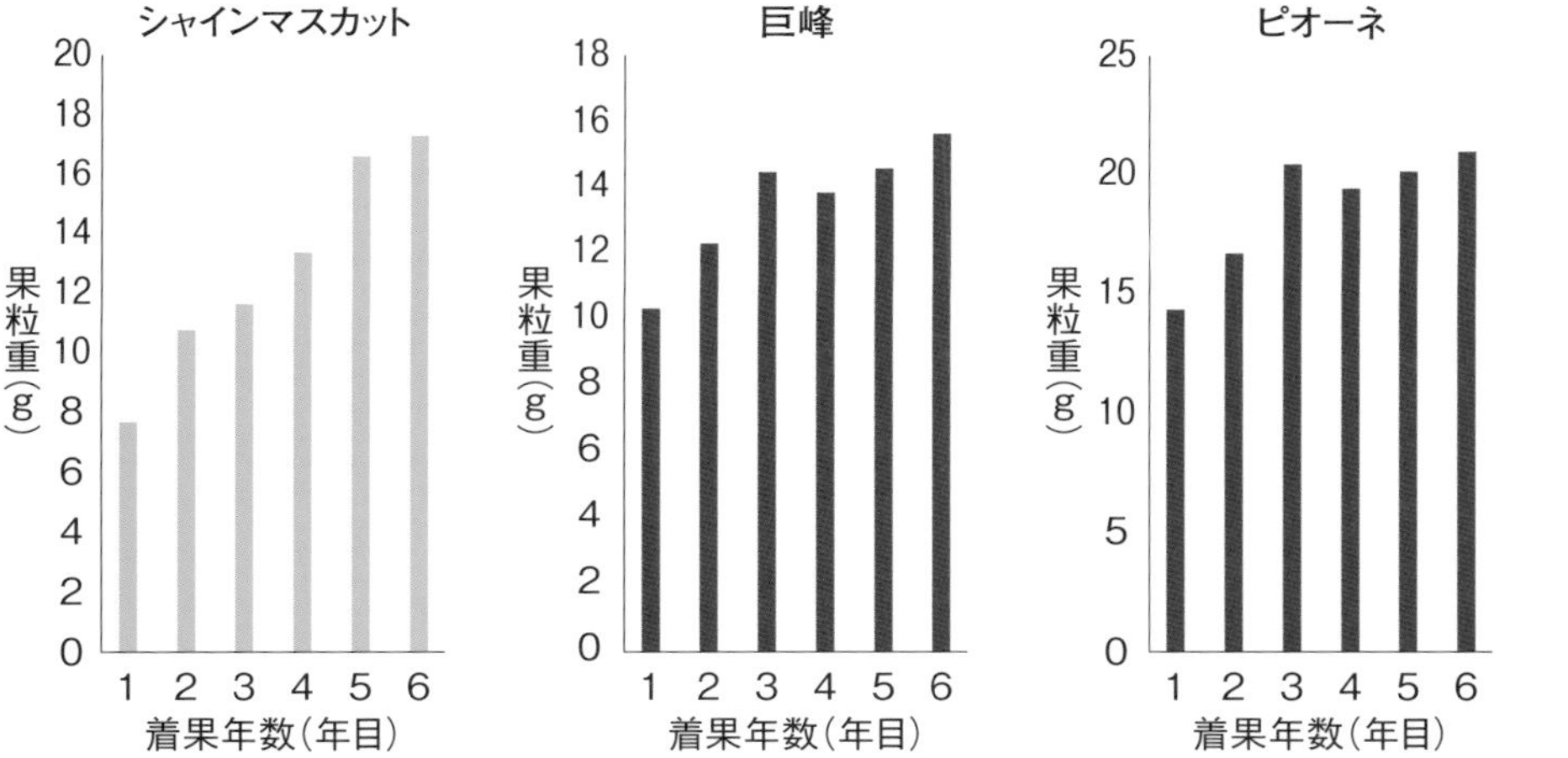

注：調査年次は2011−2016年

果粒形と果粒縦断面

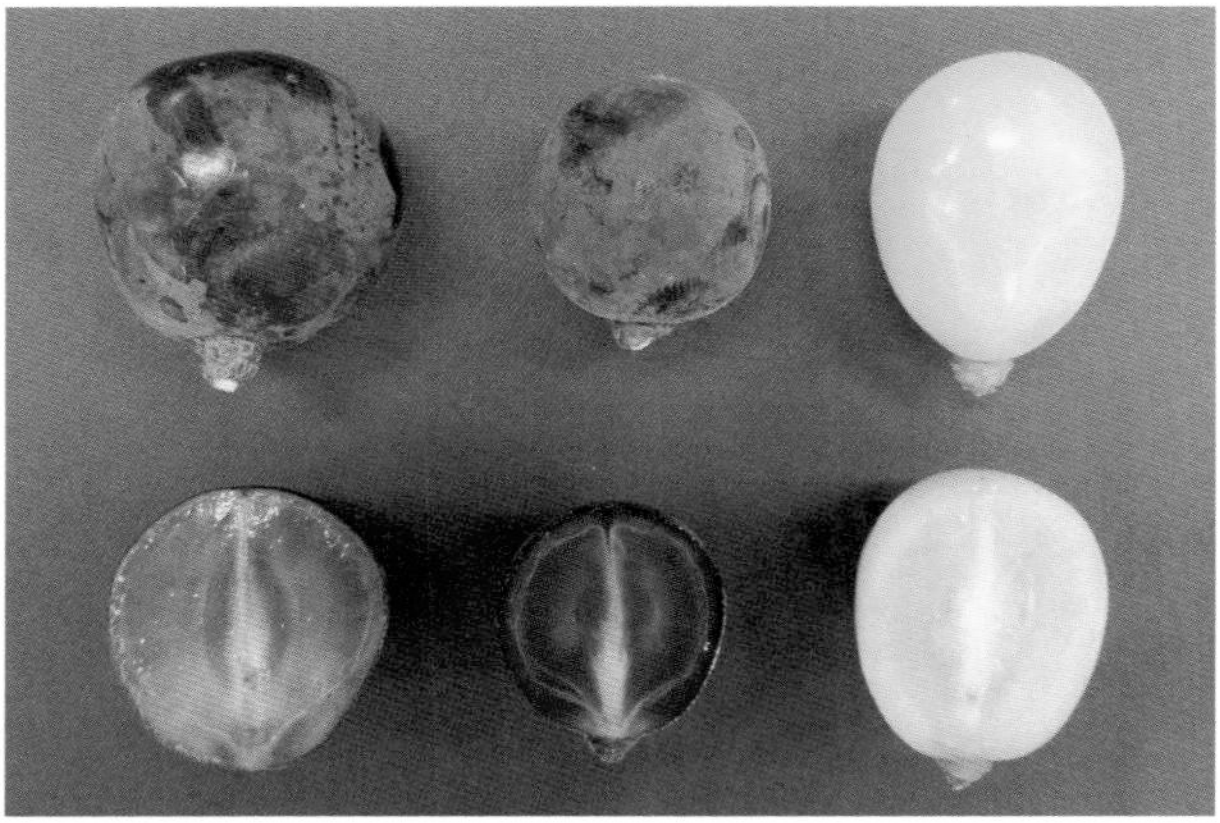

左からピオーネ、巨峰、シャインマスカット

が確認されている。

肉質は「巨峰」、「ピオーネ」が塊状と崩壊性の中間であるのに対し、「シャインマスカット」は崩壊性となる。果肉の硬さは、「シャインマスカット」、「ピオーネ」、「巨峰」の順に硬い。「シャインマスカット」の剥皮性は難で、

皮をむいて食べることは難しい。一方、「リザマート」や「バラディ」などの純粋な欧州系品種と比較すると、皮ごとの食べやすさはやや劣るが、皮ごと食することが可能である。

樹齢による違い

果樹では、樹の一生を「成長期」→「盛果期」→「老衰期」と分けることができる。成長期は樹冠を拡大しながら果実を生産するため、樹づくりと収量のバランスが重要となる。「シャインマスカット」は成長期において、旺盛に新梢が伸長するため、果粒肥大が不足しやすく、特に初結実はその傾向が顕著となる。

前頁の**図3-2**に「シャインマスカット」、「巨峰」および「ピオーネ」における、初結実からの果粒重の推移を示した。「巨峰」、「ピオーネ」では、初結実からおおむね3年間で品種本来の果粒重に達するが、「シャインマスカット」では、5~6年かかる。

盛果期は名前のとおり、まさに稼ぎどきであり、いかにこの期間を長く維持できるかが収益に直結する。

「シャインマスカット」は、成長期の新梢伸長の様子から、樹勢が強い品種との認識があると思うが、発芽率が高いため新梢数が多くなりやすい点、非着色系品種であるため、着果過多になりやすい点などから、樹勢の低下には十分注意しなければならない品種といえる。

老衰期において、樹勢が低下することは自然なことであり、樹をよく観察しながら計画的に改植を進める必要がある。ただし、「シャインマスカット」は新しい品種であり、まだまだ1代目の樹にしっかりと働いてもらう時期と考えられる。

山梨県果樹試験場では、23年生（2020年時）が最も古い樹となるが、目標収量を確保しつつ、十分に高品質生産が可能な状況である。台木や地力にも大きな影響は受けるが、適正な管理を行うことで、30年以上の栽培も可能であると考えられる。

長梢剪定と短梢剪定栽培

前述したとおり、山梨県では長梢剪定栽培が中心であるが、「シャインマスカット」の導入を契機に、短梢剪定栽培に取り組む生産者も増加している。結論を言えば、どちらの栽培方法でも高品質生産は可能である。ただし、それぞれに特長と留意点があり、よく吟味したうえで選択、もしくは組み合わせて栽培を行っていただきたい。

各栽培方法の果実品質を比較すると、房形については長梢剪定栽培で優れる。短梢剪定栽培では、果房上部のまとまり（房しまり）が不良になりやすい。これは、着生する花穂の大きさも関係している。短梢剪定栽培では、結果母枝の基部の芽を使用するが、この部位の花芽はやや充実しにくい傾向がある。

また、花穂の支梗は上部ほど伸長しやすい性質を持つため、小さな花穂では果房上部がまとまりにくい。ただし、短梢剪定栽培においても管理作業

房しまりの状態

房しまりの良否（果房を上部から見ると右の房上部がしまっている）

表3－2　シャインマスカットの果房重の違いが果実品質に及ぼす影響

予備摘粒時軸長	果房重(g)	果房長(cm)	着粒数(粒/房)	軸長(cm)	果粒重(g)	糖度(°Brix)				酸含量(g/100mℓ)
						全体	上段	中段	下段	
5cm	577	14.3	35.3	6.9	16.4	18.7	20.1	18.9	17.8	0.29
6cm	601	15.4	36.5	7.7	16.5	18.2	19.3	17.9	17.2	0.29
7cm	640	16.3	38.4	8.6	17.0	17.8	19.1	17.7	17.0	0.28
8cm	703	17.0	44.1	9.1	16.2	17.6	19.4	17.6	16.4	0.30

注：2009、山梨果試

により、優れた房形に仕上げることは可能である。具体的な対策については後述する。

果粒重については短梢剪定栽培でやや大きい。これは、短梢剪定栽培では、新梢勢力を揃ってやや強めに維持しやすいこと、開花期の摘心が徹底しやすいことも関係していると考えられる。

糖度については明確な傾向は見られない。どちらの栽培方法においても、果粒重が20ｇを超える状況では、糖度上昇が停滞しやすい。また、８００ｇ以上の大房生産では高糖度化は難しくなる。加えて、果房重が大きくなるにつれて果房上部と下部の糖度差は大きくなる（**表３‐２**）。

開園の準備と植えつけ

圃場の立地と必要な設備

ブドウは、果樹の中では土壌条件への適応力が大きい樹種といえるが、開園・植えつけ前に、排水対策や土づくりを十分に行うようにする。

具体的には、硬く締まった土壌においては、圃場の深耕(場合によっては天地返し)を行い、併せて有機物の投入を行う。水田転換園では、鋤床層を破砕するとともに、明渠(地上に設けられたふたのない排水用の溝)・暗渠排水を設置することが望ましい。

転換園では、ブドウ栽培に必須である棚が設置されていない。全国に様々な設備があるが、山梨県では、甲州式平棚が用いられることが多い。この施設は、設置に高度な専門知識が必要であるが、傾斜地においても設置が可能である。一間《ひとま》ごとに「つか杭」が配置されており構造強度が高いものの、圃場内における農業機械の動線がやや制限される。一方、つか杭の代わりに数間ごとに「つり柱」を設置し、針金で棚を吊る形態も存在する。

また近年では、鉄鋼パイプを主要構造とした新甲州式低コスト果樹棚が開発された。いずれの棚も、10a当たり200間のいわゆる甲州間(7尺5寸間)が採用されている。

新甲州式低コスト果樹棚(左)

園地 (棚上から見た様子)

ブドウは使用する台木にもよるが、比較的乾燥条件にも強い。ただし、高品質安定生産のためには、灌水設備が必要になる。山梨県では、畑地灌漑事業により設置された、スプリンクラー方式の園が多いが、近隣の水路からポンプなどを利用して灌水する方法を採用している園もある。近隣に水源がない場合は、SS(スピードスプレーヤー)や、タンクをのせた運搬車を利用して水を運び、株周りを中心に灌水を行う例もある。

整枝・剪定法の選択

実際に栽培を開始するにあたっては、剪定方法および整枝方法を選択しなければならない。選択により、植栽位置や本数も変わる。ブドウを初めて栽培する生産者は、まず初めは短梢剪定栽培で行ってみてはいかがだろうか。他の品種で長梢剪定栽培を行っている生産者は、慣れもあるので長梢剪定栽培からの導入をおすすめする。

ただし将来的には、どちらも経験して自園の経営に即した栽培形態を構築していただきたい。栽培面積の拡大に伴っては、短梢剪定栽培の省力性、単純性は大きな魅力である。一方、ブドウの樹体生理をより深く理解するには、長梢剪定栽培を学ぶことは非常に価値が高いと感じる。以下に、各整枝・剪定方法の特徴を示したので、参考にしていただきたい。

図３－３　自然形整枝の骨格枝の配置（模式図）

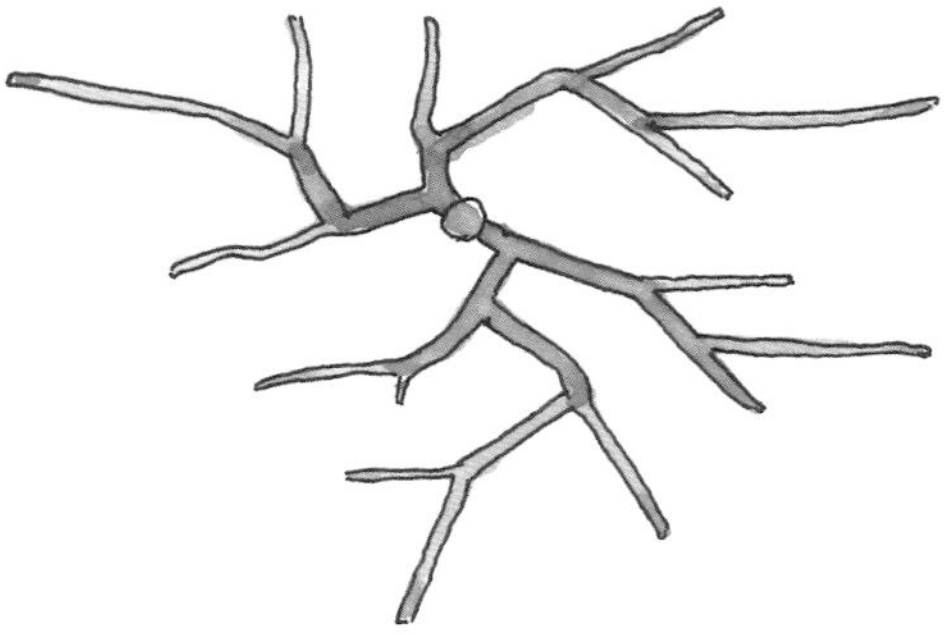

注：『葡萄の郷から～おいしいブドウのできるまで～』（山梨県果樹園芸会）をもとに作成

長梢剪定栽培

長梢剪定栽培には、X字型整枝、ロケット式一文字整枝に加え、自然形整枝も存在する。

自然形整枝（図３-３）は、スムーズな樹冠拡大が難しい、早い作型のハウス栽培では現在も採用されているが、骨格となる枝が不明瞭で、樹形が乱れやすい、ブドウ任せの整枝方法といえる。

図３－４　X字型整枝の骨格枝の配置（模式図）

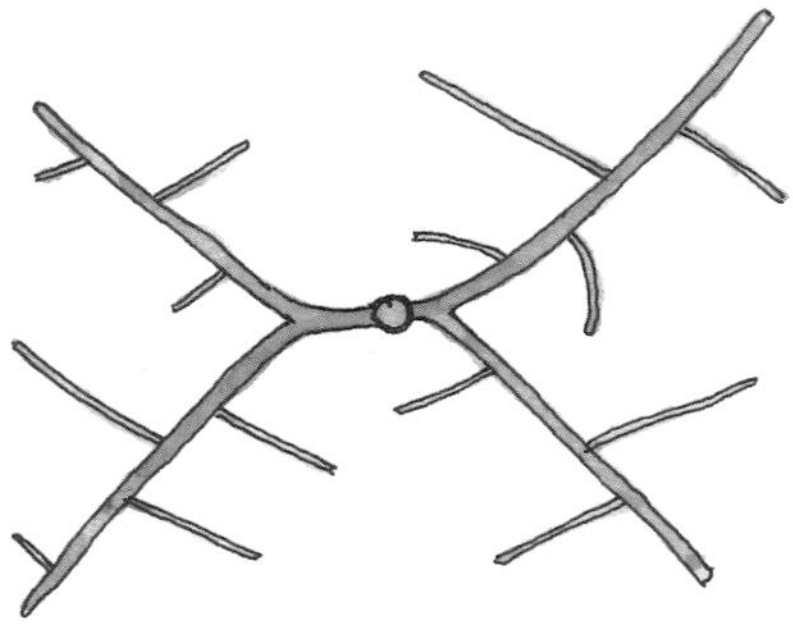

注：『葡萄の郷から～おいしいブドウのできるまで～』（山梨県果樹園芸会）をもとに作成

X字型整枝（図３-４）は自然形整枝のよい点を伸ばし、欠点を解消した整枝方法となる。また、ロケット式一文字整枝（図３-５）は、技術習得がやや難しいX字型整枝の理論を単純・明確化し、さし枝（先端方向に向かう枝）を使用しない特徴を持つ方法となる。「シャインマスカット」の露地栽培では、X字型整枝、ロケット式一文字整枝どちらの方法でも高品質生産が行われている。各整枝法の特徴として、X字型整枝は、山梨県内で広く採用されていることから、土壌の適応性が広いことが明らかになっている。また、巨峰系品種や甲斐路系品種では、30年生以上の樹においても十分に生産性があがっている事例が多い。

ロケット式一文字整枝は、樹勢を落ち着かせる考え方が突き詰められており、新梢管理の省力化も実現されている。整枝の性質上、15～20年で改植が必要になるとのことである。具体的な栽培方法は、開発者により詳細に解説された他著があるため、そちらを参照いただきたい。

X字型整枝は4本の主枝とそれぞれに派生する亜主枝を基本骨格とする。分岐した主枝は発生した順に第1～第4主枝と呼ぶ。上位の主枝が、下位の主枝より太い状況を維持しながら樹を広げる。

この勢力バランスが崩れると、上位主枝における新梢勢力が弱くなり、果実品質の揃いに影響が出る。また、勢力の落ちた主枝を切り戻しせざるを得なくなり、スムーズな樹の拡大が妨げられる。いわゆる「負け枝」を出さないことがX字型整枝では最重要になり、そのうえで、棚面をいかに有効利用するかがポイントとなる。

図3－5　ロケット式一文字整枝の骨格枝の配置（模式図）

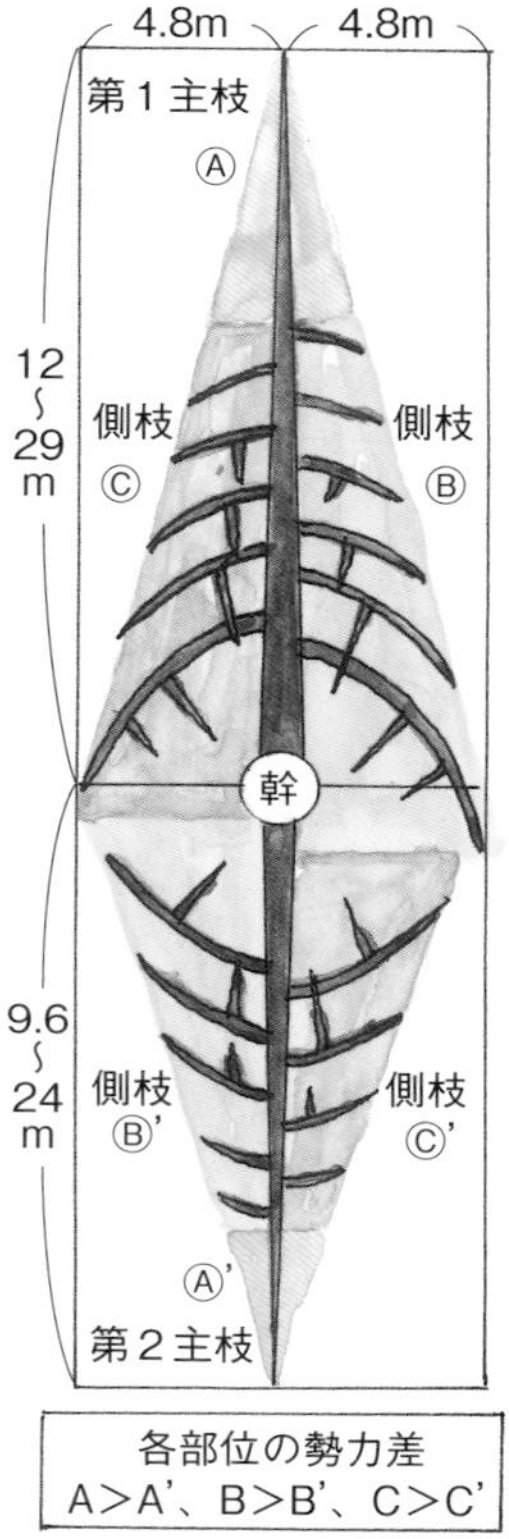

注：『ブドウ大事典』（農文協）をもとに作成

短梢剪定栽培

担い手不足や生産者の高齢化、また農地の集約（一戸当たりの面積の拡大を含む）という課題に対し、「省力化」という観点は非常に重要になる。新規就農や農繁期の短期雇用の導入を考える場合、ある程度単純化された短梢剪定栽培は非常に力を発揮する栽培方法である。

短梢剪定栽培の整枝方法には、最も単純な一文字整枝（2本主枝）、4本主枝のH型整枝、8本主枝のWH型整枝などが存在する（**図3－6**）。

地力の低い園や、わい性台（グロワールなど）を利用した場合は、単純な整枝である一文字型でも問題はないが、一般的には樹勢を落ち着かせるために、主枝数が一文字型より多い、H型やWH型を採用し樹冠を拡大する。また、傾斜地では傾斜の上部に向かって主枝を配置するオールバック型にするとよい。

「シャインマスカット」では、H型で主枝長は15m前後（片枝7～8m）で植えつけるのを基本とするが、樹冠の先端と元に勢力差が出ない主枝長を見極め、自園に適した主枝長を明らかにする必要がある。

植栽計画と苗木の植えつけ

図3－6　短梢剪定栽培の整枝法

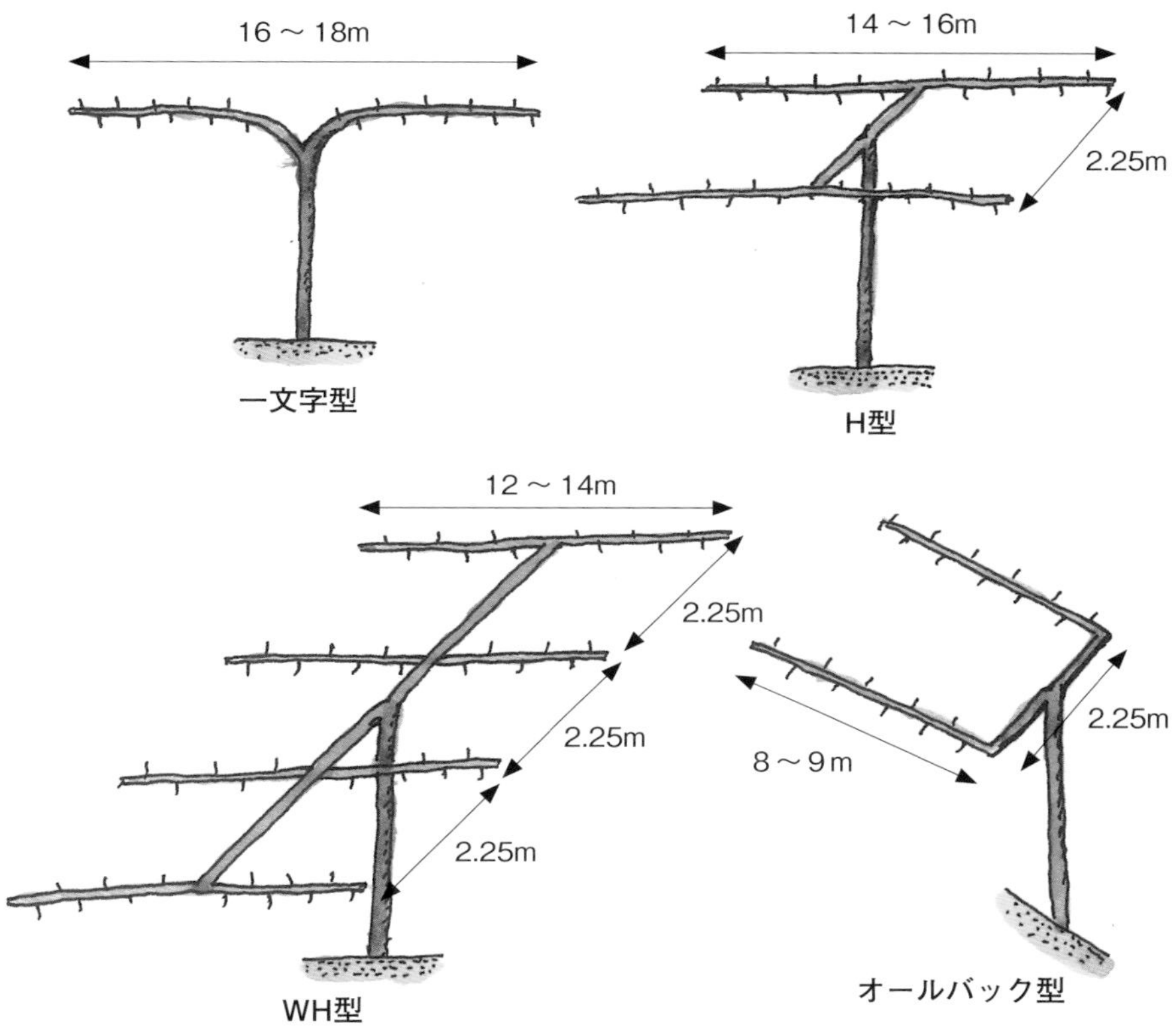

注：主枝長は目安なので、やや強めの樹勢を維持できるように調節する

植栽計画

植えつけ前に、自園の列植図を準備する。棚面における杭通し線の配置を図面に落とすことで、圃場の形状がイメージしやすくなる。山梨県では多くの圃場で7尺5寸間（2・25m四方）が採用されている。間数を認識することで圃場の面積を確認できる（一間は約5㎡なので、200間で10aとなる）。列植図上に、最終的な樹冠をパズルのように配置してみることで必要な苗木数を割り出す。

なお、初期収量確保のため密植にする場合は、永久樹（最終的に残す樹）の間に間伐樹を植え込む形にして必要苗木数を計算する。また、他圃場で苗を育成しておき、大苗にして植えつけると、樹冠の広がりが早いので初期収量が上がりやすい。

苗木の植えつけ位置は、SS（スピードスプレーヤー）やトラクターなど農業機械の動線や、灌水の立ち上がり（スプリンクラー）の位置を考慮し決定する。

長梢剪定栽培

地力により植栽本数は異なる。10a当たりの永久樹の本数は、地力が低い園では8～10本、中庸な園では5～8本、肥沃な園では3～5本程度を目安とする。長梢剪定栽培は、植え位置のバランスに問題がなければ、比較的植栽位置に大きな制限はかからない。降雨時に滞水する場所があるならば、避けて植栽するとよい。

図3－7　苗木の植えつけ

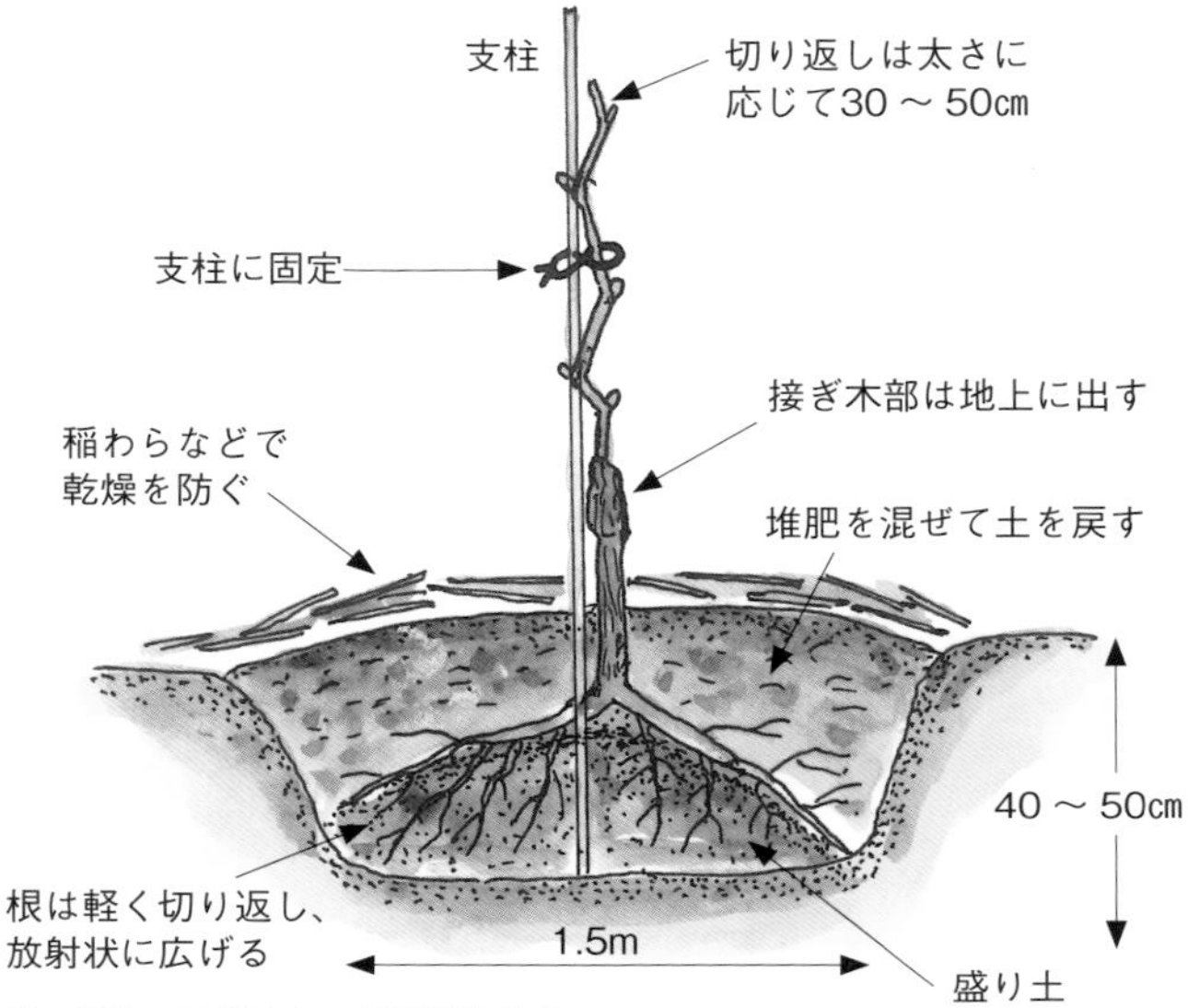
支柱
切り返しは太さに
応じて30～50㎝
支柱に固定
接ぎ木部は地上に出す
稲わらなどで
乾燥を防ぐ
堆肥を混ぜて土を戻す
40～50㎝
根は軽く切り返し、
放射状に広げる
1.5m
盛り土

注：植えつけ後はたっぷり灌水する

短梢剪定栽培

短梢剪定栽培では、地力により整枝法を選択する。10a当たりの永久樹の本数は、一文字型では25～30本、H型では12～16本、WH型では8～10本程度を目安とする。基本的に、植えつけ位置は列に並ぶことになる。

主枝を配置する向きについて、棚を長方形と見た場合、長い辺と平行に主枝を配置することで、薬剤散布などの動線は良くなる。ブドウは棚全面が葉に覆われるため、主枝方向（南北もしくは東西）による果実品質の差はほとんどない。

苗木の植えつけ

苗木の植えつけは、作業時期により、春植えと秋植えに分けられる。春植えは、発芽期までに行う。秋植えは、落葉後かつ厳寒期前までに行う。苗を深植えすると、自根が発生してしまうので、接ぎ木部は必ず地上になるよう植えつける。

冬季の厳しい寒さや、乾燥が心配される場合は春植えがよい。一方、秋植えは春先の初期生育が良好になるメリットがある。植え穴に戻す土と堆肥をよくなじませておき、植えつけ後は十分に灌水を行う（**図3－7**）。

発芽・展葉初期の栽培管理

芽かきと新梢の誘引

芽かき

芽かきは、樹勢の調節や新梢の勢力を揃えることを目的に、発生した芽・新梢をかき取る作業である。

ブドウは展葉7枚頃までは、貯蔵養分を中心に生育しているとされる。よって、芽かきの時期が早いほど貯蔵養分の浪費を防ぎ、新梢の初期生育を旺盛にする効果がある。また、過剰な芽かきは、新梢数の不足につながり、残した新梢も徒長しやすくなる。

初期生育が望ましい新梢勢力よりも強い場合は、芽かきは控え気味に、時期も遅らせる。一方、勢力が弱い場合は、早い時期に強めの芽かきを行い、残された新梢に養分が効率的に供給されるようにする。

主芽と副芽

不定芽

芽かきの手順

長梢剪定栽培

新梢の伸び具合を見ながら、2~3回程度に時期を分けて行う。1回目は、展葉2~3枚時に、副芽や不定芽、結果母枝の基部の芽をかく。結果母枝の節間が極端に短く、新梢が過繁茂となりそうな場合は、剪定時に除去される可能性が高い3芽目をかき取る。（さらに新梢を間引きたい場合は、同様の理由から6、9芽目をかく）。

2回目は展葉7~8枚時に、新梢の誘引作業に併せて、新梢密度が過剰な場所のみ行う。除去する枝は花穂を持たない新梢、極端に強い新梢とする。

短梢剪定栽培

長梢剪定樹と比較して、樹勢が強い状況となりやすいため、作業は長梢剪定樹よりも遅らせる。展葉2~3枚時は不定芽をかく程度とし、展葉8~10枚時に誘引作業と併せて行う（主芽を誘引し、折れずに結束できたことを確認し、副芽をかく）。

ただし、樹勢が落ち着いた中庸な新梢は折れにくいので、誘引前に副芽はかき取る。1芽座から複数の新梢を発生させても問題はないので、過剰に芽かきしないよう注意する。

新梢の誘引

誘引は上方に向いて伸びている新梢を棚面に伏せ、新梢勢力を落ち着かせるとともに、新梢を均一に配置することで、効率的かつ揃いの良い果実生産のために行う作業である。

誘引の手順

長梢剪定栽培

最初の誘引は、展葉7～8枚時に、芽かきと併せて行う。強く伸びた新梢から順次作業を行うと、新梢勢力が揃いやすい。結果母枝先端の新梢は、延長方向にまっすぐに誘引し、その他の新梢は、結果母枝に対し直角に誘引する。

強勢な新梢は、返し気味に誘引すると、勢力が落ち着きやすい。また、発生角度が悪く（上向きや下向き）、無理に誘引すると折れる危険性が高い新梢は、捻枝（新梢の基部をピチッと音がするまでひねると可動域が広がる）を行うと欠損しにくい。花穂がついた節の付近で棚に結束すれば、花穂が棚下に下りやすく、その後の房づくりなどの作業が行いやすい。最終的な新梢数は、10ａ当たり6000～6500本を目安とする。

短梢剪定栽培

短梢剪定栽培の場合は、新梢が折れると芽座の欠損に直結するのでより注意深く作業する必要がある。

長梢剪定栽培より作業は遅らせる。基本的には、1芽座当たり1本の新梢を誘引する。芽座から新梢が複数発生している場合は、花穂の着生状況や形状に問題がなければ、できるだけ基部に近い新梢を優先的に残す。新梢密度が低い場合は、2新梢を誘引し空間を埋める。最終的な新梢数は10ａ当たり5000～5500本を目安とするので、隣り合う新梢どうしの間隔は16～18㎝程度となる。

樹冠拡大中の樹における、主枝延長枝先端の新梢は、主枝延長方向にそのまま、まっすぐ棚下に誘引する。

灌水

圃場により地下水位の高さや、水みちの有無、保水力・排水性が大きく異なるため、一律の値を示すことは難しい。よって、ここではおおまかな目安を示す。新梢勢力、副梢の発生程度、葉の状態など、樹や果実の様子を観察する中で調節していただきたい。

この時期は、新梢の生育を促すために、7日間隔で25㎜程度の灌水を行う（降雨分は差し引く、以下同様）。また、新梢の初期生育が芳しくない場合は、尿素の200倍液を10ａ当たり200～300ℓ葉面散布してもよい。

なお、「シャインマスカット」は巨峰系品種など他品種と比較して、展葉初期の葉色が薄く見えるが、これは品種特性であるため、施肥の判断は樹勢を見て判断する。

展葉期・開花始め期の栽培管理

フラスター液剤の散布

「シャインマスカット」は、若木時には強勢な新梢が発生し、新梢管理が煩雑になりやすい。これに対し、展葉7～11枚時にフラスター液剤（有効成分：メピコートクロリド44％）を散布することで、新梢伸長を抑制することができる。

フラスター液剤処理による房形の違い。上段1000倍、中段1500倍、下段無処理

　散布濃度は、1000～2000倍（100～150ℓ／10a）で、展着剤は加用しない。展葉7～11枚の間では、処理時期が早いほど効果が強く出やすいと考えられる。しかし、勢力の弱い新梢には、過剰に効いてしまうため、新梢の揃いが悪い樹や、成木となり樹勢が落ち着いた樹では使用しない。

　また、フラスター液剤散布により、果房の横張りが抑制される傾向もあり、房しまりに一定の効果が期待できる。特に、短梢剪定栽培の場合は樹勢も強く、房形が乱れることがあるので、若木のうちは積極的に使用するとよい。

　なお、「シャインマスカット」では、満開10～40日後にもフラスター液剤を追加して散布することができる。副梢を摘心しても、さらに強い副梢が再発生する場合は、満開後処理も検討するが、そのような樹については、施肥や灌水、剪定など樹勢に関わる作業を振り返ってみる必要もある。

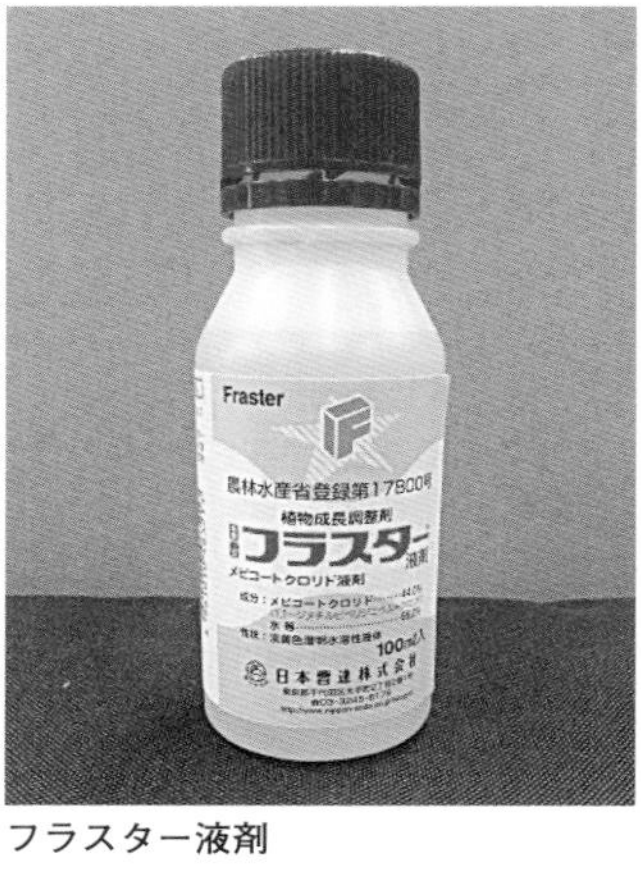

フラスター液剤

　処理する場合は、500倍（150ℓ／10a）もしくは1000倍（300ℓ／10a）で散布する。処理時期は、第2回目ジベレリン処理の5日後（満開20日後）を目安とする。第2回目ジベレリン処理直前の散布では、果粒肥大がやや劣る事例も認められるので注意する。なお、本稿に記載した登

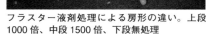

図3−8　アグレプト液剤の処理時間がシャインマスカットの無核化率に及ぼす影響

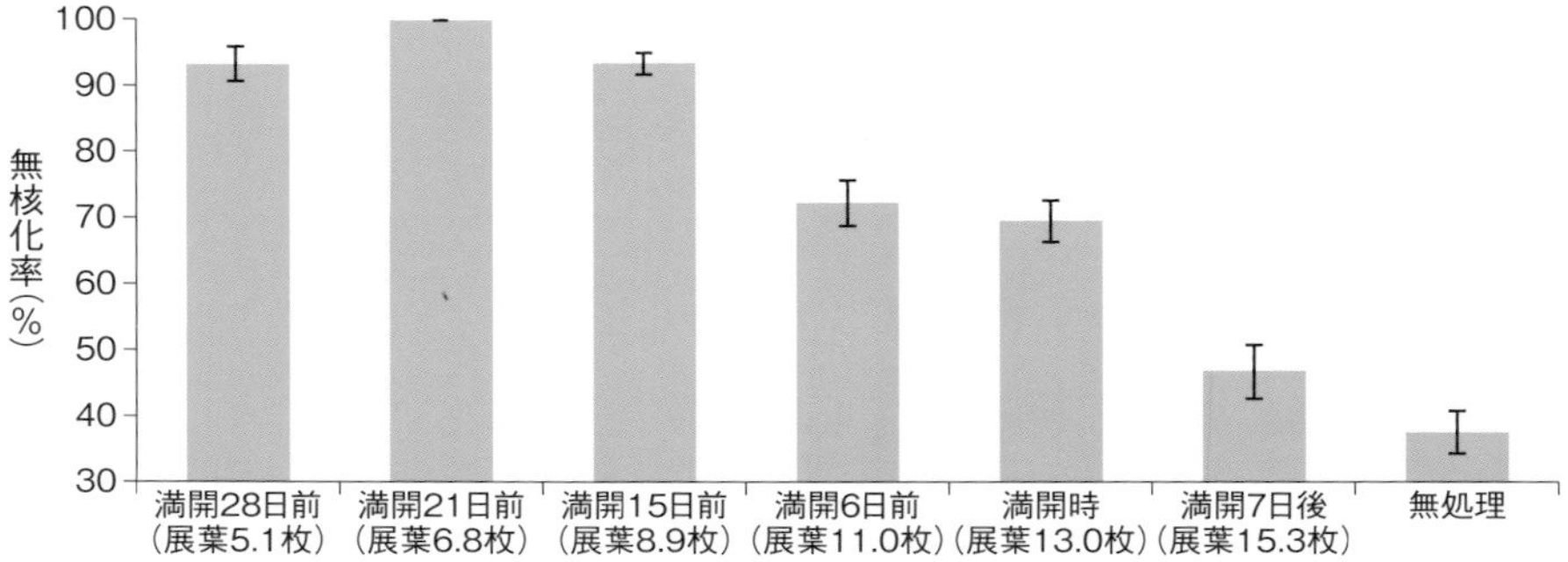

注：①垂線は標準誤差（n=9）
②ジベレリン処理は行っていない
③2018　山梨果試

録内容は、2019年10月時点におけるものであり、使用にあたっては最新の登録内容を確認する。

アグレプト液剤処理

「シャインマスカット」は、ジベレリン（GA）処理だけでは、完全無核化が難しい品種であり、年によっては有核果が混入してしまうことがある。

これに対し、無核化の補助剤として、アグレプト液剤（有効成分：ストレプトマイシン20％）1000倍を満開予定日の2週間前（おおむね展葉9〜10枚頃）に散布する。剤の登録では浸漬処理も可能である。現場の使用実態を見ると、第1回目ジベレリン処理液への加用処理も認められるが、アグレプトの無核化効果は処理時期が早いほうが高い傾向がある（**図3-8**）。樹勢の低下などにより有核果が混入するおそれがある樹では、満開2週間前に処理する。

また、花穂に直接、散布液がかからなくても、一定の無核化効果が認められる。よって、隣接園で種ありブドウを栽培している場合は、飛散しないよう十分注意する。

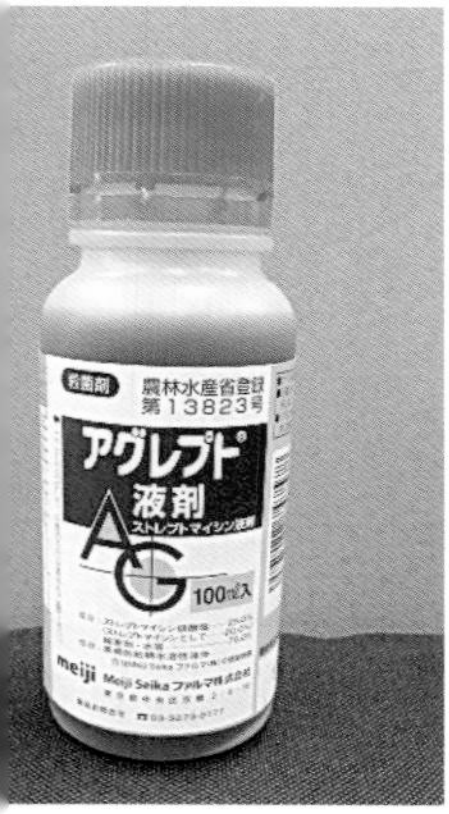

アグレプト液剤

摘心

開花期の摘心は、新梢の成長点を摘むことで伸長を一時的に止め、新梢伸長に使用される養分を花穂に分配することで、着粒安定や果粒肥大促進を図る作業である。

摘心を行わないと果粒肥大が不足するだけではなく、場合によっては新梢がズルズルと5m以上も徒長的に伸長し、棚面を必要以上に暗くしてしま

表3－3　開花始め期における摘心節位の違いが シャインマスカットの果実品質に及ぼす影響

試験樹	摘心節位	葉数[z]（枚/新梢）	果房重（g）	着粒数（粒/房）	果粒重（g）	糖度（°Brix）	酸含量（g/100mℓ）
試験樹1	未展葉部	12～13	473	33.2	14.1	22.0	0.26
	房先6節	10～11	542	36.4	14.8	21.6	0.28
	房先3節	7～8	526	34.0	15.1	21.5	0.27
	無摘心	12～13	464	35.8	12.3	22.7	0.26
試験樹2	未展葉部	12～13	478	36.4	13.5	19.0	0.38
	房先6節	10～11	466	33.2	13.9	19.0	0.40
	房先3節	7～8	497	33.1	15.3	18.6	0.38
	無摘心	12～13	456	37.0	12.5	19.3	0.37

注：① [z]摘心後に残る葉数
② 2012　山梨果試

う。最終的には、「ドブづる」と呼ばれる極端に太く、扁平な枝になりやすいため、しっかりと新梢を止めることが重要である。

摘心の手順

「シャインマスカット」における、開花始め期の適正な新梢長は、100cm程度と考えられる。開花始めにこれ以上に伸長した新梢は、新梢先端を摘心する。適正な新梢長に達していない新梢については摘心時期を遅らせ、摘粒後の新梢管理時に新梢先端を止める。なお、フラスター液剤処理の有無にかかわらず、開花期の摘心作業は必ず行う。

長梢剪定栽培

長梢剪定栽培では、開花始め期に房先6節で新梢を切除する（新梢先端10～15cmを切除）。開花始め期には、展葉12～13枚になっているので、残る葉数は10～11枚となる。

樹冠拡大中の樹では、開花期には主枝延長枝の摘心は行わず、葉数20枚程度を確保した段階で、先端を軽く摘む摘心（未展葉部摘心）を行う。

短梢剪定栽培

基本としては、長梢剪定樹と同様に開花始め期に房先6節で新梢を切除するが、樹齢が若く果粒肥大が不足する状況では、房先3～4節で新梢を切除する（摘心後に残る葉数は、7～8枚になる）と果粒肥大が大幅に促進される（**表3－3**）。長梢剪定栽培で同様の摘心を行うと、剪定時に必要な芽数を確保できないため、短梢剪定栽培でのみ適用する。

本技術の留意点としては、副梢の発生が多くなり、新梢管理に手間がかかることがあげられる。よって、若木で

房づくりの前後

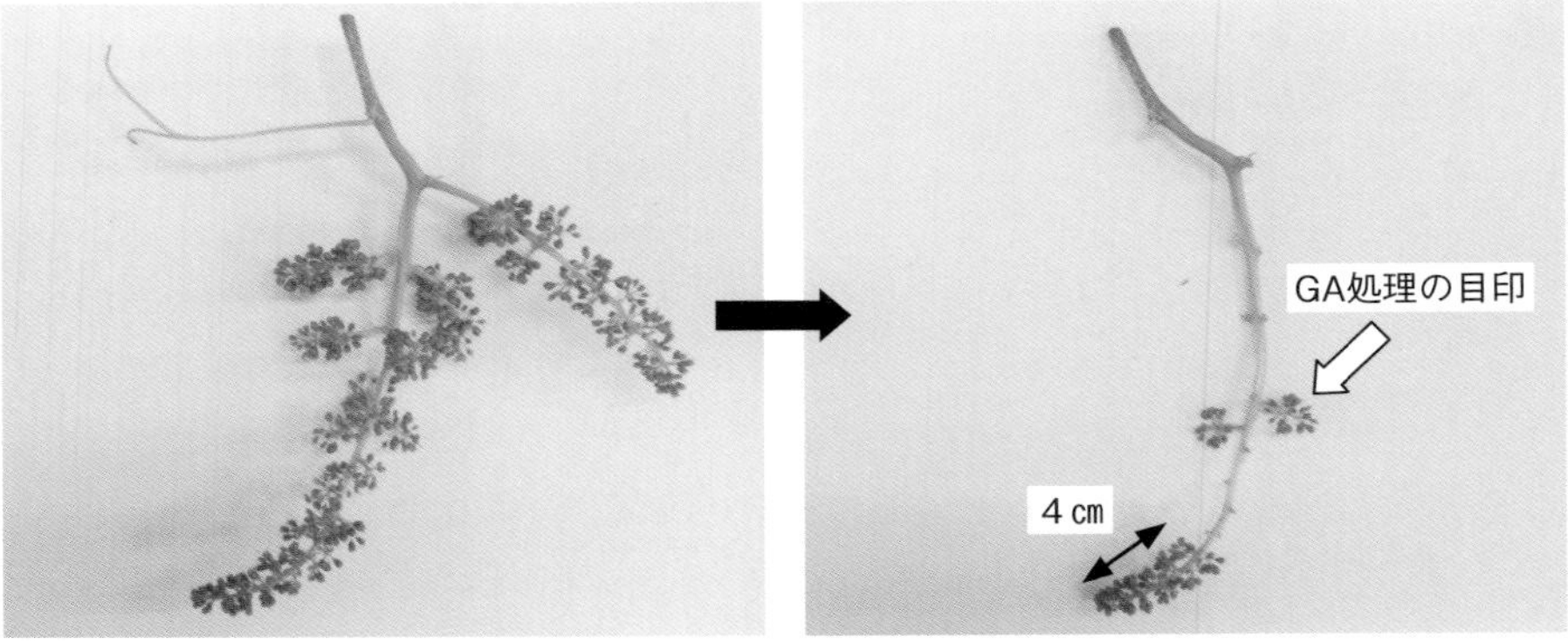

果粒肥大が不足する場合に、新梢管理の手間と引き換えに行う方法と考えていただきたい。

長梢剪定栽培と同様に、樹冠拡大中の樹では、開花期には主枝延長枝の摘心は行わず、葉数20枚程度を確保した段階で未展葉摘心を行う。

房づくり

ブドウの花穂には、数百～1000程度の花蕾が着生している。花蕾数を制限せずに栽培すると花蕾間の競合が発生し、多くは落蕾し粗着な果房となる。つまり高品質生産を行えなくなる。房づくり（花穂整形）は、花蕾数を制限し、密着した良果房を生産するための作業となる。

房づくりの手順

房づくり作業は、圃場内の生育が早い場所で開花が始まったタイミングに行う。

栽培面積が大きく、作業が間に合わない場合は、開花前から行ってもよい。ただし、開花始めに作業する場合より、小さく整形しておかないと花穂が長大化するので注意する。

作業の方法は、上部の支梗《しこう》を切り下げ、房尻を摘まずに、主穂先端4㎝を目安に残す。4㎝以上の房づくりを行うと、花穂の中央部が花振るい（結実しないで落蕾、落花する現象）を起こしやすく、結果的に房形が乱れるため、大きな房づくりは行わない。

「シャインマスカット」は、房づくりが遅れると、激しい落蕾を起こすことがあるので、作業は遅れないことが重要である。

第1回目ジベレリン処理後の花穂の伸長程度は、かなりばらつき（花穂ごとの差）があるため、房づくりの大きさは4㎝で行っておき、後に軸長を調節する。

新梢の誘引

①先端の新梢は主枝先端方向にまっすぐ誘引

②2本目の新梢も延長枝の候補として先端方向に誘引

③基本は結果母枝に対して直角に誘引する

④基部の新梢は強勢になりやすいため返し気味に誘引する

作業はハサミで行うことが基本であるが、指で支梗をこすり上げる方法もある。この方法は、作業時間が短くなるため省力化につながるが、花穂を破損してしまう場合があることや、こすった部位が褐変し、摘粒時に穂軸がやや折れやすくなる点は留意しなければならない。

第1回目ジベレリン処理については、適期となった花穂を選んで処理する方法（拾い漬け）が基本となる。生育が揃っている圃場でも2～3回に分けて処理を行うため、花穂に処理の目印を残す必要がある。房づくり時に支梗を一部残しておき、処理時に除去することで目印とすることが多い。

花穂によっては、先端部分が分岐していたり、潰れているものもあるが、房づくり時には先端は絶対に切り詰めない。

このような場合は、若干長めに房づくりをしておき、摘粒時に軸長を整え

表３－４　第１回目ジベレリン処理液へのフルメット液剤加用が
シャインマスカットの果実品質に及ぼす影響（山梨果試）

調査日	フルメット加用条件	果房長（cm）	果房重（g）	着粒数（粒／房）	果粒重（g）	糖度（°Brix）	酸含量（g/100mℓ）
2008/8/27	なし	14.8	433	30.8	14.1	18.4	0.27
	5ppm	15.6	523	34.7	15.4	18.0	0.27
2009/8/26	なし	16.6	561	37.4	14.5	18.8	0.35
	5ppm	15.6	574	35.6	16.4	18.0	0.34

注：ジベレリンの処理濃度は第１回目、２回目とも 25ppm（第２回目処理はフルメット液剤加用なし）

る。また、上部の支梗を使用し、房づくりしてもかまわないが若干果粒肥大が劣る傾向がある。

「シャインマスカット」は、1新梢に2花穂着生することが多いが、最終的には1新梢に複数の果房は残さない。よって作業効率化の観点から、形状が良く素直なほうの花穂を房づくりしたら、もう一方の花穂はその時点で切除する。

また、勢力が極端に弱い新梢はこの段階でカラ枝としておく。

果実品質において、第1および第2花穂に大きな優劣は認められない。ただし、通常は第1花穂が4節目に着くのに対し、2～3節目の基部近くに着生する花穂が散見されるが、それらの房は、果粒肥大が優れないことが多いので第2花穂を選択する。

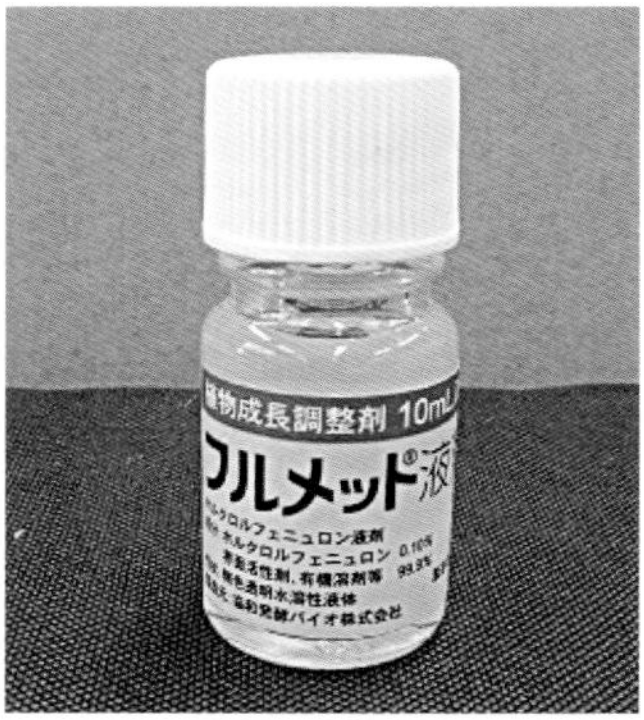

フルメット液剤。着粒安定や果粒肥大促進を図るため、ジベレリン処理液へ加用する

灌水

引き続き、7日間隔で25㎜程度の灌水を行う。特に開花前は土壌が乾燥しないよう十分注意する。

満開期・結実期の栽培管理

第1回目ジベレリン処理

第1回目ジベレリン処理は、無核化を目的に行う。処理時期は、満開時～満開3日後で、すべての花蕾が咲き、花冠が飛んだ状態が適期となる。

ジベレリン処理液に着粒安定を目的として、フルメット液剤（有効成分：ホルクロフェニュロン0・1％）を加用すると、同時に果粒肥大促進の効果も見られる（表3－4）。よって第1回目ジベレリン処理は、ジベレリン25ppmにフルメット5ppmを加用して処理することを基本としている。ジベレリン錠剤を使用する場合の処理液は、水1ℓに1錠を溶解し、フルメット液剤5㎖を加えて作成する。

適期より早い段階（房尻が未開花の状況）で処理を行うと、穂軸の湾曲や、房形の乱れが発生しやすい。一方、房づくりが遅れた場合や、気温が低い年では、処理時期が遅れると極端な花振るいが発生することもあるので注意が必要である。「ピオーネ」と比較すると、処理適期幅が狭いので、処理適期となった花穂を選んで処理する方法（拾い漬け）を推奨する。

露地栽培では比較的生育が揃うため、圃場内における処理期間はおおむね1週間以内となる。特に、短梢剪定栽培では生育が揃いやすいため、処理期間はより短くなる傾向がある。天候を見ながら、1～2日間隔で処理を行うとよい。開花が極端に遅い花穂が散見される場合は、それらの房は果実品質が優れないため摘穂し、処理を切り上げる。

なお、処理の直後に激しい降雨があった場合は、地域の指導に従い再処理を行う。処理に併せて花穂に15㎝（5寸）のロウ引きカサをかけておくと、再処理の心配はない。

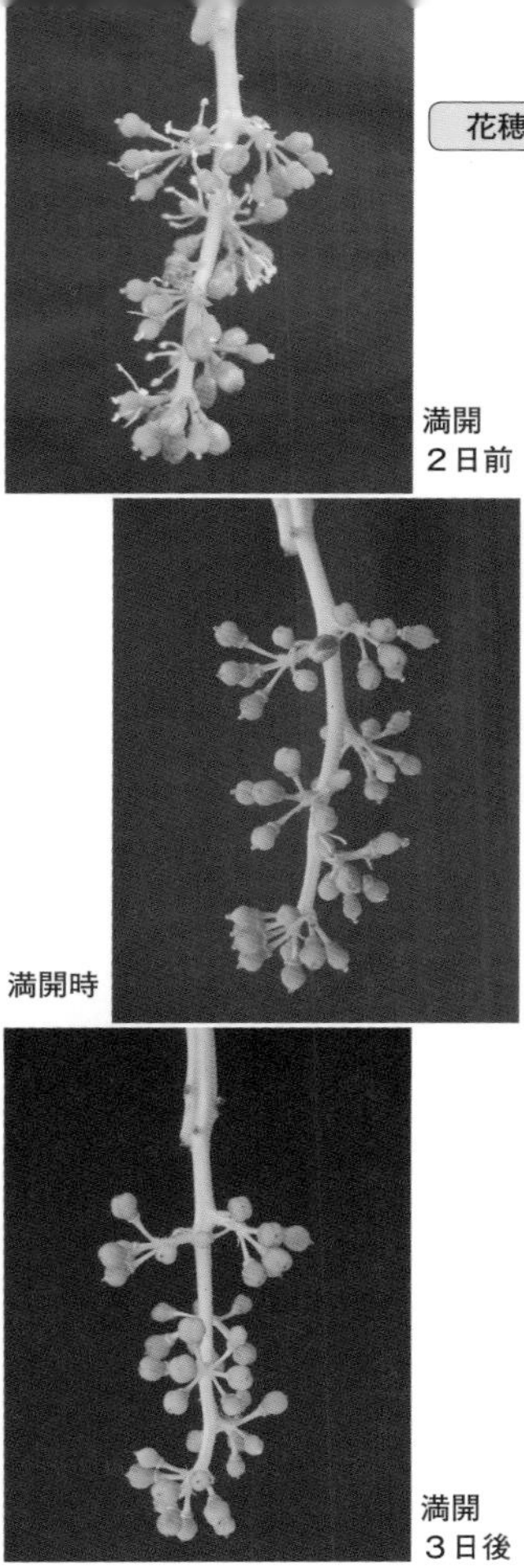

花穂の状態

満開2日前

満開時

満開3日後

房づくり後の果房の成長

注：①先端を切除すると果房が横に張り摘粒の手間が増える

軸長の調整

第1回目のジベレリン処理を行い、5日程度経過すると、果粒は4～5㎜程度の大きさになり、着粒が確認できるようになる。4㎝に房づくりした花穂も、この時期には倍かそれ以上の大きさになり、軸が長くなる。

長く伸びた房で、着粒が多いまま仕上げ摘粒を迎えると、果粒間の養分競合により果粒肥大が劣る傾向がある。

そこで、第1回目ジベレリン処理の4～6日後のタイミングで、軸長を5～6㎝に調整する。その際、先端が複数に分岐している花穂では一つに整理する。

ここでも、花穂の先端を切り上げることは極力避け、上部支梗を切り下げて目標の軸長にする。上部の支梗は着粒が多いため、下部を使用することで摘粒作業も省力的になる。

この時期に、軸長を5～6㎝にしておくと、仕上げ摘粒時には7～8㎝となり、収穫時には500～600gの房に仕上がる。

仕上げ摘粒時になって初めて軸長を合わせると、房の肩部がまとまりにくくなるが、支梗が柔軟なこの時期に支梗の切り下げを行っておくとまとまりやすい。可能ならば、予備摘粒や密集した支梗の間引きができればよりよいが、多忙の場合でも、軸長の調整だけは必ず行う。

なお、この時期の花穂数は、最終的な着房数よりかなり多い状況である。軸長の調整に合わせて、形状不良や粗房については予備摘房を行い、その後の作業が効率的に行えるようにする。

仕上げ摘房

軸長の調整に併せて、花穂の整理（予備摘房）を行っているが、最終着果数と比べると、まだ多い状況となる。摘粒を行った房は、心理的にも摘房しづらくなるため、しっかりと仕上げ摘房を行い、ほぼ最終着房数にしてから摘粒を行うことが重要である。

最終着房数は10a当たり3000房程度とし、1新梢には複数の果房は着けない。**表3-5**は収量調節の目安で粗着な房、逆に着粒が多く摘粒に労力を要する房、極端に弱い新梢に着く房、房形が悪いものを中心に摘房する。

仕上げ摘粒

第1回目ジベレリン処理の10日後以降、肥大が進んでいる果房から作業を開始する。

摘粒作業は、ブドウの品質を決定する最も重要な作業といえるが、手間のかかる作業であるうえ、作業が短期間に集中する。作業が遅れるほど果粒肥大が進み、果粒どうしが密着してくるため、作業効率は悪くなる。加えて、ハサミ傷や手で触ることによる果粉（ブルーム）の脱落も増えてしまう。一方、早期に摘粒できれば、果粒肥大が優れ、カサかけや袋かけも早くできるので、病害虫の感染・加害の機会も減少する。

表3－5　シャインマスカットの収量調節　　ᶻ7尺5寸間

目標果房重	目標収量	房数		
	10a当たり	10a当たり	1間ᶻ当たり	1坪当たり
500～600g	1500～1800kg	3000房	15房	10房

仕上げ摘粒の手順

①軸長の確認

密着した良果房の生産には、軸の長さあたりの果粒数（着粒密度）を適正にすることが重要である。

予備摘粒時に軸長を5～6cmに調整すると、仕上げ摘粒時には多くの房の軸長が7～8cmになっている。ただし、さらに大きくなっている房もあるので仕上げ摘粒時にもう一度、軸長を確認し、7～8cmに調整する。軸長の調整は上部の支梗を切り下げるか、房尻を切り上げる。肩の部分は、支梗の高さが左右で揃うように留意する。

図３－９　摘粒の目安

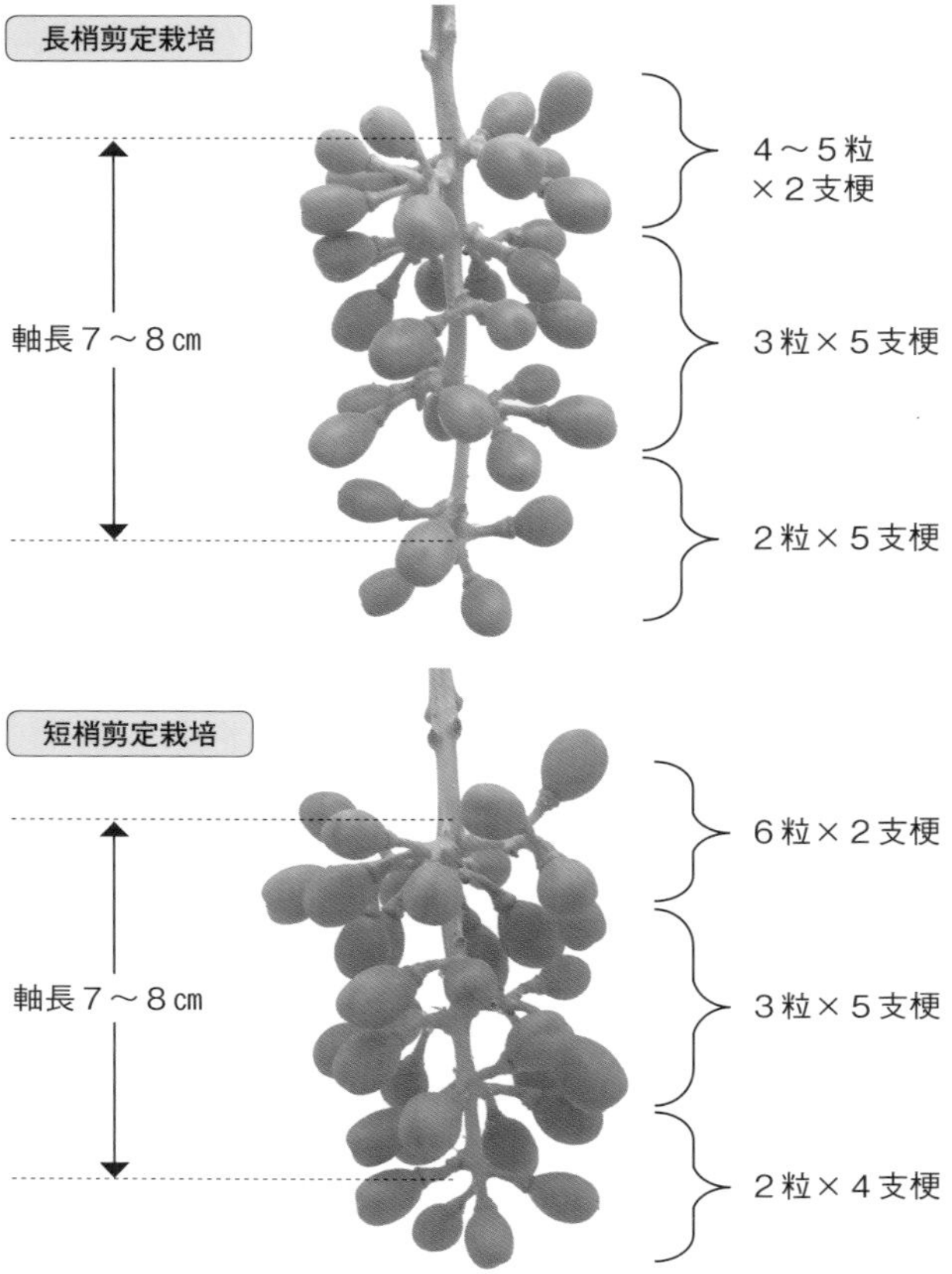

②果粒数の調節

果梗が太いしっかりとした果粒を中心に残す。バランスのよい配置を考慮し、果粒数を合わせる。着粒数は若木では38～40粒、成木で35～38粒程度とする（**図３-９**）。最上部の支梗には上向き果粒を多く残し、中段の支梗は横向きを残す。内玉と呼ばれる、そのまま成長をすると果房内部に潜り込む果粒は積極的に除去する。傷果や変形果も取り除き玉揃いをよくする。

また、果梗の切り残し（ツノ）は残さず、果粉（ブルーム）を落とさないよう軸を持って作業を行う。「シャインマスカット」は、果房上部（肩）がまとまりにくいので、最上部の支梗にはやや多めに果粒を残す。特に、短梢剪定栽培では粒数を多く置く。

③見直し摘粒について

露地栽培では、病虫害の低減および防除薬剤による汚染防止のため、摘粒作業が終了し次第なるべく早くカサかけ、袋かけを行う必要がある。収穫までカサで管理する場合は、適宜見直し摘粒を行うことは可能であるが、袋で管理する場合は、袋かけ以降は、見直しをすることが難しい。

　また、他県においては、「玉回し」として内玉を外向きに配置し直し、果粒の並びをよくする作業を行うことが多いが、袋で収穫まで管理することが多い本県の栽培方法では、仕上げ摘粒時にかなりしっかりと果粒（特に内玉）を抜いておくことが重要になる。山梨県果樹試験場では、基本的に玉回し作業は行っていないが、例年房形に大きな問題は見られない。

第2回目ジベレリン処理

　第2回目ジベレリン処理は、果粒肥大促進を目的に行う。満開10～15日後にジベレリン25ｐｐｍの浸漬処理を行う。処理液は水1ℓにジベレリン1錠を溶解する。第1回目処理の中心日を記録しておき、その日から12日後を目安に一斉処理を行うとよい。ただし、第1回目処理期間が長期になってしまった場合は、第2回目処理も時期を分ける必要がある。

　処理時期を遅らせても果粒肥大促進効果に差はない。第2回目処理が遅れると、果粉の溶脱や裂果が助長されるので、天候を見ながら適期処理を励行する。

　なお、高標高地での栽培や、初結実など果粒重の不足が心配される状況では、より大きな果粒肥大効果を期待し、ジベレリン25ｐｐｍにフルメット5ｐｐｍを加用する事例も見られるが、フルメット液剤の加用により糖度の上昇が遅れること、また、地域によっては裂果の発生が助長されることもあるので、基本はジベレリンの単用処理とする。

新梢管理

　開花期に摘心を行っているので、極端に徒長した新梢は少ないと考えられるが、摘粒が終了した段階で、新梢管理を行う。

　特に樹勢が強い場合は、棚が暗くなっているので、新梢の誘引の見直しを行い、棚面に均等に配置する。それでも暗い場合は、果房がついていない新梢や、徒長した新梢を基から切除し、棚下に1割程度の光が差し込むようにする（葉影率90％程度）。

　摘心部から再伸長した副梢を含め、新梢長は1・5～1・8ｍあれば十分なので、必要以上に伸びている部分は剪除する。上方に向かって伸長する副梢は、強く伸び続けるものについては、葉を2～3枚残して剪除するが、伸長を停止しているものはそのまま立たせておき、葉面積の確保につなげる。特に果房上部の副梢は重要であり、必要以上に管理すると、果皮の黄化や日焼けの発生を助長するので注意する。

作業は果粒軟化期前までに段階的に行う。極端に伸びた新梢や副梢を見つけながら、大まかに圃場を回り、圃場全体を何度かチェックするとよい。

灌水

ジベレリン処理時期の灌水は、圃場の湿度を保つ程度に散水する。この時期に過剰な灌水を行うと、新梢や花穂の伸長が助長され、粗着な果房になりやすいので注意が必要である。

果粒肥大第Ⅰ期にあたる、6月中～下旬（開花後20～30日）は、土壌が乾燥していると果粒肥大に大きく影響するとされている。通常は梅雨の最中なので、不足することは少ないが、5日間隔で20㎜程度の灌水を行う。

果粒軟化期前後の栽培管理

カサかけ・袋かけ

作業目的と管理法

カサかけ、袋かけ作業の目的は、病虫害および鳥害の軽減、薬剤散布による果粒汚染防止、日焼けの発生抑制、葉や新梢によるこすれ傷の減少、および降雹や強風による物理的損傷の軽減など多岐にわたる。よって、作業を行う時期や方法を誤ると、果実品質や収量に重大な影響を及ぼす。

摘粒時期の前後は、晩腐病など主要病害の果粒への感染時期になるため、なるべく早く摘粒作業を終え、カサかけ・袋かけを行うことが重要になる。

現在山梨県内のブドウ栽培では、①収穫までカサで管理する方法（カサかけ後の防除は棚上散布）、②袋で管理する方法、③果粒軟化期（着色始め）までは、棚下散布のため袋をかけておき、その後はカサにかけ替える方法のいずれかが行われている。

着色系品種（特に赤系）では、着色始め期以降はカサで管理する必要性が高いが、「シャインマスカット」は、非着色系品種なので、袋かけをした場合は、収穫まで袋で管理しても問題ない。よって①のカサでの管理、もしくは②の袋での管理のどちらかを選択することとなる。

カサでの管理

カサで管理を行うと袋管理と比較し、糖度の上昇が若干早く、やや早熟化する（数日程度）傾向がある。よって、盆前出荷を目指す早場地域では、

表3－6　カサ資材の違いがシャインマスカットの果実品質に及ぼす影響

試験樹	試験区	果皮色 (c.c.)^{z}	糖度 (°Brix)	カスリ症	
				発生度	発生率（%）
試験樹1（サイドレス）	乳白カサ	3.3	22.1	22	53
	緑色カサ	2.7	21.8	23	47
	不織布カサ	3.0	21.5	16	36
試験樹2（露地）	乳白カサ	4.1	23.5	26	59
	緑色カサ	3.2	22.8	25	55
	不織布カサ	3.6	22.9	18	44

注：① ^{z}カラーチャート値：1（緑）～5（黄）
　　② 2012-2013　山梨果試

「巨峰」など他の品種と合わせてカサで管理してもよい。
使用する資材は、乳白のポリエチレン製カサを基本とする。適正樹相で、棚が新梢で十分に覆われた条件では、収穫時に果皮が黄化することはあまりない。しかし、例年果皮が黄化してしまう場合や、樹勢が弱く棚が明るい園では、乳白カサに代えて、タイベック（不織布製）カサや緑色のポリエチレン製カサを使用することで、果皮の黄化が抑制できる（**表3-6**）。

袋での管理

袋で管理すると、カサ管理と比較して果面のこすれ痕が減少するので、外観がより優れる。また、成熟に伴い増加する果面障害「カスリ症」の発生も、カサ管理と比較し少ない傾向があるので、早場以外の地域では袋で管理するとよいと考えられる。ただし、果房の様子が確認できないため、収穫期が近づいてきた段階で、一部袋を除去して状況を確認する必要がある。

使用する資材は、白色袋を基本とする。糖度18％（収穫基準）での収穫では、白色袋で問題はないと考えられるが、収穫を遅らせたい場合や例年果皮が黄化してしまう園では、白色袋に代えて青色袋や緑色袋を使用すると、果皮の黄化が抑制できる（**表3-7**）。

いずれの袋を使用した場合も、樹冠外周部など果房に直射光が当たる条件では、袋内温度が上昇し、果実の日焼けが発生しやすいので、日よけとしてクラフトカサ（茶色の紙製カサ）を併用することが重要である。

カスリ症の発生果房

青色袋

緑色袋

表3－7　袋資材の違いがシャインマスカットの果実品質に及ぼす影響

試験樹	試験区	果皮色 (c.c.)ᶻ	糖度 (°Brix)	カスリ症	
				発生度	発生率（%）
試験樹1（サイドレス）	白色袋	3.0	21.7	4	13
	緑色袋	2.5	21.3	18	43
	青色袋	2.4	21.4	19	46
試験樹2（露地）	白色袋	4.0	22.6	26	48
	緑色袋	3.3	21.9	31	64
	青色袋	3.5	22.4	25	53

注：① ᶻカラーチャート値：1（緑）～5（黄）
② 2012-2013　山梨果試

ただし、収穫まで日よけのクラフトカサをかけていると、日焼けのリスクは減少するが、糖度の上昇が遅れるので、果粒軟化期以降は除去する必要がある。一方、果房に直射光が当たる樹冠外周部では、収穫までクラフトカサを併用したほうが安全である。

新梢管理

長梢剪定栽培

この時期の新梢管理は、副梢の摘心が中心となる。棚下に1割程度の光が落ちる程度（葉影率90％）に管理するが、新梢基部の葉が黄変したり、落葉している場合は新梢管理が不足している可能性があるので注意する。

短梢剪定栽培

「シャインマスカット」は若木や短梢剪定樹では特に樹勢が旺盛になりやすい。開花期と摘粒後に摘心作業が行われているが、隣の主枝の果実を越えて伸長している新梢については、果房直前の位置で切除する。また、伸び続ける副梢は、葉を2～3枚残して摘心する。

なお、果粒軟化期に一気に新梢管理を行うと、地上部と地下部（葉数と根量）のバランスを崩し、日焼けや縮果症が助長されることがあるため、定期的に圃場を回り、こまめな作業を心がける。

収量の見直し

摘粒作業前に最終着房数にしているが、長梢剪定栽培では一間（7尺5寸間）当たり15～16房、短梢剪定栽培では、主枝1m当たり7房に調整されているか確認する。

10a当たり3000房の基準は、成木かつ適正樹相である（十分な新梢や葉が確保されている）ことが前提となる。条件の満たされない樹では、この基準よりもやや少なめに着房させる。

灌水

梅雨明け後は、一気に気温が上がり蒸散量が増加するので、定期的な灌水が必要になる。5～7日間隔で20㎜程度の灌水を行う。

果粒軟化期以降の灌水は、過分に行っても果粒肥大には大きく影響せず、逆に新梢の2次伸長の原因となる。よって、土壌の極端な乾燥を避け、樹体に水分不足（葉の傷みや果粒のしぼみ）を発生させないことに主眼を置く水分管理が求められる（7日間隔で10㎜程度）。ただし、極端な高温が予想される日は、午前中に散水を行いたい。

なお、「シャインマスカット」は、裂果の発生が少ない品種であるが、他品種と同様になるべく土壌水分の変動を小さくすることが望ましい。

収穫始め期・収穫後の栽培管理

収穫

黄緑色の品種は収穫時期の判断が難しい。過去には、「ネオマスカット」で未熟果収穫による食味不良が問題となったこともある。

「シャインマスカット」は酸切れがよい品種であるので、「酸っぱい」というクレームは出にくいと考えられるが、食味の良さが本品種の最大の価値と考え、目標糖度である18％以上での収穫を遵守したい。

果皮色では、緑色からやや黄色みかかった頃が適期となる。「シャインマスカット」専用カラーチャートの指数3以上になると、糖度18％を超える果房が多くなり、収穫適期の目安となる。ただし、「シャインマスカット」は果房の上部と下部で糖度差が出やすい特徴がある。特に大房であるほどこの傾向は強くなるため、房尻の糖度も確認し収穫する。

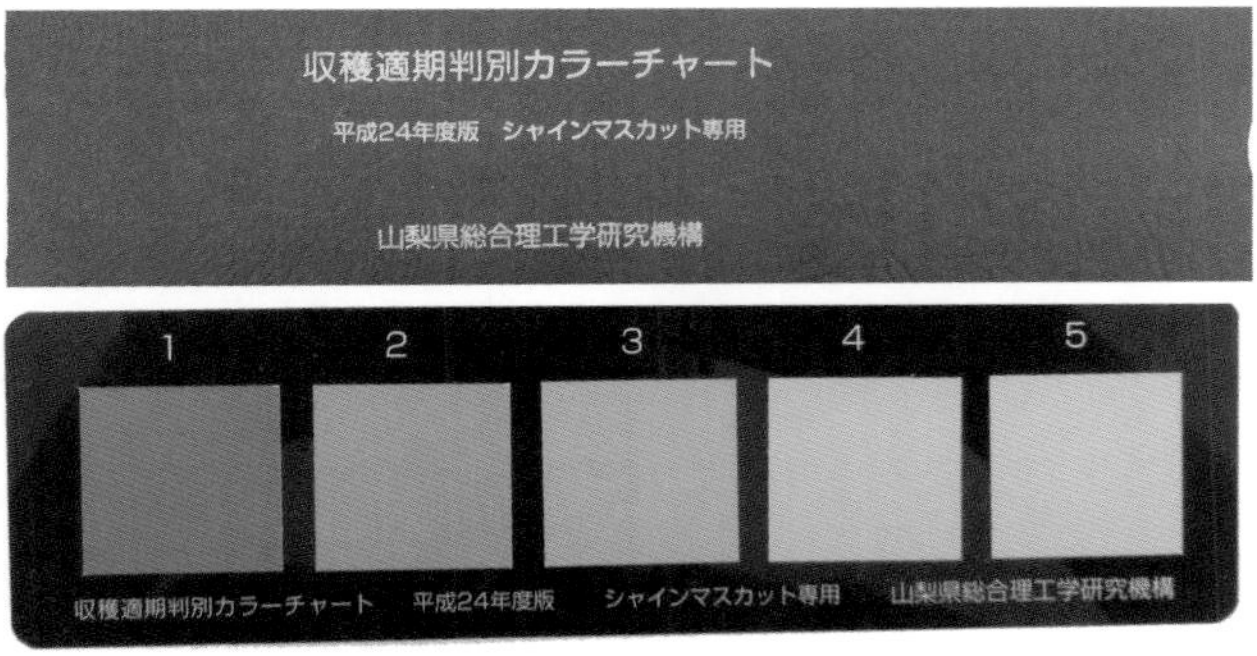

シャインマスカット専用のカラーチャート
なお、専用カラーチャートは日園連（日本園芸農業協同組合連合会）で果実カラーチャート シャインマスカット（山梨県版）として頒布。問い合わせは、最寄りのJA（農協）、または日園連資材課（☎ 03-5492-5422）へ。http://www.nichienren.or.jp/home/sizai/color.pdf

表3－8　シャインマスカット（ハウス・露地）の等級・階級区分例

等級（品質）区分

項目＼等級	秀	優	良
食味（熟度）	最も秀でたもの（糖度計示度18度以上のもの）	優れたもの（糖度計示度18度以上のもの）	良いもの
着色	品種固有の色沢を有しているもの	品種固有の色沢を有し、日焼けによる変色の目立たないもの	秀、優に満たないもので商品性のあるもの
形状	よくまとまった形状を備えているもの	まとまった形状を備えているもの	秀、優に満たないもので商品性のあるもの
玉張り、粒揃い	品種固有の玉張り、果粒が大きく揃っているもの	品種固有の玉張り、果粒の揃いがやや劣るもの	秀、優に満たないもので商品性のあるもの
サビ果、スレ	ないもの	あまり目立たないもの	優に次ぐもの
汚れ	ないもの	ないもの	ないもの
その他の病害虫	ないもの	ないもの	ないもの

階級（重量）区分　（単位：g）

区分	3L	2L	L
1房重量	550以上～650未満	450以上～550未満	350以上～450未満

〈参考〉収穫にあたっては、未熟果出荷を防ぐため、事前に園の調査を実施し、適期収穫を励行する。収穫時期は、糖度計示度18度以上とし、果粒がやや黄色みかかった頃、収穫を開始する。
注：山梨県青果物出荷規格（シャインマスカット）より

収穫作業は、果実温度が低い早朝の涼しい時間帯に行うことが望ましい。気温が高い条件での収穫物は、日持ち性が劣り、軸の褐変や果粒のしなびが早く発生してしまう可能性が高い。

出荷

「シャインマスカット」は果皮色が黄緑色のため果粉はあまり目立たない。しかし、果粉が多くのった果実とそうでない果実を比較すると、差は明らかである。出荷にあたっては、直接果房はさわらず軸を持って作業を行う。

表3・8に山梨県青果物標準出荷規格を示した。本県における出荷は、こちらを参考にし、地域の指導に従って行っていただきたい。出荷の際には、出荷箱の中で、果粒の大きさはもちろん、果皮色がばらつかないよう十分注意する。

新梢管理

収穫後から落葉までの期間は、樹体に貯蔵養分を蓄える重要な時期になる。この時期に蓄えられた貯蔵養分が、結果母枝の充実や翌年の生育に大きな影響を与える。このため、早期落葉や遅伸びの防止に努め、充実した枝づくりを心がける必要がある。

過繁茂となった新梢を整理することで、翌年残す枝・芽によく光を当てて充実を促す必要がある。棚面が暗い場合は、余分に伸長した新梢、副梢を切除する。特に遅伸びしている状況では、光合成でつくられた養分が、新梢伸長に浪費され、登熟不良が発生しやすくなるため、こまめな摘心を行う。遅伸びは、窒素過多、肥料の遅効き、強剪定などが原因となるので、肥培管理を含め、通年の管理についても見直してみる。

なお、気温が低下し、日長が短くなってくると、新梢の木質化による硬化はあまり進まず、黄緑色の部分はそのまま残り、冬季に枯死する。よって、収穫後なるべく早い段階で、新梢管理作業に取りかかることが重要となる。

出荷箱に入れた収穫果房

間伐

早期成園化や早期多収を考慮して基準より植栽本数を多くしている園では、間伐作業が必要となる。作業は、剪定時ではなく収穫直後に行いたい。これは残す樹に、十分に日光を当てるためである。また、園内の過繁茂を解消することで、薬剤散布時に薬液の付着がよくなり、病虫害の発生を抑制する効果も期待できる。

特に、若木で樹冠を拡大中の樹は、少し早いと感じる段階で間伐を行ったほうが、生育期の新梢管理などの苦労が少なく、作業効率も上がる。

なお、間伐時に切除した枝を無理に棚下に引っ張ると、残すべき樹の枝を折ったり、葉を傷めることもある。枝を下ろす際は、巻きひげなどを除去しながら、丁寧に行うようにする。

灌水・礼肥

通常、健全な葉は11月下旬～12月上旬に落葉する。葉は収穫後も光合成により養分をつくり続け、貯蔵養分の蓄積に大きな役割を果たしている。当然、早期落葉してしまうと登熟不良につながるので、収穫後も葉を健全に保つことが重要である。

早期落葉の大きな原因として、高温・乾燥があげられる。乾燥すると、苦土などの養分欠乏も発生しやすくなり、早期落葉を助長する。

この時期の灌水は、まず収穫直後に、30㎜程度の灌水を行い、その後は、10日間隔で15㎜を目安に行う。特に礼肥《れいごえ》を行う場合は、肥効を高めるためにも灌水は重要となる。

ブドウは、収穫後に新根の発生量が増える。これは、一般に秋根と呼ばれ、積極的に養分吸収を行い、貯蔵養分を高めていると考えられる。礼肥はこの養分吸収を手助けする目的で行われる。

礼肥は、葉色が薄い樹や樹勢が弱い樹の株元を中心に行う。樹勢が旺盛な樹では、遅伸びの原因になるので施用しない。収穫後すぐに、速効性窒素成分を中心に行う。

落葉期・休眠期の栽培管理

施肥の目安

山梨県では、冬季が低温、少雨条件であり肥料の流亡が少ないため、落葉期に年間施用量の多くを基肥《もとごえ》として施すことが多い。しかし、今後の環境変動を考慮すると、分肥《ぶんぴ》も考慮する必要性は高く、特に保肥力が低い土壌条件では、追肥《ついひ》は必須作業となり得るため、必要に応じて年間施用量を分配する。

施肥は、自園の樹勢の強弱、葉の様子（葉色や欠乏症など）を振り返り、昨年までの施肥量を基本に、加減して施用する（適正樹相の場合は、前年と同量を施用する）。ただし、若木の場合は樹齢とともに生産性が向上し、樹冠も拡大していくので、その分多く入れる必要がある。

現在、山梨県における「シャインマスカット」の施肥指導基準はないが、新梢の生育状況や発芽率等を勘案すると、基本的には「甲斐路」などの欧州系品種に準じてよいと考えられる。施肥量の目安（「甲斐路」の施肥指導基準）を**表3-9**に示したので、参考にしていただきたい。

多くの生産者が利用する配合肥料には、有機物が60～85%程度含まれている。有機物は、肥料としてブドウに吸収される形に分解されるまでには時間がかかるので、施用が遅すぎると、初期生育の遅れや、遅伸びの原因になるので注意する。

基肥の施用は11月上～中旬頃を目安に行う。なお、石灰質資材と窒素分を含む肥料を同時に施用すると、一部アンモニアとして揮発してしまう。これを回避するために、石灰質資材は基肥よりも1～2週間前に施用する。

土壌診断の活用

ＪＡ（農協）や農務事務所では、土壌診断を行っている。土壌分析をして現状を把握することは、欠乏症や過剰症を未然に防ぐうえで重要である。特に、生育に異常が見られた園では必ず実施するが、健全に生育している園でも3年に1度程度は行い、診断結果を施肥量および土づくりの参考にする。

物理性の改善

土づくりは、園地に堆肥を施用したり、深耕により土壌を軟らかくすることで、根を良好に生育させることが目的である。このことにより、裂果や縮果症などの低減が期待できる。

高品質生産を行う上で重要な作業となるが、土質により土壌改良の必要度は異なる。一般に、粘土質土壌では土が締まりやすく必要性が高いが、火山灰土壌では過剰に行うと、極端な強樹勢を助長するおそれもある。一方、砂質土壌では土は締まりにくいものの、保肥力が低いため積極的に有機物を施用する必要がある。

一方で、堆肥は分解されて徐々に肥料成分を供給するという特徴も持っている。これは肥料成分を少しずつブドウに供給できるとともに、園外への流出を抑制するうえでも非常に重要な特性である。堆肥も肥料成分の一つであるので、基肥の量を算出する際には、堆肥由来の肥料成分を差し引くようにする。

物理性の改善には、毎年10ａ当たり０・５～１・０ｔの施用が目安となるが、使用する資材により含まれる肥料成分が異なるので、過剰施肥にならないよう注意する。施用後は、中耕して土壌と混ぜ合わせておくとよい。

深耕を行う際の注意として、本来は、根域全体の土づくりを行うべきであるが、全体を深く耕してしまうと、多くの根を切ってしまい、樹勢を低下

表３－９　施肥量の目安（甲斐路系）^{z}

(1) 樹齢別施肥量（kg/10a）

樹齢	窒素	リン酸	カリ	苦土石灰
1～3	—	—	—	40
4～6	8	6	5	60
成木	12	9	8	100

(2) 成木における時期別施肥量（kg/10a）

時期	窒素	リン酸	カリ	苦土石灰
10月中旬	—	—	—	100
11月上旬	12	9	8	—

注：^{z}農作物施肥指導基準（山梨県農政部）

させるおそれがある。そこで、樹の周辺の数か所に穴を掘るタコツボ深耕を行う。堆肥の投入と併せて行うと、より土壌改良の効果が大きい。また、グロースガンを使用すると省力的に土壌改良ができる。

山梨県果樹試験場では、タコツボ深耕では樹の周辺を中心に数か所、グロースガンでは、圃場全体に100～200か所程度（10a当たり）処理を行っている。いずれも深耕する場所を変えながら、4～5年で園を一巡するように計画的に行う。

タコツボ深耕の例

深さは40～50cmを目安に。掘った土と堆肥や土壌改良資材を混ぜ合わせて戻すと効果が高い

化学性の改善

土壌pH（土壌酸度）は、肥料成分の吸収に大きく関係する。土壌酸度が適正でないと、土壌中に肥料があるにもかかわらず、吸収が抑制され、欠乏症が発生する可能性がある。適正なpHは欧州系品種で6・5～7・5とされている。

グロースガンを使用した土壌改良

「シャインマスカット」も欧州系の血を強く引く品種であるので、同様の値と考えられる。

値が基準より低い（酸性）場合は、リン酸の吸収が妨げられることがあり、逆に高い（アルカリ性）場合は、マンガンやホウ素の欠乏を引き起こしやすくなる。

土壌診断の結果、酸性に傾いている場合は、石灰質資材を施用する。特に、火山灰土壌は酸性に傾きやすい。しかし、これまで山梨県では、石灰質資材の施用は積極的に行われる傾向にあり、現地の圃場を調査すると、土壌pHが高い（アルカリ性）場合が多い。このような場合、石灰質資材の施用は控え、pHの上昇を抑える。

土壌の種類

山梨県内には様々な土壌が存在するが、保水力や保肥力などそれぞれに特徴がある。自園の土壌の種類を知り、

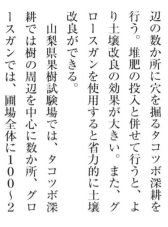

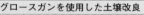

施肥設計の参考にしていただきたい。以下に代表的な土壌の特性と施肥にあたっての留意点を示す。

①砂質土

土壌に養分を引きつけておく力が弱いため、養分が流亡しやすく、肥料の効果が持続しにくい。物理性は良好であるが、地下水が高い園地では、根傷みが発生しやすい。

有機物を積極的に施用し、地力の増強をはかる必要性が高い。生育期間を通して肥効を持続させるため、基肥ですべての肥料分を施用せず、発芽前、結実後、収穫後にも分けて施用するとよい。

「シャインマスカット」は、排水性のよい条件で栽培すると果実品質が優れる傾向がある。砂質土は、水はけがよく根が伸びやすい圃場が多いと考えられ、県内においても砂質土壌の優良園は多い傾向がある。

②壌〜埴質土

県内のブドウ産地に多い土壌で、粘土分を比較的多く含む。地力は高く、生産性も高いが、土壌が締まりやすく、物理性が悪くなりやすい。

高糖度な果実が生産できるが、土が硬くなると根の伸長が劣り、裂果や縮果症の発生、樹勢の低下につながりやすい。硬い土壌では、物理性の改善が必要で、有機物施用を併せた深耕を行う。保肥力は比較的高いが水はけがよくないので、草生栽培の導入もよい。

③火山灰土

土壌物理性が良好で、水はけがよく、土が軟らかい。根域が広がりやすい。腐植を多く含むので夏に窒素が多く放出されやすく、新梢が徒長しやすい。しっかりと樹勢がコントロールされている園では、かなり果粒肥大が優れる。

窒素の施用量は少なめにする。樹勢が強い場合は、草生栽培を行い、土壌の窒素分を草に吸収させる方法も有効である。

防寒対策

山梨県果樹試験場における栽培では、これまで「シャインマスカット」に凍害（ねむり症や枯死）が発生したことはないが、欧州系の血を強く引く品種であるので、特に若木では注意が必要となる。

具体的な凍害対策としては、わら巻き、敷きわらが行われる。主幹部に稲わらを巻きつけ保温する。乾燥条件は、凍害を助長するので、厳寒期前に十分に灌水を行い、株まわりに稲わらを敷き詰めておく。

気候変動により近年は暖冬傾向にあるが、雪害の心配がなくなったわけではない。むしろ、極端な降雨や積雪も増加傾向である。大雪に備え、老朽化した棚の補修や、太枝の下に支柱を配置する。

整枝・剪定と仕立て方

長梢剪定栽培のポイント

長梢剪定仕立ての実際

「シャインマスカット」は、耐寒性が低い品種ではないが、欧州系の血を引いているので（落葉時期も比較的遅い）、剪定時期は厳寒期を過ぎてからを基本とし、「デラウェア」や巨峰系品種の後に行う。積雪による棚の倒壊が心配される地域では、縮伐などの荒（粗）剪定を年内に終わらせておく。

剪定の手順（X字型整枝）

植えつけ1年目の剪定

順調に生育し、棚上まで伸びた枝は3分の2程度残すよう切り詰める。ただし、剪定後、棚上に1・5m以上の枝が残らない場合や、生育が悪く棚まで達しなかった場合は、思い切って短く切り戻し、次年度に強い新梢を発生させ、棚上にのせる。第2主枝は棚下50cm付近に発生した副梢か、次年度の新梢を用いる。

2～4年目の剪定

この樹齢では、第1主枝に7～8割（第2主枝に2～3割）の芽数を置き、勢力差をしっかりつける。結果母枝の切り詰めは、先端の結果母枝は15～20芽、その他の結果母枝は10～12芽で切り詰める。

2年目　結果母枝の間引きは、第1主枝の先端にしっかりとした太い結果母枝を配置し、2芽とばし（残す→切る→切る→残す→切る→切る……）で結果母枝を残すと、左右交互に枝が配置される（**図3-10**）。第1主枝側に結果母枝4～6本、第2主枝は結果母枝1本という状況が標準的である。

3年目　第1、第2主枝の先端には、しっかりとした太い結果母枝を配置する。同様に、結果母枝を間引き、左右交互に枝を配置する。先端を負け枝にしないために、主枝から側枝が分岐した際、その側枝における結果母枝数は、その先にある結果母枝の合計数より必ず少なくなるようにする。

また、側枝のいちばん基から発生する結果母枝は、主枝伸長方向と逆を向く枝（外枝）を置くようにする。3年目では、第1主枝側に結果母枝13～18本、第2主枝側に結果母枝4～5本という状況が標準的である。

4年目　以降同様に側枝、結果母枝を配置していく。なお、3～4年目からは、側枝の除去が始まる。基本的には、基部に近い側枝から順次抜いてい

図3−10　結果母枝の間引きと切り詰め

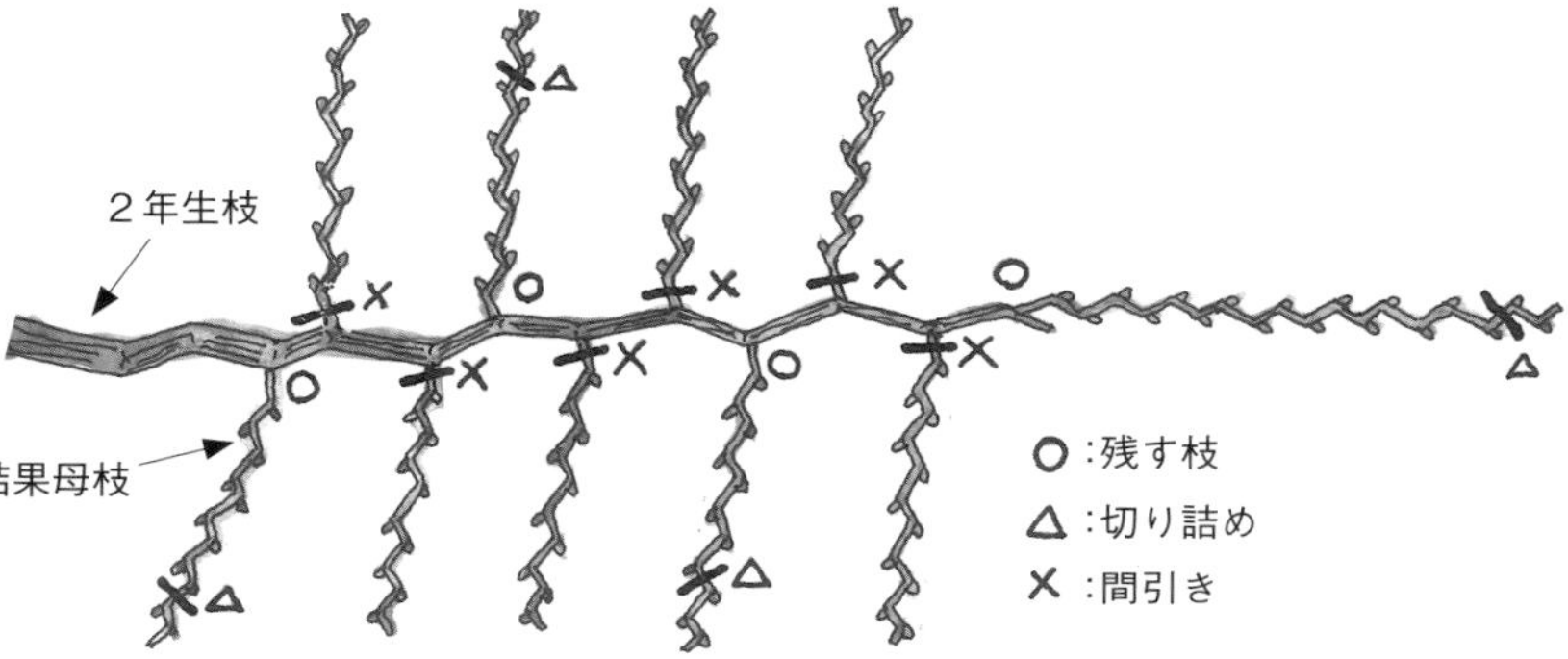
2年生枝
結果母枝
○：残す枝
△：切り詰め
×：間引き

図3−11　追い出し枝と返し枝（側枝の除去におけるポイント）

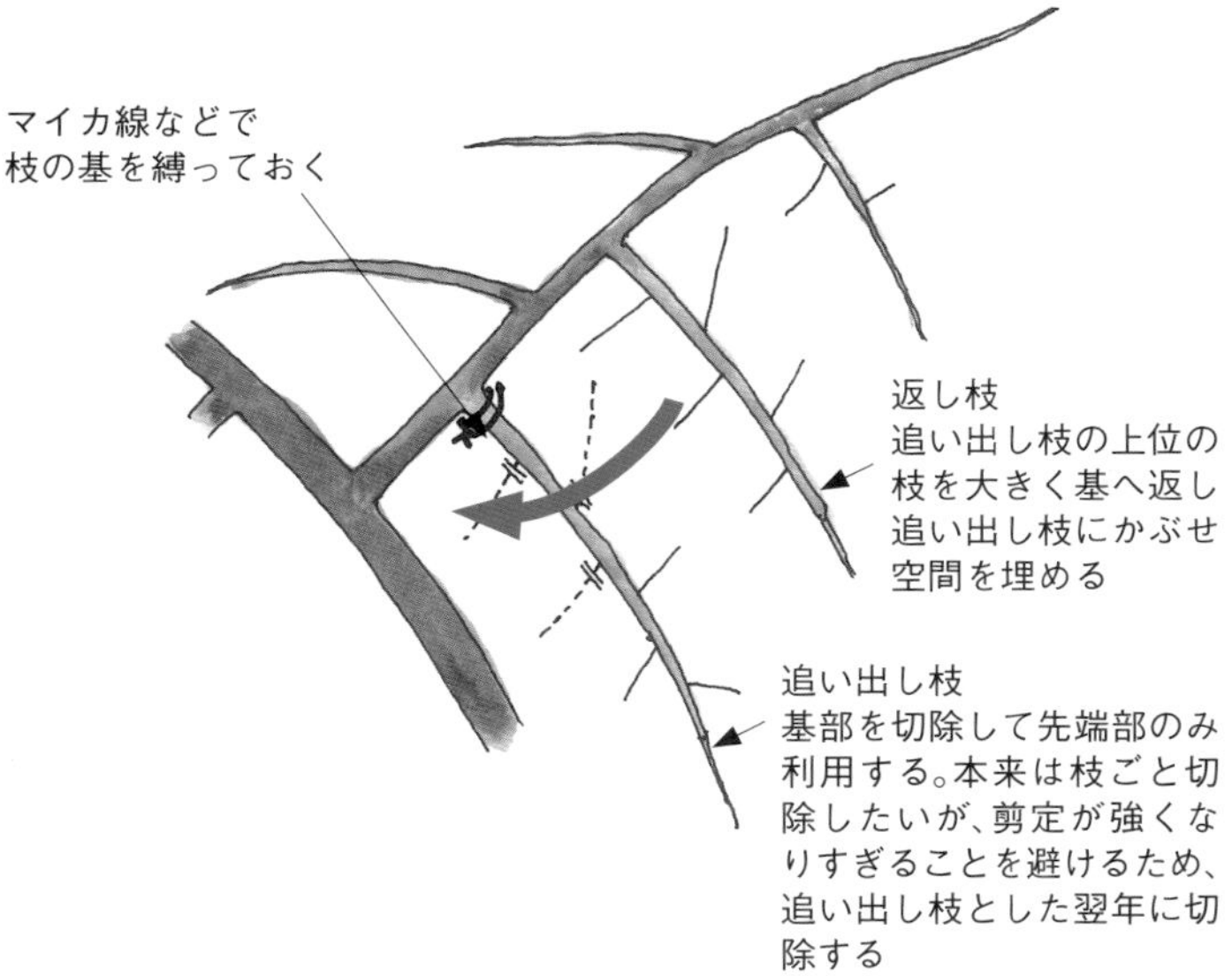
マイカ線などで
枝の基を縛っておく
返し枝
追い出し枝の上位の
枝を大きく基へ返し
追い出し枝にかぶせ
空間を埋める
追い出し枝
基部を切除して先端部のみ
利用する。本来は枝ごと切
除したいが、剪定が強くな
りすぎることを避けるため、
追い出し枝とした翌年に切
除する

くが、なるべく第2主枝基部の側枝は、第1主枝基部の側枝より遠くの（主幹から離れている）状況にする。

5年目以降の剪定

これ以降の剪定は、残す側枝の間隔（基の側枝は樹冠拡大しているので間隔は広く、先に向かうほど間隔はだんだんと狭く）が重要になってくる。

樹形が完成したときの占有面積は、第1主枝側60％、第2主枝側40％が基本とされているが、あくまで目標値であるので、棚を埋めたときに、樹のどこの部分をとっても大きく樹勢が変わらないことが重要である。

縮伐

園全体を見渡し、亜主枝や側枝が隣の樹と重なり合っている場合は、縮伐を行ってから剪定作業に入る。なお、縮伐した樹は結果的に強い剪定をしたことになるので、その分残した枝の剪定は弱めにする。

太枝（側枝）の除去

若い樹齢において格好にこだわりすぎると、枝を切りすぎてしまい、樹勢調節や収量確保が難しくなる。将来的には切除すべき枝についても、1～2年間の利用を前提に、追い出し枝や返し枝（図3-11）として活用する。

成木に近くなった樹（樹齢8年生以降）では、樹形完成時に骨格となる主枝や亜主枝の育成を中心に考える。そのため、残す予定の枝より強くなりそうな枝、棚が暗くなりそうな部分の枝を中心に間引く。第3および第4主枝（候補）にテープなどで印をつけておくと、周辺の邪魔になる枝がわかりやすい。樹冠がかなり広がる品種なので、ふところをゆったりとさせる必要がある（図3-12）。

樹形が完成した樹においては、太枝の整理はおおむね終わっている。また、この樹齢で、すべての側枝を毎年広げていくと、越枝《こしえだ》（旧年枝どうしが交錯した枝）になってしまう。よって、勢力がある枝は拡大するが、多くの側枝は、樹冠を現状維持するように切り戻す。

なお、太枝を切除した部位は切り口が大きく、枯れ込みのおそれがあるので癒合剤を塗っておく。

結果母枝の剪定

太枝を間引いた後は、結果母枝の間引き、切り詰めを行う。この作業で全体の剪定強度を調節することになる。太枝の間引きを多くした場合は結果母枝数を多く残すように、逆に間引きが少なかった場合は少なめにする。

結果母枝の間引き

結果母枝の間引きは、まず2年枝に結果母枝がどのように発生しているか状況を確認する（結果母枝の本数、欠損、勢力、発生角度）。残す結果母枝は、適正の太さのもの（直径8～10㎜程度）、左右のバランスを取ることを勘案して選択することになる。

先端には常にしっかりとしたやや太めの結果母枝を置く。先端の結果母枝の勢力が弱い場合は、2本目の結果母枝を先端に切り替える。先端の結果母枝が決定したら、「残す→切る→切る→切る→残す→切る→切る……」の順に間引き剪定を進める。必ずしも、理想どおりに結果母枝を残せるわけではないので、場合によっては車枝《くるまえだ》や同側枝を置くが、次年度には必ず除去する。

結果母枝の切り詰め

切り詰めの長さは、太くしっかりとした結果母枝は長く（＝弱く・芽数を多く）、細く弱い結果母枝は短く（＝強く・芽数を少なく）切ることが基本である。

切り詰めを行う前に、昨年どの程度の芽数で切り詰めされているか確認す

図３－12　Ｘ字型整枝の主枝配置

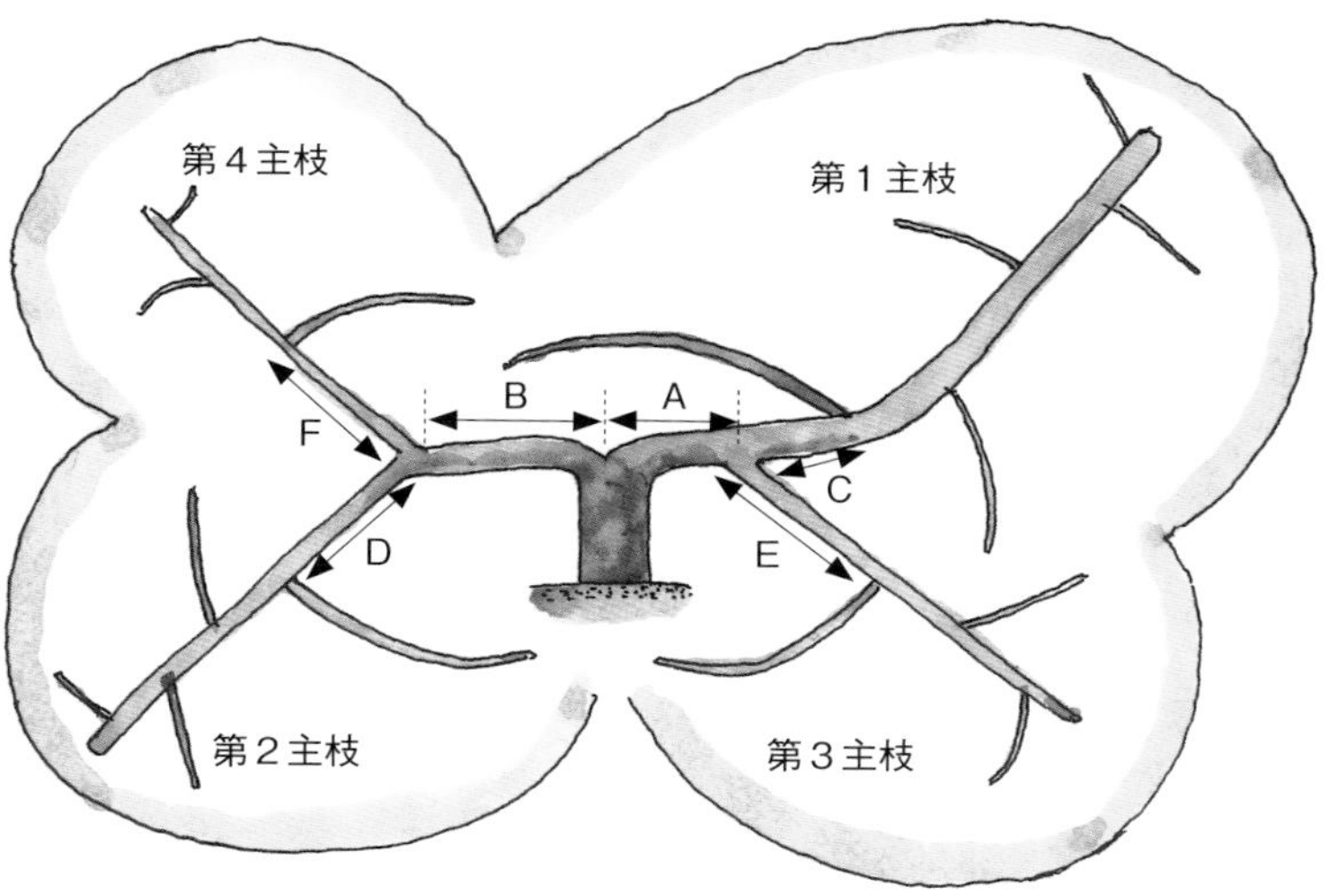

主枝の分岐：A=2.5 ～ 3.0m A＜B
亜種枝の分岐：C＜D≦E＜F
枝数：第１主枝＞ 第２主枝＝第３主枝＞第４主枝

る。そこから発生した結果母枝の勢力が適正ならば、先端の結果母枝は、昨年と同等の切り詰め程度とする。以下に、適正樹相における切り詰めの目安を示す。

樹冠拡大中の樹では、前述のとおり主枝延長枝で、15～20芽程度、その他の結果母枝では10～12芽程度を残す。細く短い結果母枝を残す場合は、5～7芽程度残す。剪定後は、かなりさっぱりとした印象を受けると思うが、発芽率が高い品種なので、生育期には十分な新梢数を確保できる。

樹形が完成した樹においては、樹勢が落ち着いてきていると思う。このような樹では樹勢を維持することが重要となる。結果母枝の切り詰めは、主枝先端で10芽、その他の結果母枝では、5～7芽程度を残す。樹勢が低下した樹では、主枝先端で7芽、その他の結果母枝では、太さを見ながら3～5芽とする。

樹勢が低下した樹における注意点

樹齢とともに、結果母枝の切り詰め程度を強くするが、新梢密度は変えないので、その分結果母枝の数を多くする必要がある。そのため、樹冠が広がり、棚がいっぱいになった樹では、ハサミ枝や車枝（隣り合った芽から左右に枝が発生している状態）を多く置き、次年度に切り戻し剪定を行う割合が増加する。

切り戻しをせずに、毎年間引き剪定を繰り返すと結実部位が徐々に先端に集中する。

結果的に古づる（旧年枝）の割合が多くなり、根から結果部位までの距離が遠くなる。このような状況では、樹勢はさらに低下しやすくなるので注意する。

図3－13　短梢剪定における結果母枝の切り詰め

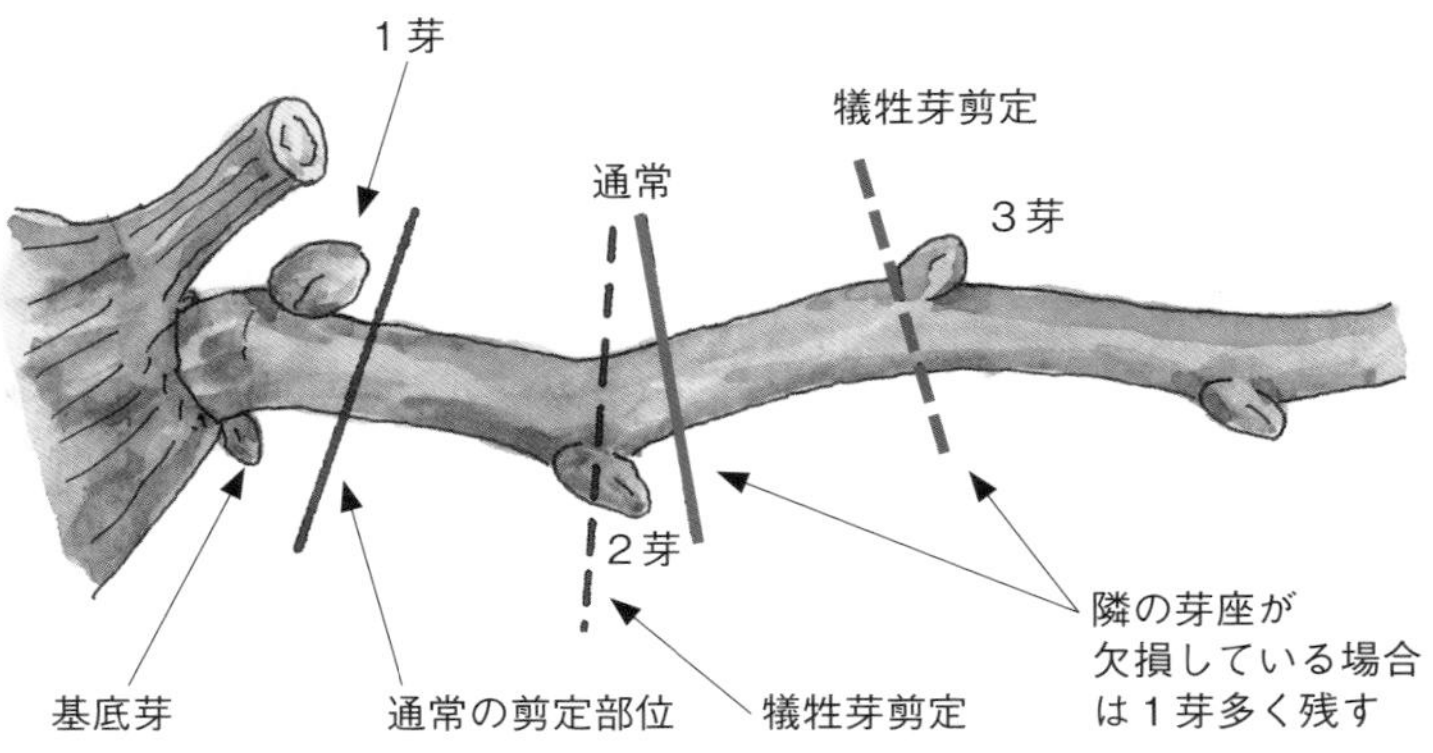

短梢剪定栽培のポイント

短梢剪定仕立ての実際

長梢剪定栽培と同様に、剪定は厳寒期を過ぎてから行う。積雪による棚の倒壊が心配される地域では、年内に荒（粗）剪定（主枝延長枝を除くすべての新梢を、一律50cm程度に切り詰める）を行っておく。

やむをえず厳寒期前に剪定を行う場合や、冬季にかなり気温が低くなる地域では、結果母枝の切り詰めは、犠牲芽剪定とする**（図3－13）**。

剪定の手順（H型整枝）

植えつけ1年目の剪定

棚上まで伸びた枝は3分の2程度残すよう切り詰める。第2主枝は棚下40～50cm付近に発生した副梢か次年度の新梢を用いる。生育が悪かった場合は、思い切って短く切り戻し、次年度、強い新梢を発生させる。

2～4年目の剪定

第1主枝は、植えつけ位置から半間分、棚上に伸長させたところで、90度曲げて棚下に降ろす。そのまま、マイカ線などを利用し、棚下（15～20cm）に吊るしながら拡大する。

第2主枝は、第1主枝と反対方向に伸長させ、同じく半間分、棚上に伸長させたところで、90度曲げて棚下に降ろす（第1主枝の延長方向と逆方向に配置する。上から見ると第1、第2主枝はS字を描くように配置する）**（図3－14）**。主枝間の距離は1間（2.25m）を基本とする。

第3、第4主枝は、適切な副梢があれば第1、第2主枝と反対方向の棚下に誘引しておく。適当な副梢がない場

図3−14　H型整枝の骨格づくり

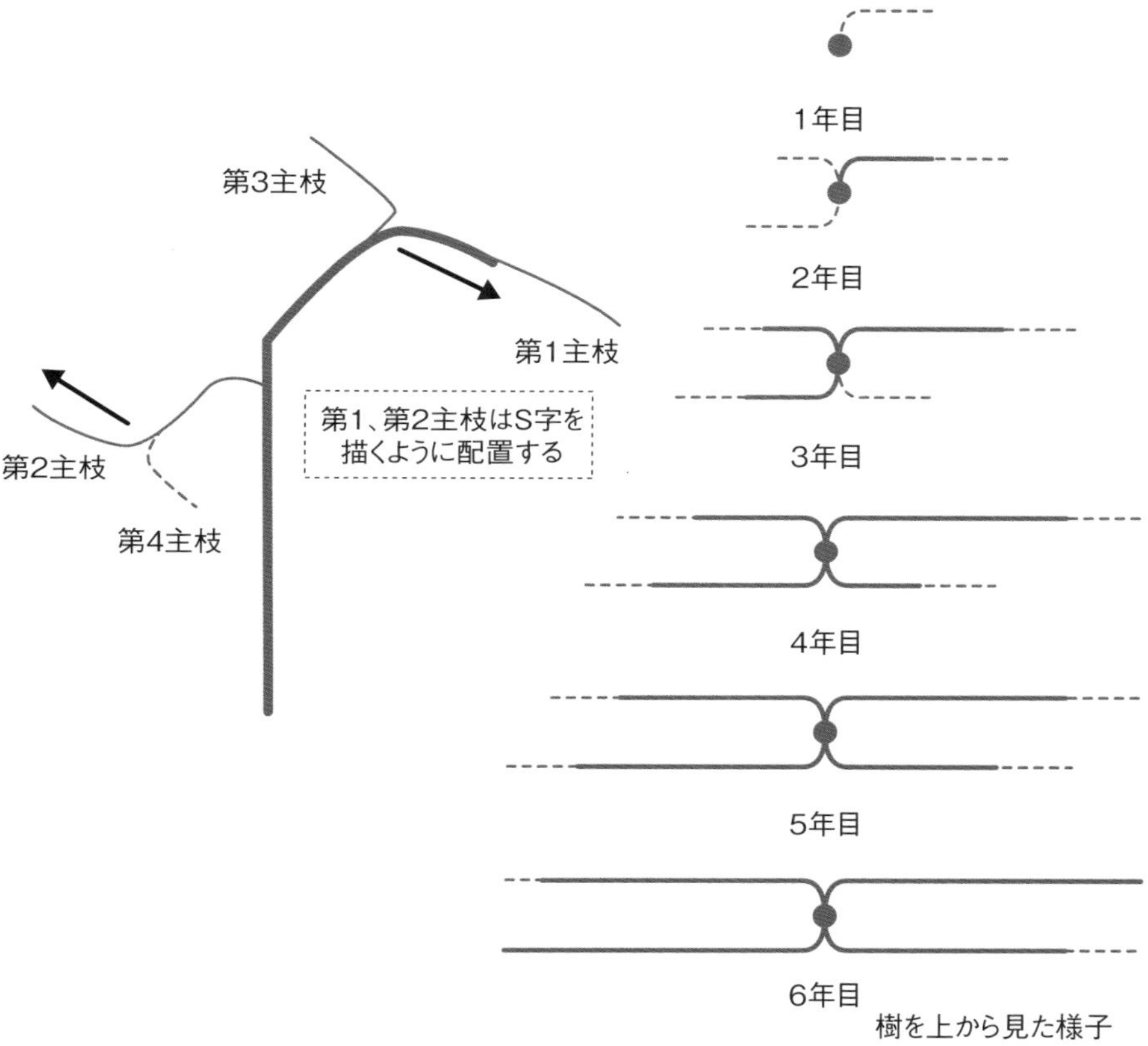

合は、翌年の新梢から主枝を選ぶ。主枝延長枝は、15〜20芽で切り詰める。

3年目以降は、主枝延長枝から出た結果母枝はすべて一律1芽で切り詰め、芽座にする。

5年目以降の剪定

2列に主枝が平行に配置され、樹形がHの形になる。芽座の育成を進めつつ、やや強めの樹勢を維持できる主枝長（樹冠）を見極めていく。山梨県の平均的な地力では、片側3〜4間（13〜17m）程度を目安とする。

主枝延長枝は、そのまま棚下に配置し（棚下15cm程度の場所に吊り下げる）、15〜20芽で切り詰める。

芽座が欠損してしまった場合は、主枝の裏側の芽座から新梢を誘引しておき（逆側に誘引することになるので折れないように注意）、欠損部周辺で剪定することで欠損を埋める。

連続して芽座が欠損し、大きく空間

図3−15　芽座が欠損した場合の対応

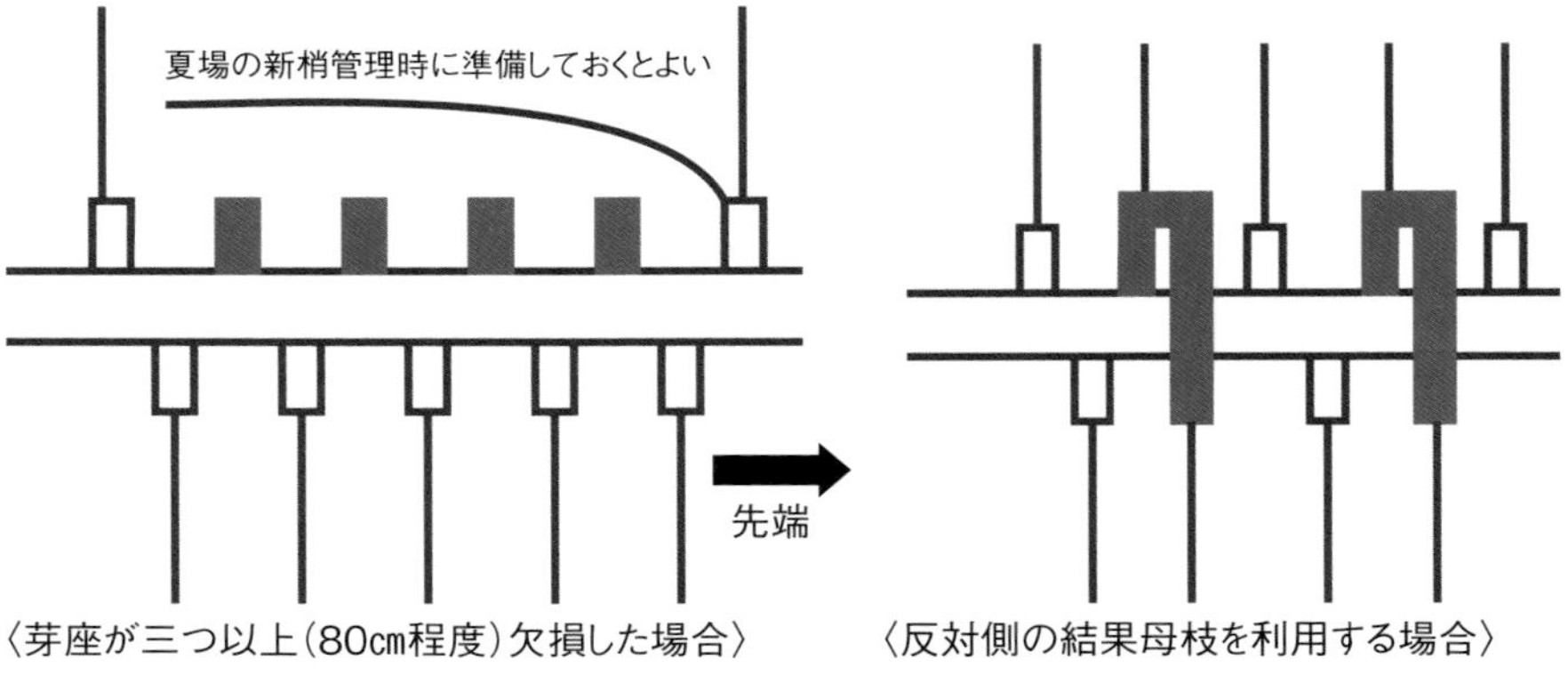

〈芽座が三つ以上（80㎝程度）欠損した場合〉
〈反対側の結果母枝を利用する場合〉

図３−16　外芽と内芽

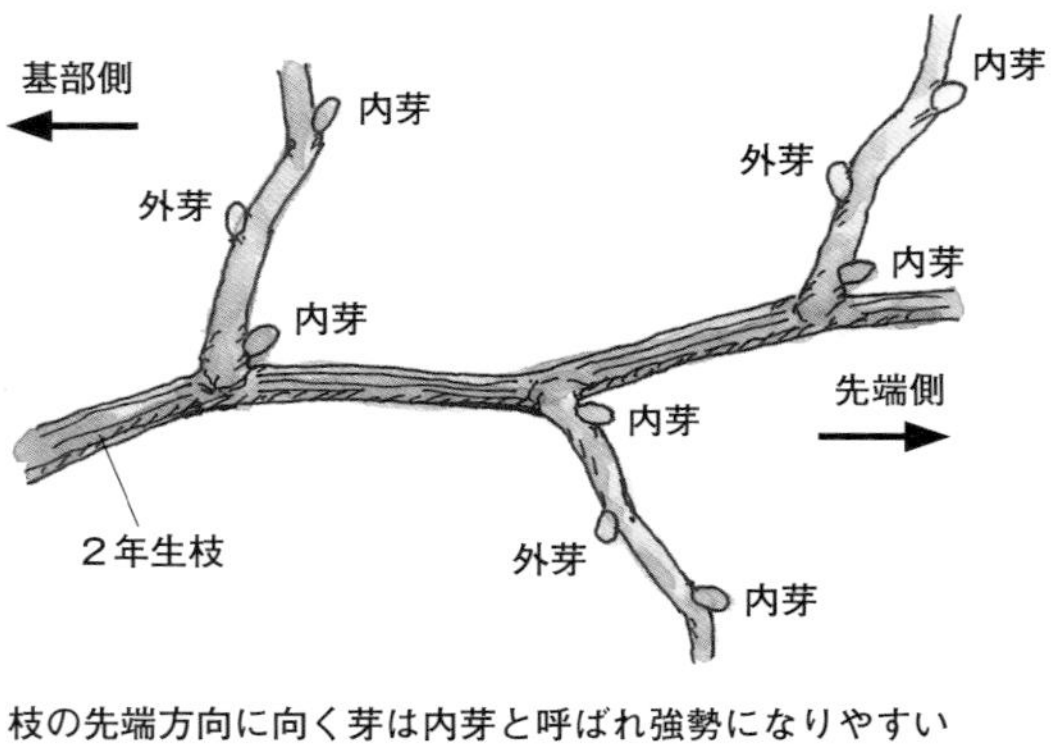

枝の先端方向に向く芽は内芽と呼ばれ強勢になりやすい

が空いてしまった場合は、隣接の芽座から出た新梢を主枝と平行に誘引しておき、必要分の芽を残して剪定する（図3-15）。

結果母枝の切り詰め

短梢剪定栽培は、主枝を平行に配置し、結果母枝をすべて1芽で剪定する。新梢密度が低い場合は、2芽で剪定するとよいが、例年2芽剪定を続けると、芽座（結果部位）が主幹から徐々に離れてゆき、作業性が低下するので注意する。

主枝延長枝から発生した結果母枝を切り詰め、初めて芽座にする際には、芽の向きをよく観察する。外芽を残すと芽座が主枝に対して直角に配置され、以降の管理が行いやすい。逆に内芽（図3-16）を残すと芽座が主枝先端に向き、作業性が低下しやすい。

その他の整枝法

WH型

基本的には、H型と同様の手順で整枝剪定を行うが、外側の主枝が負け枝にならないよう、外側の主枝の樹冠拡大を優先し、1~2年遅れで内側の主枝の拡大を開始する。また、内側主枝は車枝にならないようにする（図3-17）。

図3－17　骨格形成中のWH型における注意点

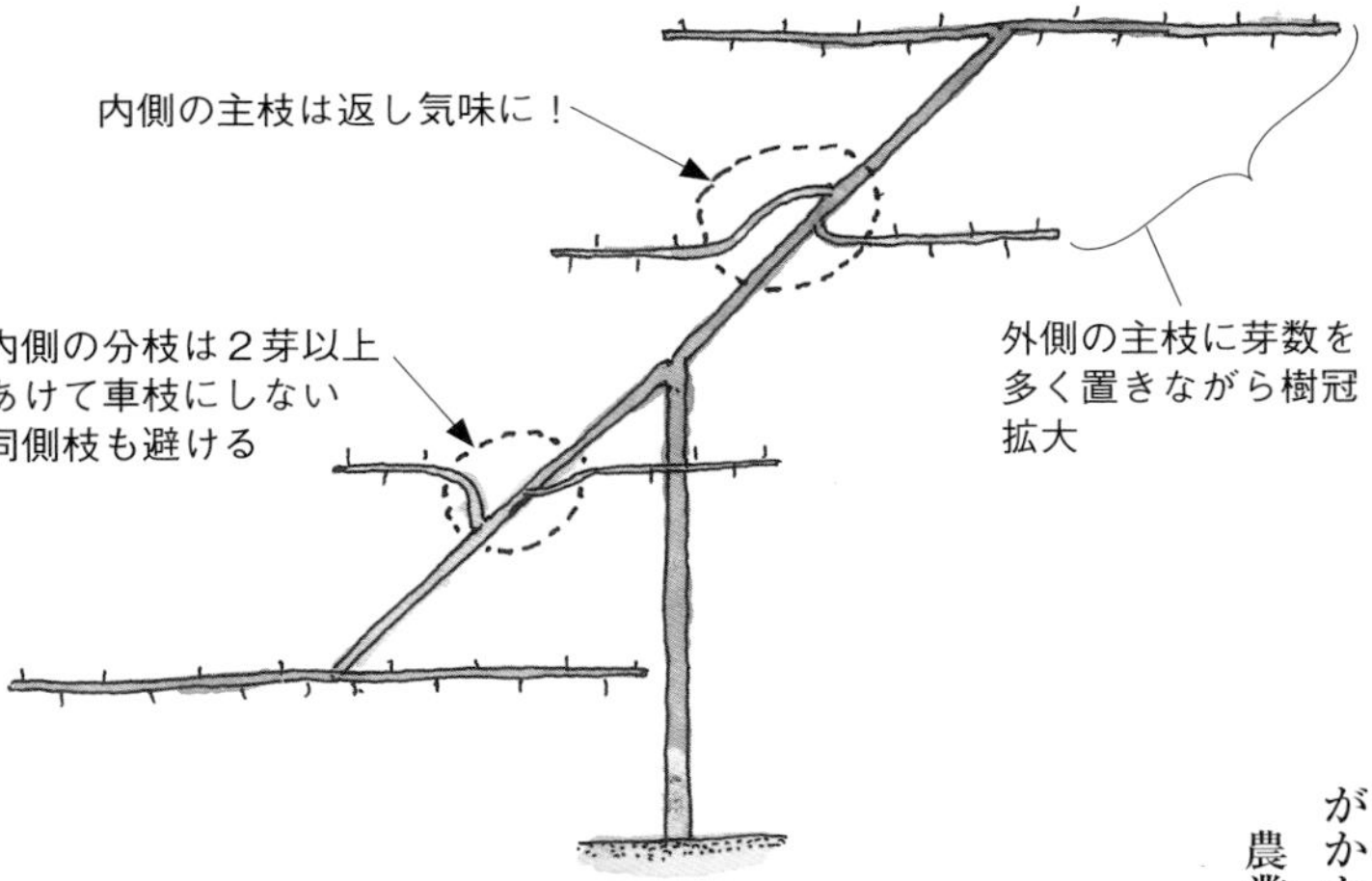

図3－18　植えつけ位置と杭通し線の位置関係

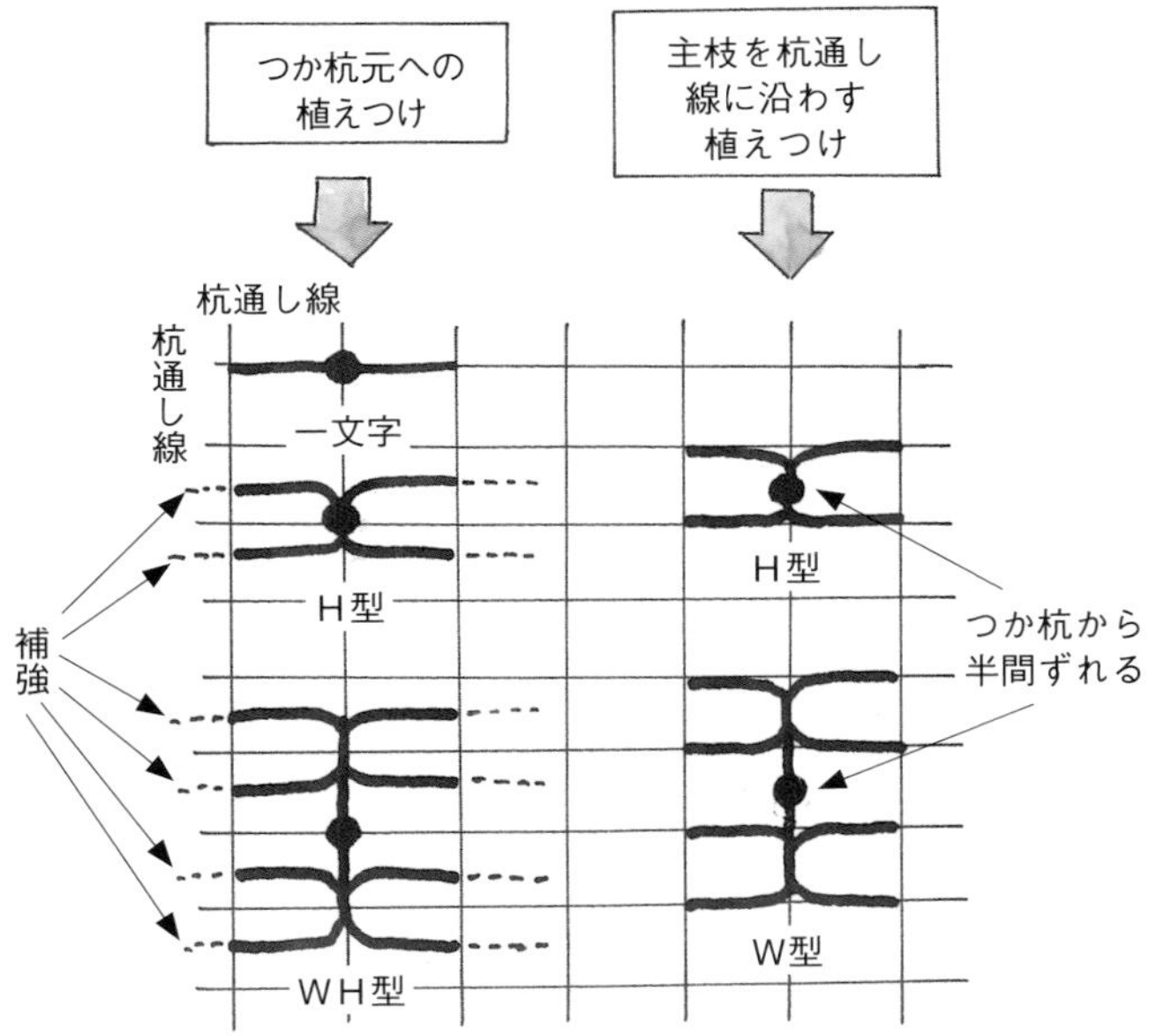

H型では主枝が2列、WH型では4列の配置となるが、これらの偶数列となる整枝法では、主枝を棚面の杭通し線に沿わせて配置すると、荷重がかかる主枝部分に太い支線が沿うため、着房時の荷重に耐えることができる。一方、植えつけ位置がつか杭とつか杭の間になるため、農業機械の動線に制限がかかる。

農業機械の邪魔にならないよう、植えつけ位置をつか杭元にすると、主枝が配置される部分に杭通し線がないため、主枝に沿わせる補強線を追加する必要がある（**図3‐18**）。

一文字型

植えつけ後、棚上まで伸びた新梢は3分の2程度残すよう切り詰める。第2主枝は棚下40～50cm付近に発生した副梢か、次年度の新梢でとる。

次年度以降は、そのまま各主枝を反対方向に延長する。各主枝の

図3－19　王字型（仮称）の樹形

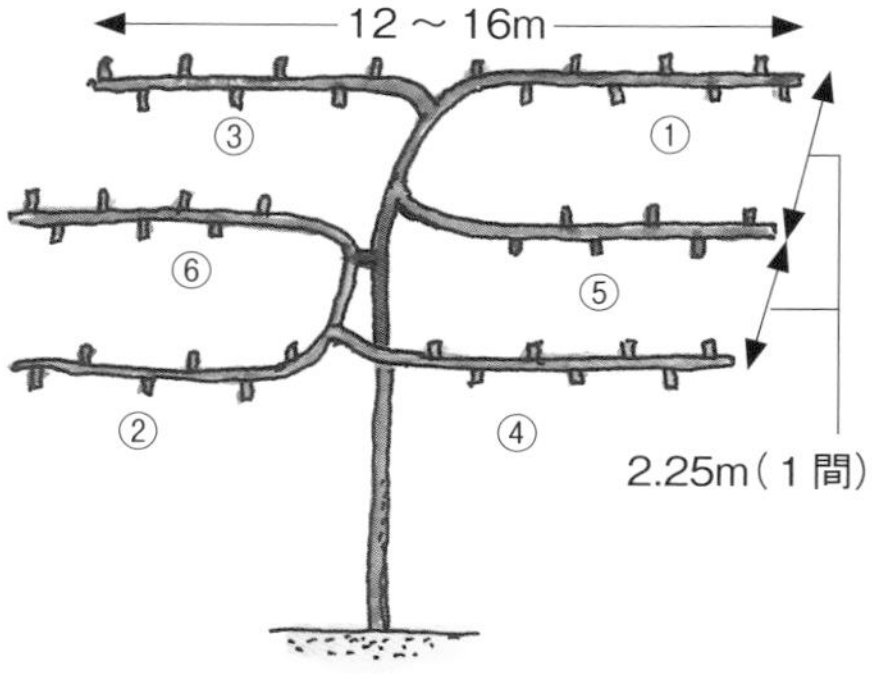

注：①～⑥の順に主枝を拡大する

王字型（仮称、生育初期）

先端の新梢はまっすぐ延長方向に、その他の新梢はすべて直角に誘引する。主枝延長枝（先端の結果母枝）は15～20芽残して剪定し、それ以外の結果母枝は、すべて1～2芽に切り詰め、間引き剪定は行わない。

なお、1年目に伸びた新梢を棚下で強く切り返し、発生した副梢をハサミ枝でとり、第1、第2主枝を同時に伸長、拡大する方法もある。

この方法では、副梢を利用するため、節間が短く、延長枝が太くなりにくい。そのため、各主枝延長枝を30芽程度残しても、発芽に問題がないため、早期成園化が可能となる方法である。

詳しくは、小川孝郎氏により解説された他著があるので、そちらを参照していただきたい。

王字型（仮称）

現地の栽培事例として、H型（4本主枝）とWH型（8本主枝）の中間となる6本主枝の王字型（仮称）整枝もある。山梨県果樹試験場での試験栽培では、現状、負け枝の発生もなく、特に大きな問題はない。

骨格づくりは、WH型と同様の理由から、外側の主枝を先に拡大し、内側の主枝は遅れて拡大する（**図3－19**）。

H型、WH型に対し、一文字型や王字型は主枝列の数が奇数となるため、植えつけ位置をつか杭元にしても、主枝は杭通し線に沿って配置できる。よって、農業機械の動線は抑制されずに、補強線を主枝に沿わせる必要がない点はメリットといえる。

剪定作業における注意点

順調に生育すると、一文字型では約4年、H型では6年、WH型では8年でほぼ樹形が完成する。初期収量を上げるためには、WH型を採用した場合は、間伐樹として一文字型樹を植栽しておくとよい。

長梢剪定栽培では、棚上に主枝を配置するのに対し、短梢剪定樹では棚下に配置する。

これは、特に若木で発生する新梢が比較的強勢になり、誘引時に折れやすいので、誘引角度が小さくなる（立っている新梢を棚面に倒す際、90度より小さい角度で棚面に結束できる）よう考慮されている。

短梢剪定栽培の考え方として最も重要なのは、樹冠拡大における主枝延長枝の取り扱いになる。短く切り詰めすぎると拡大が遅れ収量に影響するし、長く残しすぎても、不発芽や発生する新梢が弱くなってしまい、芽座が欠損してしまう。

主枝延長枝の切り詰めは、前述のとおり15～20芽程度とするが、枝の強さにより調節する。

ただし、かなり強勢な枝（ドブづる）では、節間が非常に長くなっており、また芽の充実も不良なことが多いので発芽率が低く、発芽しても生育初期に芽が枯死する「芽萎《めな》え」（仮称）が発生しやすいため、切り戻しを余儀なくされる。主枝延長枝がドブづるにならないよう、生育期には適宜摘心（副梢を含め）を行う。

芽萎え（仮称）の症状

主枝延長枝がドブづるになってしまった場合は、あまり拡大を欲張らず、2m程度残す剪定とする。強勢な枝で、副梢が揃って発生している場合は、すべての副梢を誘引しておき、剪定時に副梢の芽を1芽ずつ残して発芽率を向上させる事例もある。

剪定後の管理

発芽促進処理

休眠期の結果母枝に、シアナミド剤やメリット青（液体肥料）を処理（塗布もしくは散布）することで、生育を促進させる（発芽が数日早まる）ことができる。少しでも早く収穫をしたい早場地域や、未処理樹との労力分散を期待する場合は処理を行ってもよい。

また、これらの発芽促進剤は、発芽率向上効果も認められる。使用目的に従い適した時期に処理を行う（**表3-10**）。発芽率向上において、発芽促進剤の利用に代えて、芽キズ処理を行ってもよい。シャインマスカットは、発

表3－10　発芽促進剤の使用方法

薬剤・資材名	使用目的	使用時期	使用濃度
CX-10 （有効成分：シアナミド10％）	生育促進	12月中旬～下旬	10倍
	発芽率向上	2月上旬～下旬	
メリット青 （液体肥料）	生育促進	1月上旬～中旬	原液
	発芽率向上	2月上旬～3月上旬	

シアナミド剤使用に際しての注意点
- 使用回数は1回とする（生育促進を目的に処理した場合は、発芽率向上の時期には処理しない）
- 樹勢が弱い場合や枝の充実が悪い場合は芽枯れが発生しやすいので使用を避ける
- 付着をよくするため展着剤を利用する

図3－20　芽キズ処理の方法

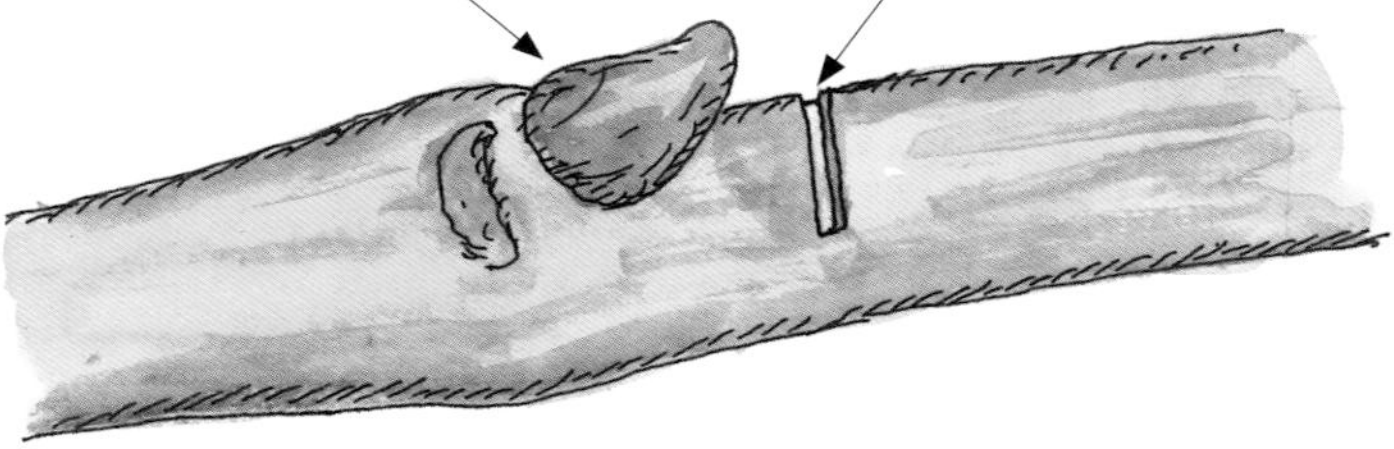
芽
幅1㎝深さ2㎜程度
のキズを入れる
←（基部側）
結果母枝
（先端側）→

芽しやすい品種ではあるが、ドブづるや必ず発芽させたい枝には処理を行う。

長梢剪定栽培では、結果母枝の先端3芽と基部の芽を除いた部分を処理する。短梢剪定栽培では処理は不要であるが、樹冠拡大中の樹においては、主枝延長枝のすべての芽（最先端の芽は不要）に処理を行う。

方法は、芽の上部5㎜の部位に1㎝ほどの幅で形成層まで切れ込みを入れる（**図3－20**）。市販の芽キズバサミなどを使うとよい。時期は、早場地域で2月中旬、中間地域で2月下旬、遅場地域で3月上旬（水揚げの少し前の時期）に処理する。

結果母枝の配置と誘引

長梢剪定栽培

結果母枝の誘引は、剪定、新梢の誘引とともに樹勢をコントロールするうえで重要な作業となる。棚面に結果母枝を均一に配置する（棚面を埋める）ことはもちろん、枝による勢力差が出ないようにすることがポイントとな

図3－21　側枝の配置と結果母枝の誘引

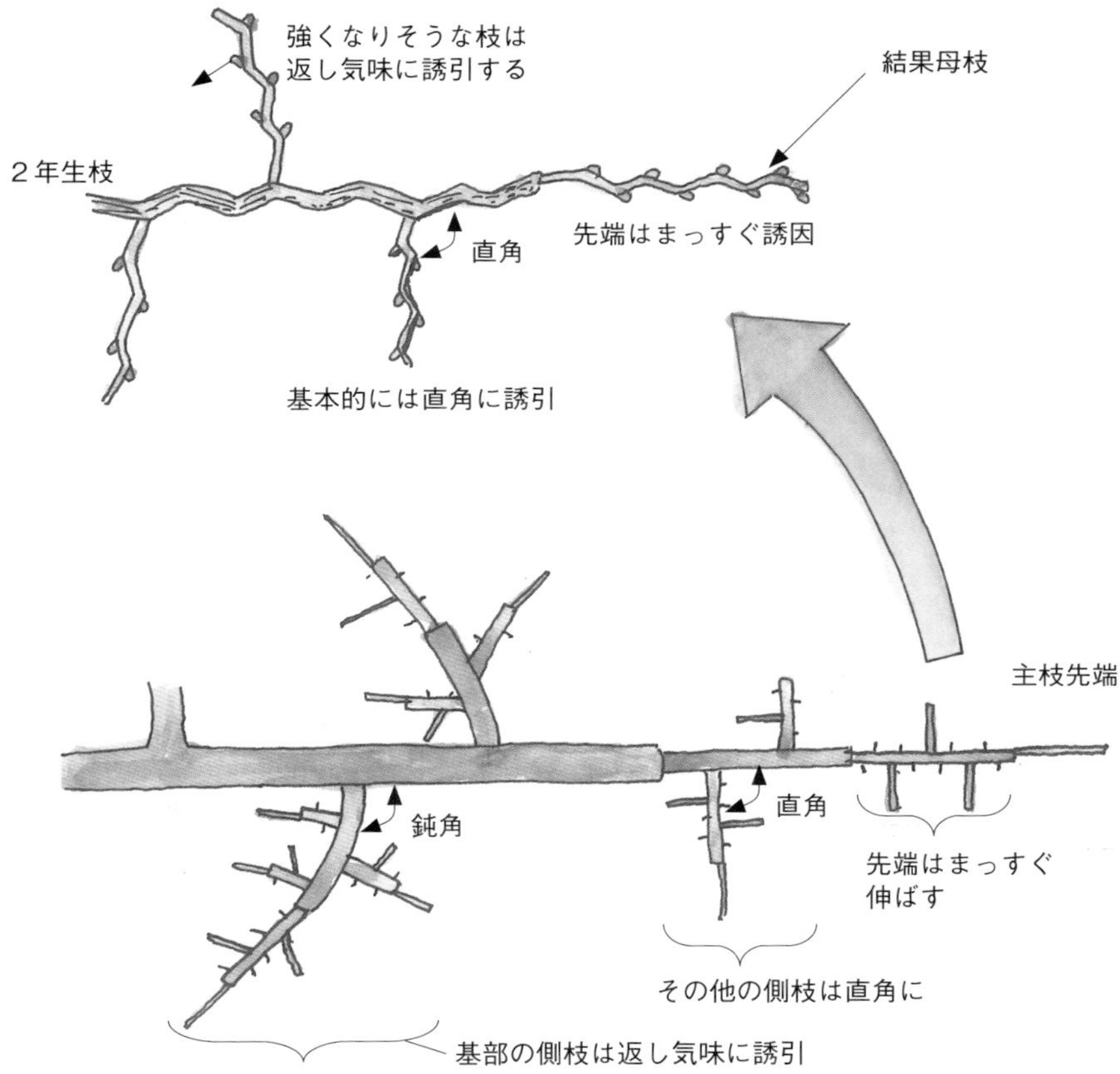
強くなりそうな枝は
返し気味に誘引する
結果母枝
2年生枝
直角
先端はまっすぐ誘因
基本的には直角に誘引
主枝先端
鈍角
直角
先端はまっすぐ
伸ばす
その他の側枝は直角に
基部の側枝は返し気味に誘引

る。作業の手順は、亜主枝や側枝の枝《えだ》振《ふ》り（棚面を均一に利用するため、枝を移動させること）、結果母枝の配置の順で行う。

水揚げ前は組織が硬く、無理に枝振りを行うと、樹を傷めることもある。よって、十分に水が揚がり、組織が柔軟になってから、作業を行うようにする。

果樹の枝は基部に近いほど、また発生角度が狭い（樹が広がる方向に向く）ほど、強勢になりやすい性質がある。そのため、基部に近い側枝ほど基部方向に返して配置し、先端を負けさせないようにする。将来骨格枝として育成する予定の枝は、優先的に、拡大する方向へまっすぐ配置する。

また、結果母枝の誘引は、先端の枝はしっかりと伸びるように、まっすぐに誘引する。その他の枝は、基本的には直角に誘引するが、太い枝は返し気味に誘引する（**図3-21**）。

結果母枝が混み合っている場所は、もう一度まわりを見渡し、側枝の振り直しを考える。それでも多い場合は整理する。

短梢剪定栽培

主枝延長枝が棚上にある場合は棚下におろし、杭通し線や補強した小張線に結束しておく。なお、枝を折らないために、芽キズを入れる前に棚下におろす。すでに芽座が形成された主枝部分は、棚より15～20cm程度下に、マイカ線などを用いて吊り下げる。

発芽前にも灌水は必要（写真はスプリンクラーの立ち上がり）

灌水

落葉後に多くの灌水は必要ないが、冬季における土壌の過乾燥を避けるため、凍結層が発生する前には十分に（30mm程度）灌水しておく。

3月になると地温が上昇してくる。それにともないブドウは水揚げを開始し、樹体に水分が満たされてから発芽を迎える。この時期に土壌が乾燥していると、発芽の遅れや不揃いを招きやすい。樹液流動が開始される少し前から発芽までは、10日間隔を目安に25mm程度の灌水を行う。なお、地温上昇効果を期待し、晴天日の午前中に行う。

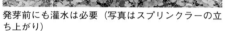

第4章

岡山県における生育と栽培管理

岡山県農林水産総合センター
安井 淑彦

簡易被覆での着果

シャインマスカットの栽培方法

栽培の作型と特徴

岡山県での「シャインマスカット」の栽培は、約7割が9～10月に出荷される簡易被覆栽培である。

ビニールハウス

簡易被覆栽培では、ポリエチレンフィルムを主枝に沿って直上に被覆し、果房周辺をトンネル状に雨よけの状態にする。

その他にはビニールハウスやガラス温室といった施設を利用し、加温機を稼働させて生育時期を前進させる加温栽培、加温せずに保温のみで生育時期をやや前進させる無加温栽培、施設の側面を開放して生育時期は早めない雨よけ栽培（サイドレス栽培）などがある。

ガラス温室

簡易被覆

樹形は、4～6mの主枝を1樹当た

ＷＨ型平行整枝（短梢剪定）

り8本配置し、主枝どうしの間隔を2mとして平棚に整枝するＷＨ型平行整枝を基本とし、剪定方法は短梢剪定が主体である。1樹当たり64～96㎡の樹冠面積とし、10a当たり10～16本を栽植する。

栽植本数を少なくして1樹当たりの樹冠面積を広げると、樹勢が落ち着いて副梢管理が省力的になるが、果粒の肥大がやや劣る傾向がある。このため、果粒の肥大を重視する場合には、1樹当たりの樹冠面積をやや狭くして栽植本数を増やす。

岡山県内で主に利用されている台木は、テレキ5ＢＢまたはハイブリッドフランである。

上位等級の果房

表４－１　岡山県におけるシャインマスカットの生産目標

項目	目　標
果房重	700g
果粒重	15g以上
糖　度	18度以上
収　量	2.1 ～ 2.4t/10a

岡山県における生産目標

岡山県でのシャインマスカットの生産目標は、果房重700g、果粒重15g以上、糖度18度以上、収量2・1～2・4t／10aとし、果房の上部（肩）や中央部（胴）に隙間がなく、果房表面に凹凸の少ない房形が望ましく、上位等級の条件となる（**表４‐１**）。

開園準備と植えつけの基本

植えつけ前の準備

排水不良であったり、硬く締まった土壌では、根が十分に広がらず、地上部の枝葉の量に対して地下部の根の量が不足するため、生育が弱く、果実品質が劣りやすい。

このため、排水性の良い場所を園地に選ぶことが重要で、排水不良の場合は、植えつける列と列の間に暗渠を深さ50～70㎝の位置に設置するとともに、土壌表層に明渠を設けて排水性を改善しておく（**図４・１**）。

明渠や暗渠で十分な効果が得られない場所では、真砂土などであらかじめ客土を行っておくとよい。粘土質の土壌では、パーライトなどを混和して土壌中の通気性を高めておくと植えつけ後の生育が優れる。

植えつけのポイント

苗木の植えつけは、11月中旬～12月中旬、もしくは、3月上旬～4月（芽が膨らみかけるまで）に行う。

植え穴は、直径2ｍ程度、深さ30～50㎝程度とし、植えつけの1か月前までに、よく腐熟した有機物を植えつけ位置に投入し、園地の土壌と混和して改良しておく。

植えつけ時には、損傷した根をハサミで切り戻し、根が交差しないように四方に広げて配置し、5～10㎝程度の厚さで覆土する。深植えになると根の伸長が悪く、樹が弱りやすいため、台木部分が完全に地上部に出るように浅植えにする（**図４・２**）。

植えつけ直後は十分に灌水し、土壌の乾燥防止のために敷きわらなどを敷設する。

植えつけた1年目は、根が浅い位置に少量しかなく乾燥しやすいため、その後も晴天が続けば定期的に灌水する。地上部は、植えつけた後に接ぎ木部分から5芽程度残して剪定する。

なお、11月中旬～12月中旬に植えつける場合は、冬季の寒さから苗木を守るため、地上部にわらなどを巻きつけておき、寒さが緩んできたら、発芽の前までに除去する。

また、3月上旬～4月に植えつける場合は、苗木を植えつけるまでの期間は排水のよい場所に苗木を斜めに置いて接ぎ木部分の上まで十分に埋まるように仮植え（仮伏せ）し、植えつけ時期になった時点で掘り起こして改めて植えつける。

図４－１　暗渠および明渠による排水性の改善例（岡山県果樹栽培指針を一部改訂）

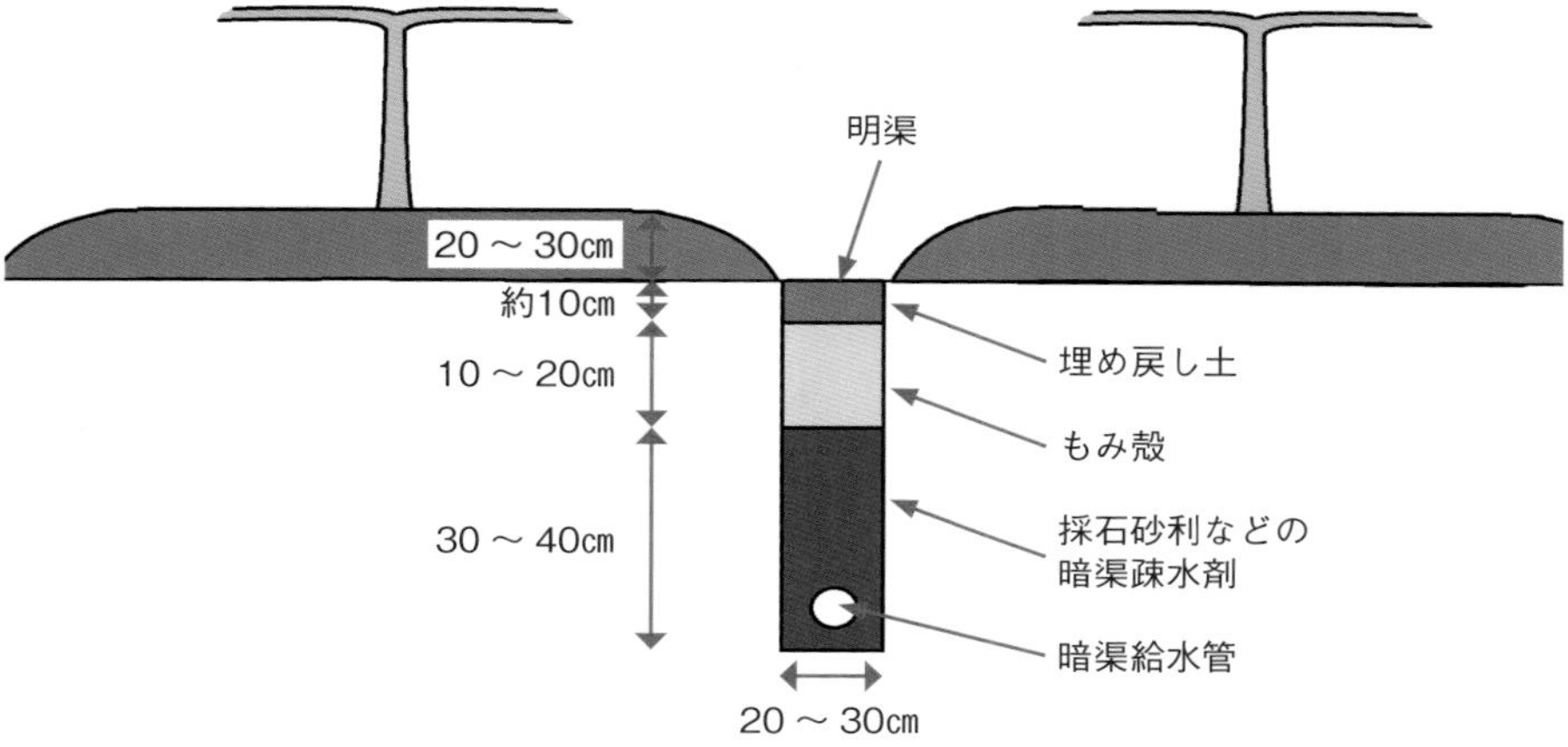

図４－２　苗木の植えつけ方法

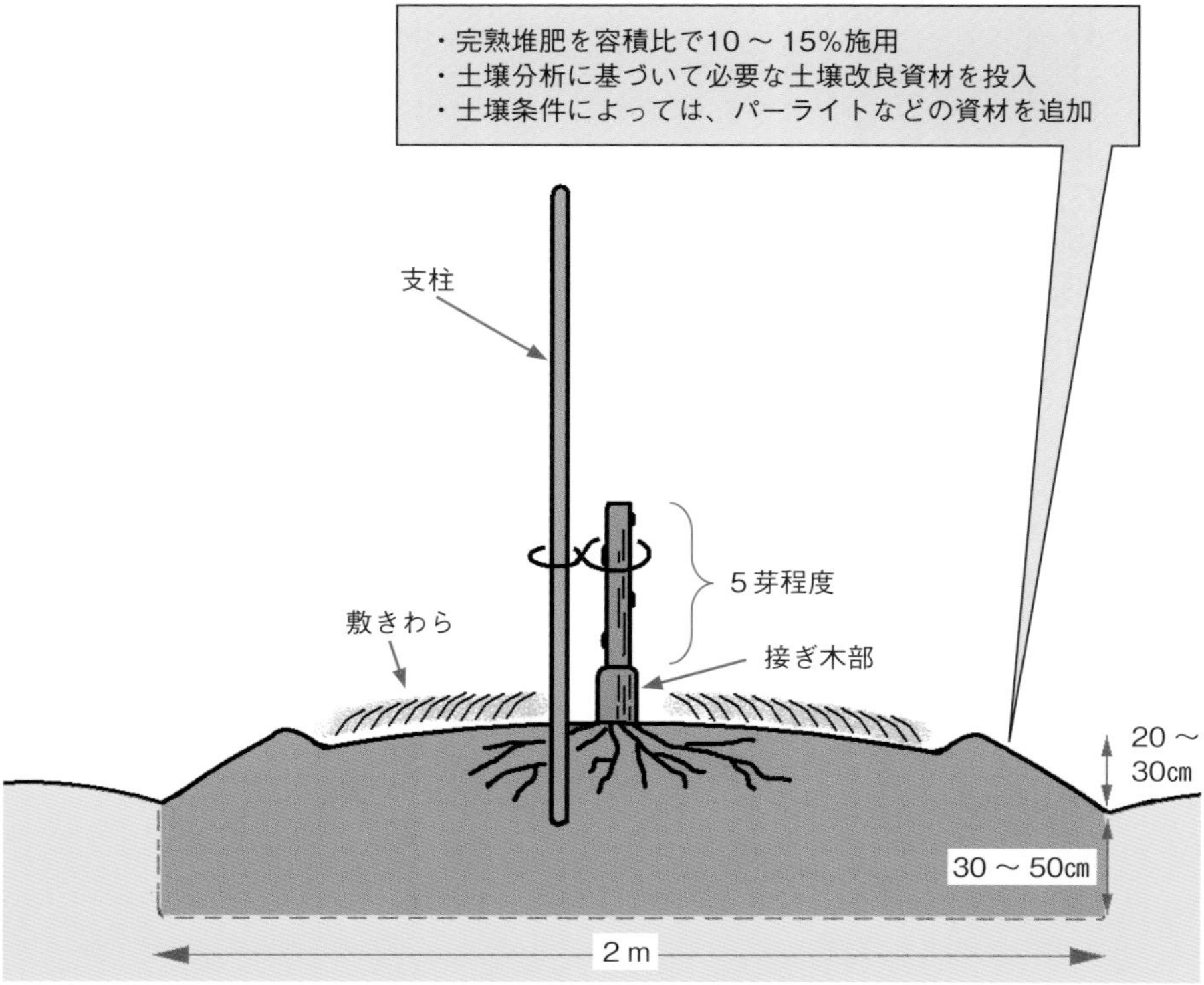

幼木・若木の育成と剪定の実際

剪定の目的と基本

樹冠の中心付近から発生した新梢は根からの距離が近いため、伸長の勢いが強く、逆に、樹冠の外周付近から発生した新梢は根からの距離が離れているため、伸長の勢いが弱い傾向である。樹内での新梢の発生位置が大きく異なると、果実の成熟や品質が揃わない原因となる。

新梢の発生位置ができるだけ均等であることが望ましいため、正方形に近い形になるように、WH型平行整枝を基本とした樹形に仕立てる。ただし、傾斜地では、傾斜の下方から発生した新梢の勢いが弱くなるため、傾斜の下方側の主枝を短くして新梢の勢いの均衡を保つ（**図４-３**）。

幼木《ようぼく》・若木育成時の主枝の延長は、植えつけ1年目は、外側の主枝の分岐位置まで充実した枝を伸ばすことを目標とする。2年目は、外側と内側の主枝を確保してWH型の樹形を形成するように、分岐部から充実した部分を18節程度確保することを目標に育成する。

3年目以降は、樹冠の拡大が完成するまで、毎年18節程度確保できることを目標に主枝を延長するとともに、前年に延長した部分から発生した新梢を主枝と直角方向に伸長させて葉面積を確保し、冬季には短梢剪定を行う（**図４-４**）。

植えつけ1年目の育成

苗木から発生した新梢は、伸長の勢いのよい新梢を1本選び、支柱に誘引しながら真上に伸ばす。新梢が棚面に到達したら、棚下40～50㎝の位置まで切り返し、先端から発生した2本の副梢を棚面の下側に沿わせて横方向に伸ばし、棚面から落ちないように、所々を紐などで固定する（**図４-５**）。

横方向に伸ばした副梢（延長枝）から発生した副々梢は、1～2葉を残して摘心する。延長枝は7月下旬～8月上旬に先端を摘心し、それ以降は伸長させないように管理する。

再発生した副々梢は、10～15日間隔で基部からかき取り、延長枝が扁平、長大にならないように充実させる。その後、厳寒期を過ぎた2月中旬～下旬に、最初の摘心節より基部に近い充実のよい節まで切り返す。

植えつけ2年目の育成

1年目に外側の主枝の分岐位置まで

図４－３　ＷＨ型平行整枝の樹形

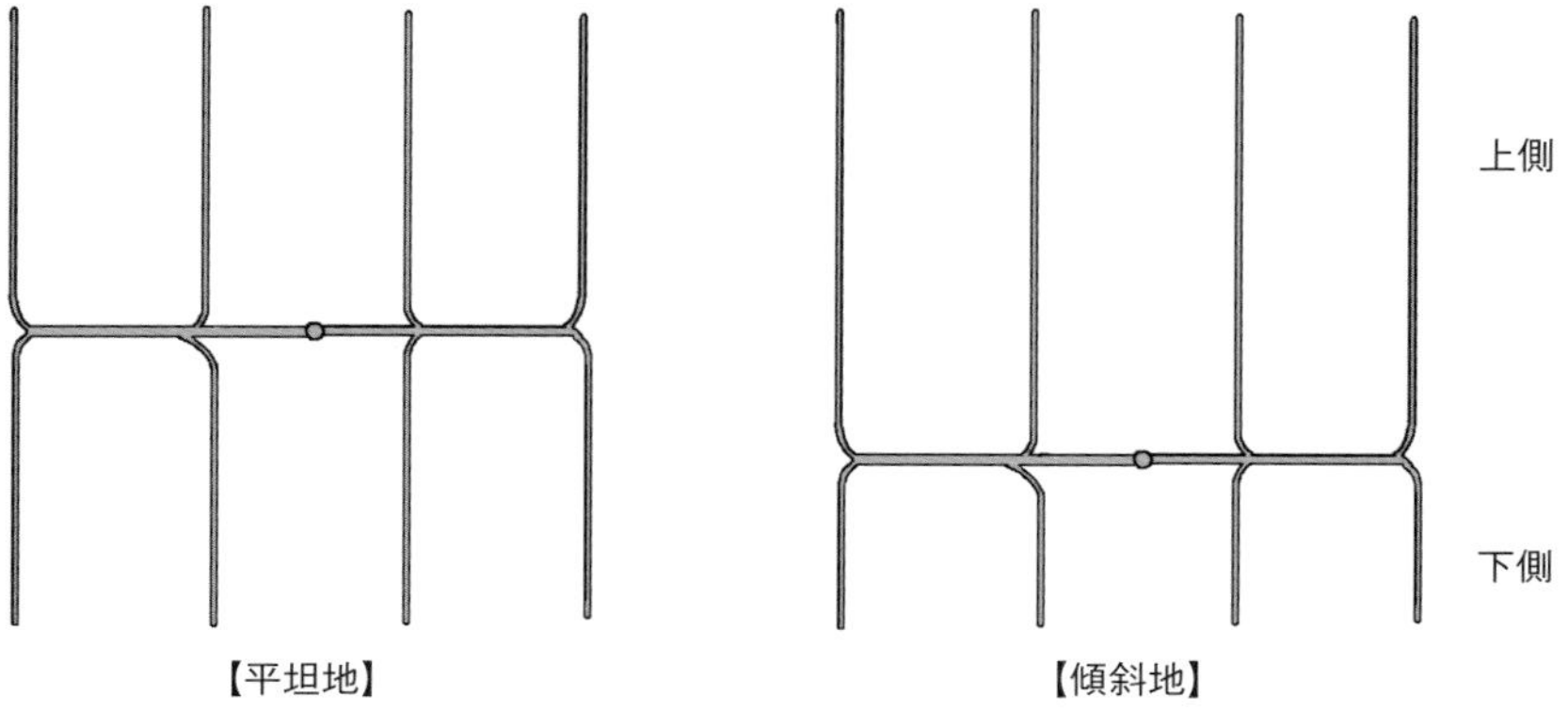

図４－４　若木の主枝の延長方法（冬季剪定後）

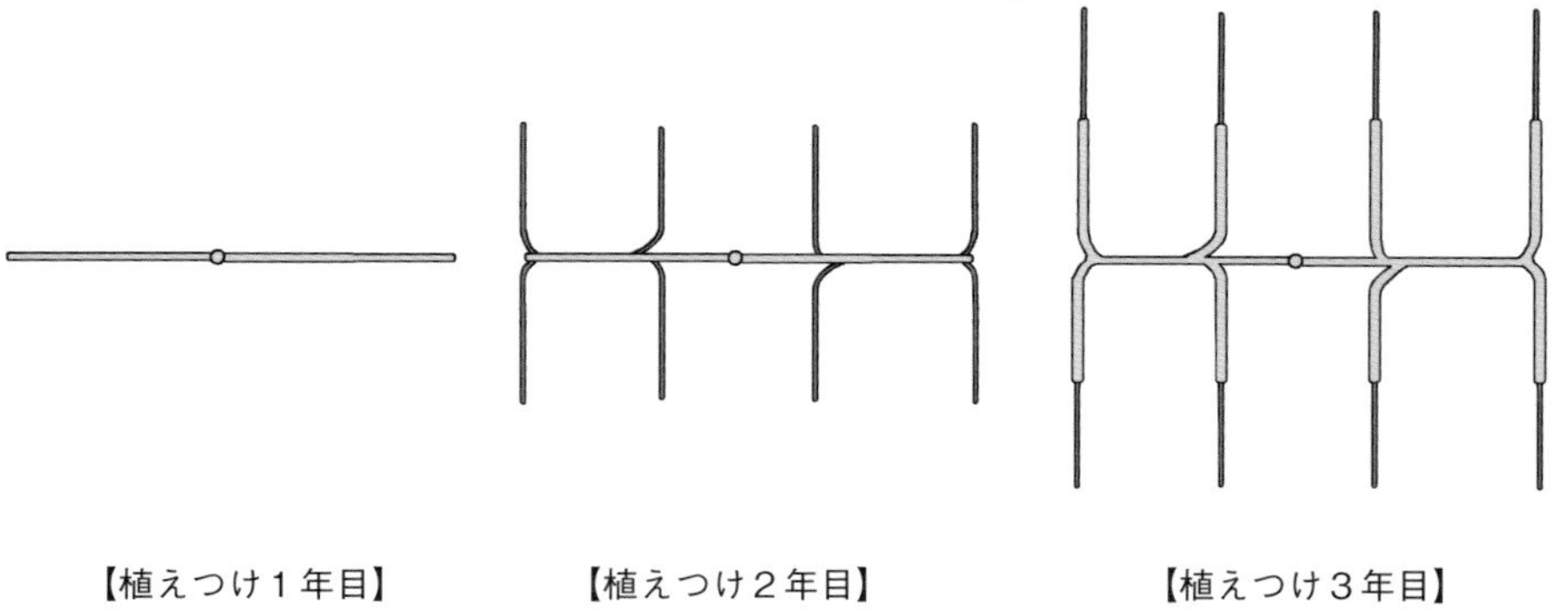

延長できている場合は、先端から発生した新梢2本を双方向に伸ばして外側の主枝を形成する。

外側の主枝の分岐位置まで延長できていない場合は、先端の1本を伸ばして片側の主枝として育成するとともに、分岐位置の付近から発生した副梢をもう片側の主枝として育成する。もしくは、先端から発生した新梢の勢いが強ければ、分岐位置に到達した時点で摘心をして2本の副梢を双方向に伸ばし、外側の主枝を形成する。内側の主枝は、2本の発生位置が連続しないよう、2節以上間隔をあけて配置し、内側の主枝の位置より外側から発生した新梢を内側に返して利用する「返し枝」で配置することが望ましい。

なお、いずれの場合も延長枝は棚面の下側に配置し、強風の際に棚面から落ちないように、所々を紐などで固定する。主枝延長枝から発生した副梢は、2葉程度を残して摘心する（**図4**

図４－５　植えつけ１年目の新梢管理

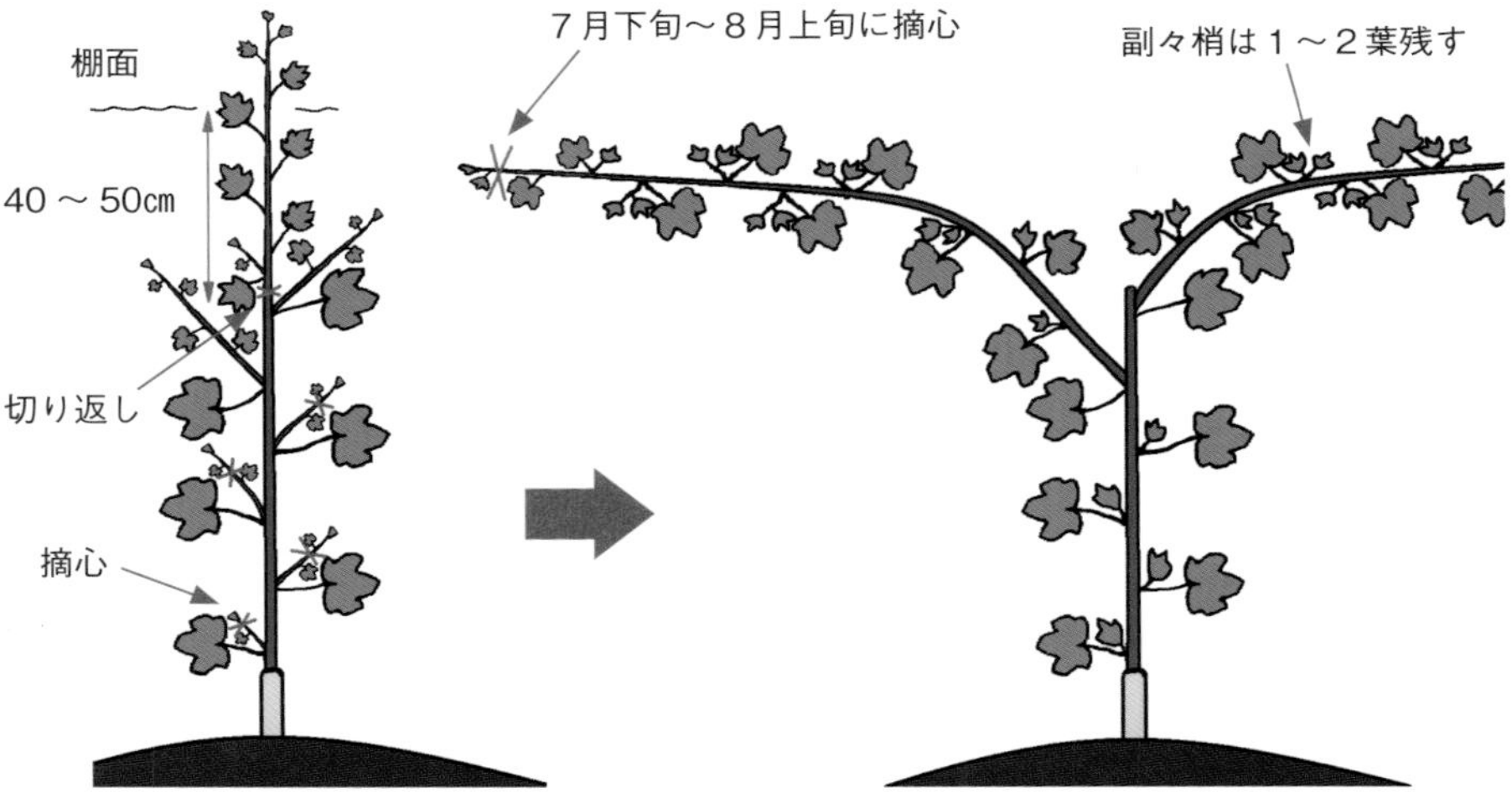
棚面
40 ～ 50㎝
切り返し
摘心
７月下旬～８月上旬に摘心
副々梢は１～２葉残す

図４－６　植えつけ２年目の新梢管理

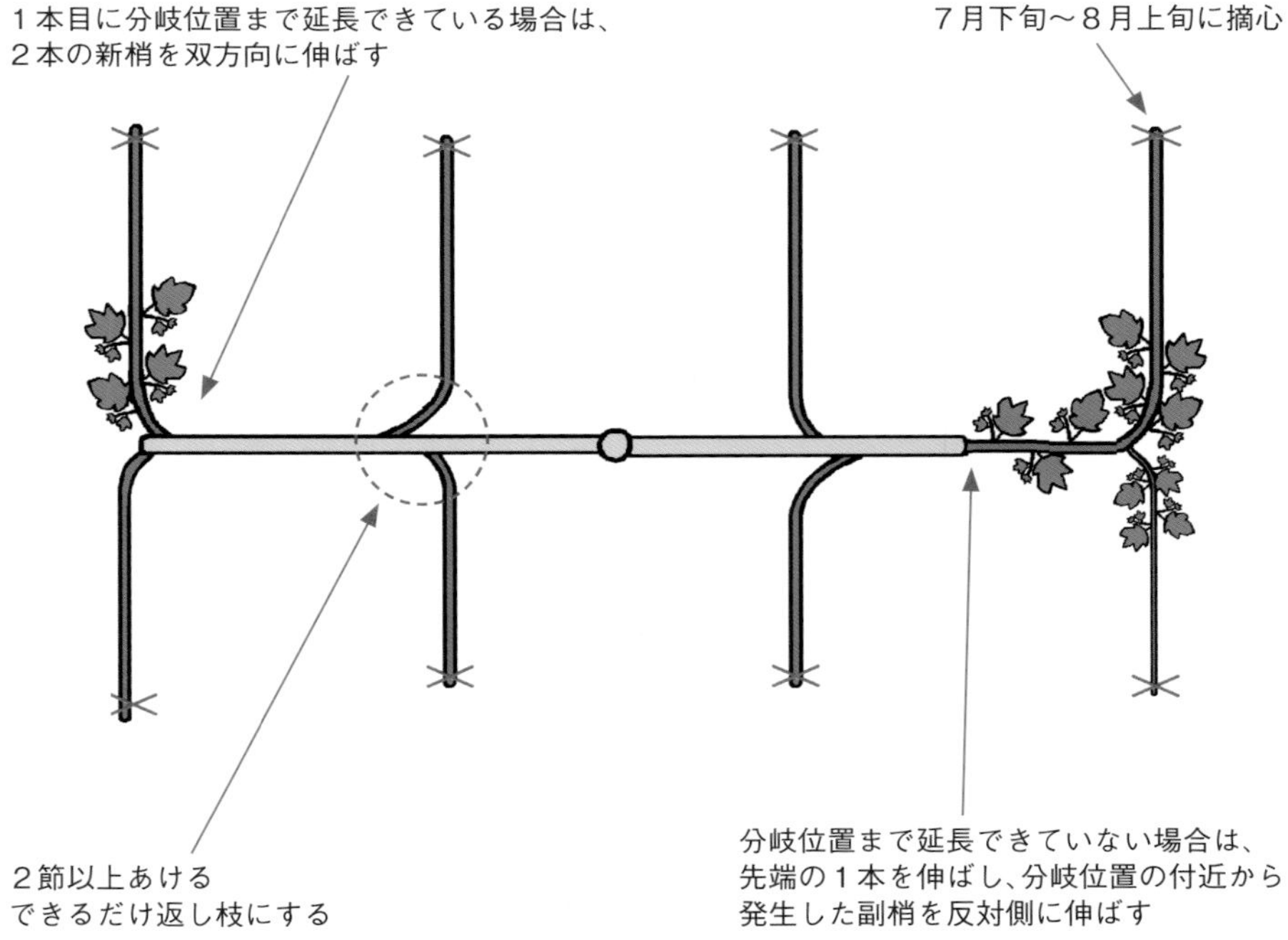
１本目に分岐位置まで延長できている場合は、
２本の新梢を双方向に伸ばす
７月下旬～８月上旬に摘心
２節以上あける
できるだけ返し枝にする
分岐位置まで延長できていない場合は、
先端の１本を伸ばし、分岐位置の付近から
発生した副梢を反対側に伸ばす

図4－7　芽キズ処理の位置

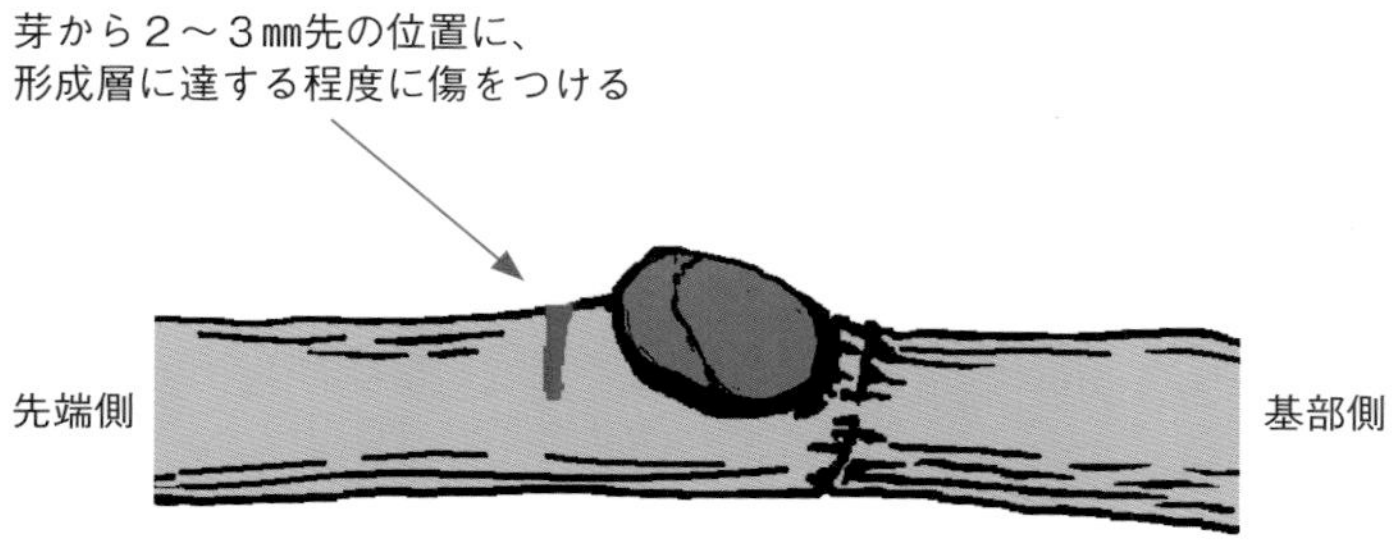
芽から２～３㎜先の位置に、
形成層に達する程度に傷をつける
先端側
基部側

図4－8　植えつけ３年目以降の新梢管理

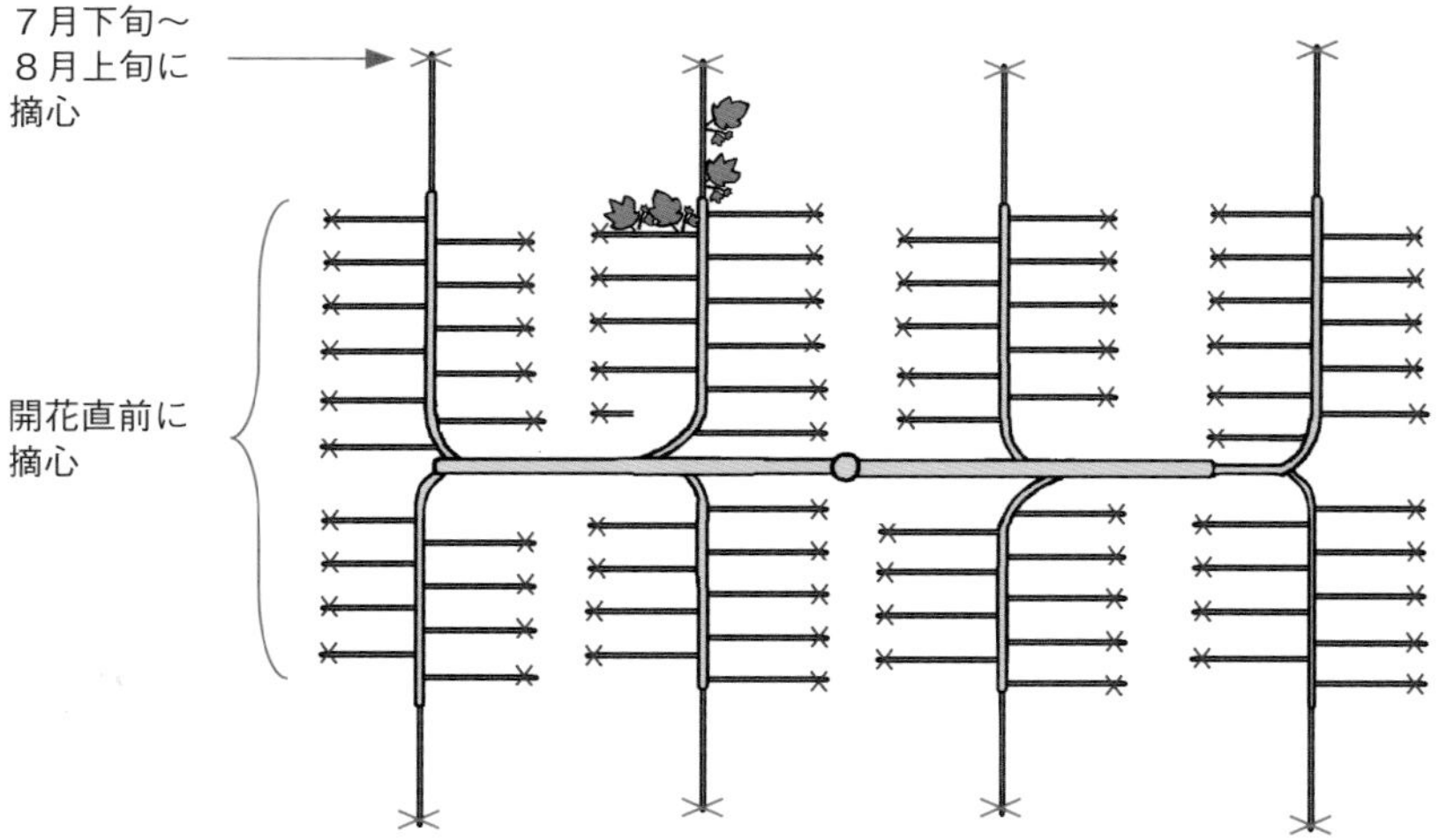
７月下旬～
８月上旬に
摘心
開花直前に
摘心

‐6)。主枝延長枝の摘心は、1年目と同様に7月下旬~8月上旬に行い、その後、再発生する副梢を10~15日間隔で基部からかき取る。

冬季の剪定で主枝延長枝を切り返す位置は、分岐部から18節以内を目安とし、伸長や充実の程度に応じて切り返す位置を調節する。

残した芽数が多すぎると、不発芽や翌年に発生する新梢の伸長にばらつきを生じやすい。主枝延長枝の基部から中央部にかけての芽は、発芽せずに新梢本数を十分に確保できないことがある。このため、樹液が流動する前の2月中旬から3月上旬にかけて芽キズ処理を行い、各芽の発芽を促す。

芽キズ処理は、主枝延長枝の先端2~3芽以外の芽に対して、芽から2~3㎜先の位置に芽キズバサミや金切りノコギリなどの刃物で形成層に達する程度に傷をつける（**図4‐7**）。芽キズを深く処理しすぎると、棚への誘引時に主枝延長枝が折れることがある。このため、芽キズ処理は棚に延長枝を結束した後に行い、深く処理しすぎないように注意する。

剪定前後の状態

剪定位置

短梢剪定での剪定位置。左は剪定前、右は剪定後（1芽剪定）

植えつけ3年目以降の育成

主枝の延長は2年目の管理に準じて行う。前年の延長部分から発生した新梢は、主枝と直角方向に誘引し、開花の直前に摘心を行う（図4-8）。詳しくは「摘心・副梢管理のポイント」の項を参照のこと。

冬季の剪定では、主枝延長枝は2年目と同様に基部から18節以内で切り返し、前年の延長部分から発生した新梢は1芽目が残るように短梢剪定を行う。

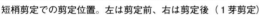

剪定の実際

成木では1~2月、若木や新梢が遅伸びした充実の悪い樹では厳寒期を過ぎた2月中下旬に剪定を行う。1芽目の1節先の節上で剪定することで切り口からの乾燥を防ぐ。主枝延長枝から初めて伸長した結果枝は、第1節までが長いものが多いため、基底芽剪定にならないように注意する。

「シャインマスカット」は、基底芽や陰芽の発芽が多いため、基底芽を利用して新梢を確保することも可能であるが、花穂が着生していない場合もあるため、基本的には1芽目を利用する。

樹齢が経過して結果母枝が欠損した場合は、2芽目も残す2芽剪定を行って新梢本数を確保する方法もあるが、結果母枝が長くなるために新梢の発生位置が主枝から離れやすく、また、2芽目の生育が早く生育のばらつきの原因となる。このため、結果母枝が欠損していても基本的には1芽剪定を行い、1芽目の新梢とともに基底芽からの新梢を利用して新梢本数を確保する。

なお、剪定の際には、前年度の剪定で残した結果母枝の枯れた部分は病害の発生源となるため切り落とす。

トンネルの被覆と除去

トンネルの被覆

発芽前である3月下旬～4月上旬に、平棚の上で主枝の直上に設置した幅120cm程度のトンネルメッシュにポリエチレンフィルムを被覆し、トンネル状の雨よけを行う。

被覆後は、ポリエチレンフィルムが風で飛ばされないように、マイカ線などで固定する。被覆時期が早すぎると発芽が早まって晩霜害の危険性が高まるため、被覆時期を過度に早めず、発芽直前が望ましい。

トンネル状の簡易被覆

トンネルの除去

葉が成葉化し、梅雨明け前後で連続降雨がなくなる頃に、被覆したポリエチレンフィルムを除去する。

気温の高い晴天時に除去すると葉焼けを生じやすいため、曇天時や気温の低い早朝または夕方に除去することが望ましい。被覆の除去後は速やかに農薬散布を行い、病害の発生を防ぐ。

新梢管理にあたって

芽かきの目的と方法

一つの芽から2本の新梢が発生している場合は、生育の遅い副芽をかき取って1本に制限し、残した新梢の生育を促す。また、結果母枝以外からも陰芽が発生しやすいため、適宜かき取って貯蔵養分の浪費を防ぎ、必要な新梢の伸長を促す。

芽かき前の状態

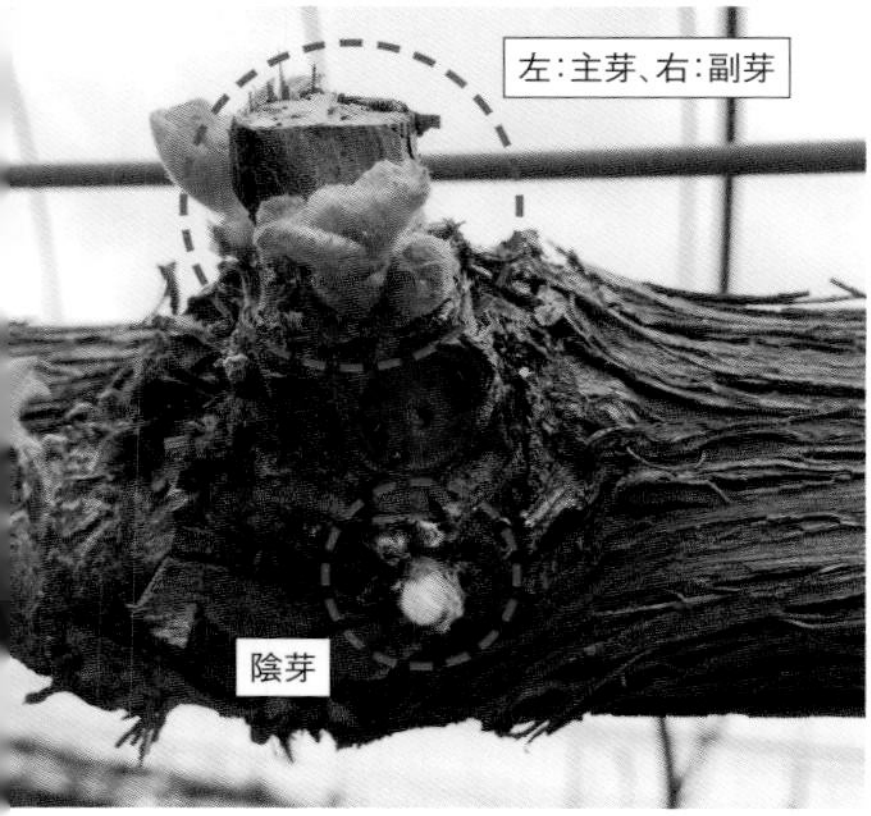

新梢の本数が多すぎる場合は、生育の早すぎる新梢や遅れた新梢をかき取る。芽かきが遅れると、新梢間での生育の強弱がつきやすいため、不要な新梢は早めに除去して全体の新梢の勢いを揃える。なお、生育途中で陰芽が発生した場合も、早めに基部からかき取って貯蔵養分の浪費を防ぐ。

新梢ごとに花穂の有無を確認した段階で、中庸な生育で花穂のある新梢を優先して残し、一つの結果母枝に対して新梢を1本に制限する。新梢を多く残しすぎると、棚面が繁茂して日当たりが悪くなり、個々の葉の光合成能力が低下するため、葉の繁茂状態を示す葉面積指数（LAI）が2・3〜2・5程度であることが望ましい。

葉面積指数は、すべての葉の面積を合計した値が樹冠の面積に対して何倍であるかを示した値であり、個々の葉の面積は、葉幅や主脈長を計測し、葉面積換算表から求めることができる（**図4-9**）。

発生した新梢の花穂の有無

左には花穂があり、右は花穂ではなく巻きひげ

図４－９　シャインマスカットの葉幅の測定による葉面積の換算

葉面積換算表

葉幅（cm）	葉面積（㎠）	葉幅（cm）	葉面積（㎠）
5	17	21	279
6	24	22	306
7	32	23	334
8	42	24	364
9	52	25	394
10	64	26	426
11	78	27	459
12	92	28	494
13	108	29	530
14	125	30	566
15	143	31	605
16	163	32	644
17	184	33	685
18	206	34	727
19	229	35	770
20	253	36	814

注：2006　岡山農研

図４－10　シャインマスカットにおける新梢本数の違いが果粒軟化後の新梢当たりの葉面積および葉面積指数に及ぼす影響

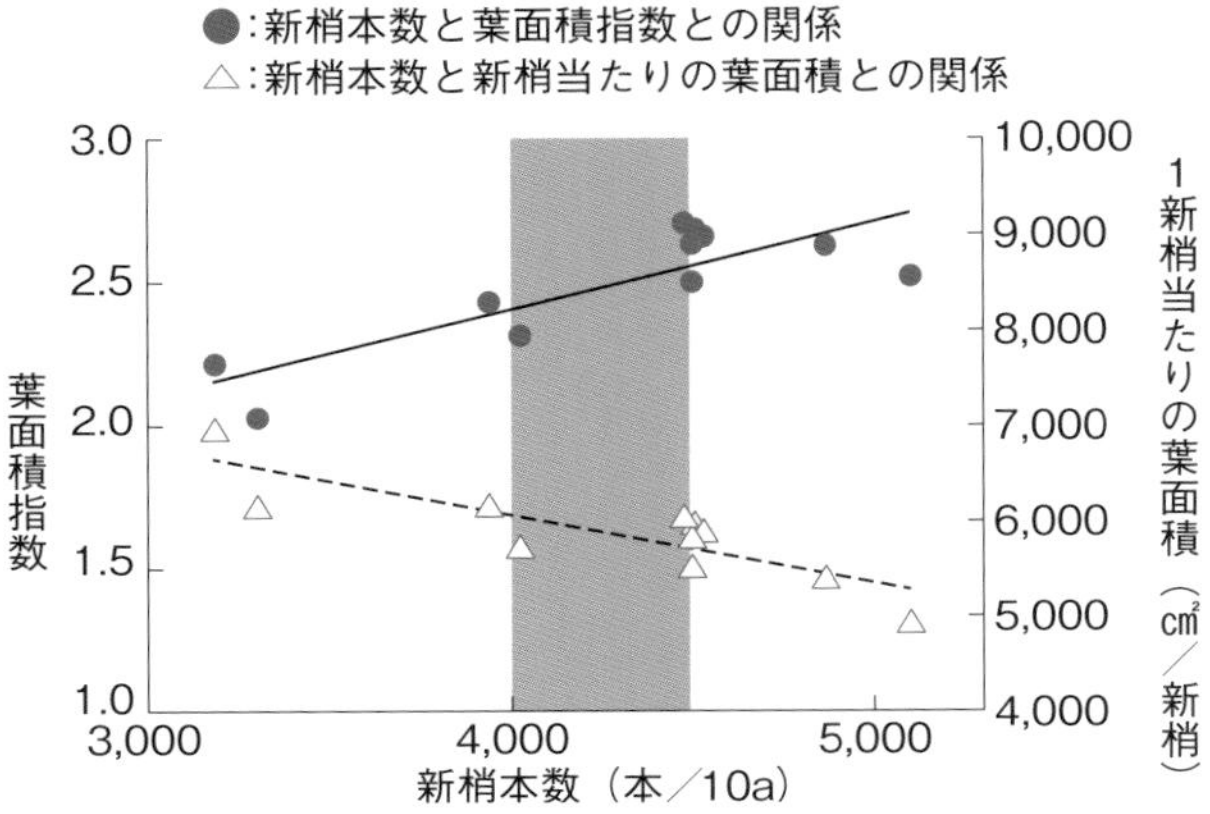

注：2012　岡山農研

また、新梢を多く残しすぎると個々の新梢が細く弱くなり、新梢当たりの葉面積が小さくなって果粒肥大が劣りやすい（図４－10、図４－11）。

葉面積指数が２・３～２・５程度で、新梢当たりの葉面積が５５００～６０００㎠となる10ａ当たり４０００～４５００本（主枝間隔が２ｍの場合は主枝１ｍ当たり８～９本）を最終の新梢本数とする。誘引前の段階では、誘引時の欠損等を考慮して最終の本数より２割程度多めに残しておく。なお、結果母枝が欠損して新梢本数が不足する場合は、一つの結果母枝から２本の新梢を配置し、必要な新梢本数を確保する。

新梢の誘引

早く伸長した新梢がトンネルの被覆に到達し、新梢全体の3～4割程度が誘引できる段階になってから誘引を始める。他の品種に比べて節間が長く、旺盛に伸長するため、油断をしているとトンネルの被覆フィルムに新梢の先端が押し当たって折れることがある。

図4－11　シャインマスカットにおける1新梢当たりの葉面積と果粒重との関係

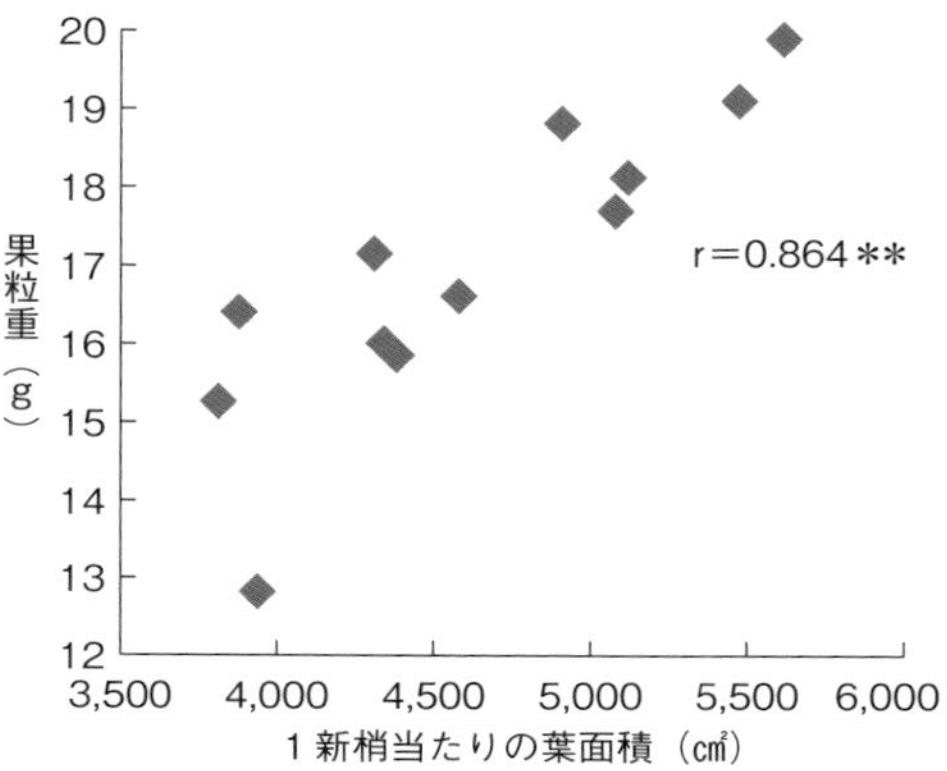

注：①図中の＊＊は1％水準で有意な相関があることを示す（n＝12）
② 2013～2014　岡山農研

伸長の早い新梢から順次誘引を行い、強勢な新梢は基部に近い節で軽く捻枝をしてから誘引する。新梢の先端付近を結束すると、節間が伸長した際に新梢の先端付近に力がかかって折れるため注意する。なお、伸長の遅れた新梢を早い段階から誘引すると、その後の生育が劣るため、このような新梢は急いで誘引をせず、十分に伸長するまで待ってから行う。

誘引では、それぞれの新梢に均一に光が当たるように、できるだけ新梢どうしが交差しないように均等な間隔で平行に配置する。

新梢を均等な間隔で平行に配置

ただし、方向の悪い新梢を無理に誘引すると基部から折損しやすいため、基部に近い節で軽く捻枝をしてから誘引をする。捻枝を行う際に、一つの節で強く捻ると、養水分の流れが妨げられて新梢が弱り、花振るいや果粒肥大不足などを招きやすいため、必要に応じて複数の節に捻枝を軽く行って新梢の向きを調整するか、新梢の中ほどから先を緩やかに引っ張って配置する。

新梢が基部から折損して棚面に空間が開く場合は、互いの新梢の間隔を調整して空間を埋める。誘引後に折損がないことを確認でき次第、最終的な新梢本数である10a当たり4000～4500本に調整する。

「シャインマスカット」では、主枝延長枝から発生した新梢は、下向きに伸長することが多い。折損しないように軽く捻枝をしてから誘引し、芽座を確実に確保する。

図4－12　開花期前後の摘心位置

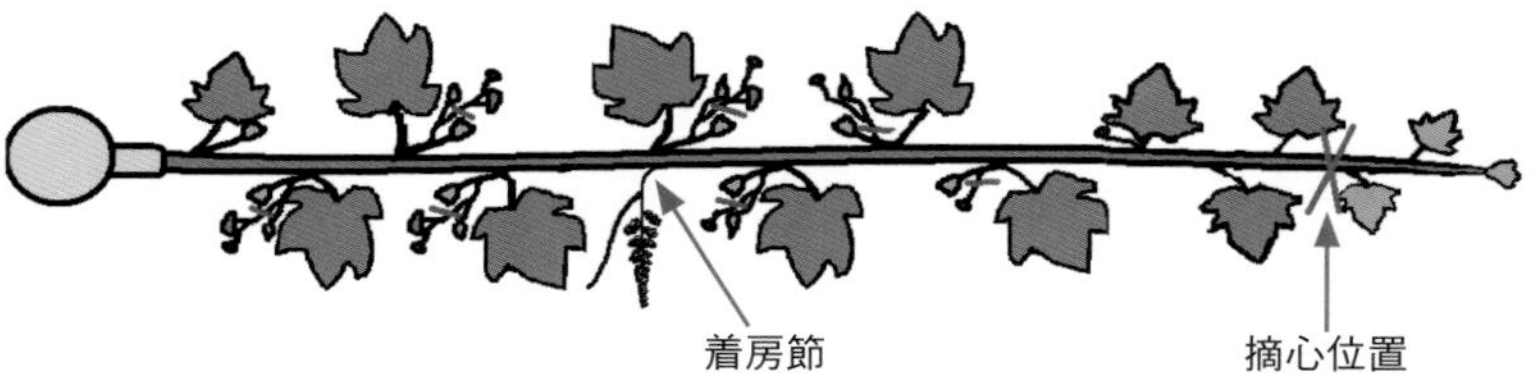

図4－13　簡易被覆栽培のシャインマスカットにおける摘心節の違いが副梢発生数に及ぼす影響

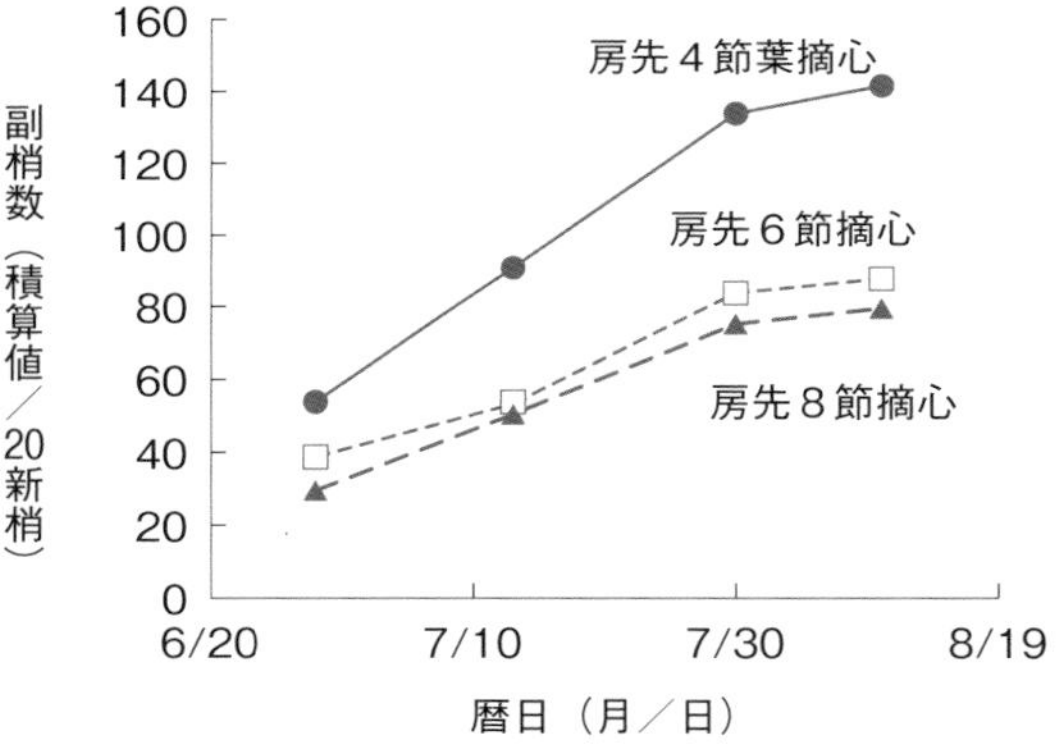

注：①各調査日ごとに再発生した全副梢を切除して本数を調査
②2012　岡山農研

摘心・副梢管理のポイント

開花前まで

新梢の伸長を一時的に抑えて結実を促すため、開花始めに第1花穂の着生位置から6節程度先で摘心する。副梢も、開花期までに旺盛に伸長していることが多いため、新梢先端の摘心と同じ時期に果房の周辺までは2葉、その先は1葉を残して摘心し、一度摘心した副梢から再発生した副梢は基部からかき取る（**図4－12**）。

摘心位置が房先6節より短いと、新梢当たりの葉面積が不足するとともに、摘心後の副梢の発生が旺盛になって作業に手間を要する（**図4－13**）。逆に房先6節より長いと、副梢の発生は抑制されるが、棚下に枝葉が長く垂れ下がるため、作業性が著しく劣る。

旺盛に伸長する新梢は、新梢の基部から本葉が9枚程度展葉した頃を目安に新梢先端の未展葉部を摘み取り、伸長を一時的に抑えて他の新梢との勢いを均一にする。

早い段階で摘心した新梢は、開花始めに周囲の新梢と同じ長さになるよう切り返す。伸長の弱い新梢や遅れて発生した新梢は、開花前の段階では摘心もせず、その他の新梢と同じ長さに伸びるまで待って摘心を行う。

開花期から果粒軟化期まで

図４－14　開花期以降の本葉および副梢葉の配置

満開2週後までに果房の周辺より先の節から発生した副梢は、1葉程度残して順次摘心する。その後はおおむね2週間ごとに、再発生した副梢を基部からかき取る。果房周辺の副梢は2葉、その先は1葉を目安とし、過繁茂にならないよう、周囲の葉の茂り具合に応じて残す葉の量を加減する（図４－14）。

「ピオーネ」での管理のように、新梢の先端から発生した副梢を果粒軟化期まで放任して伸長させると、トンネル内での副梢の発生が抑えられるものの、先端から発生した副梢が地面を這うほどに垂れ下がり、棚下での作業性が悪くなるとともに、果粒肥大が劣る可能性があるため、先端の副梢も1葉を残して摘心することが望ましい。

なお、果粒軟化前に、旺盛に伸長している副梢を一度に切除すると、果粒に縮果症や日射症などの生理障害を生じることがあるため、ほとんどの果粒軟化を確認してから切除する。

果粒軟化期以降

果粒軟化期以降に副梢管理を行わず放任すると、棚上が過繁茂になって下の葉や果房に光が当たらなくなり、棚下への木漏れ日も減少し、糖度の上昇が緩慢になりやすい。このため、おおむね2週間ごとに再発生した副梢を基部からかき取る。

収穫期以降も10月上旬頃まで、貯蔵養分の蓄積や枝の充実させるために、再発生した副梢をかき取る。

花穂・果房管理の主な作業

摘穂の実際

花穂先端の形が確認できるようになったら、花穂整形を行う前までに1新梢当たり1花穂になるように摘穂する。第1花穂、第2花穂のどちらを残してもよいが、花穂先端の形状がよ

新梢に二つの花穂が着生

く、花蕾が多く着生したものを残す。

新梢の基部に極端に近い位置の花穂や、トンネルの被覆部分から外に出ている花穂は取り除く。

伸長が旺盛で勢いのよい新梢には2花穂とも残しておいてもよいが、満開2～3週後頃までには1花穂（果房）にする。逆に、開花期までに伸長が停止するような弱い新梢では、極端に花穂数が少ない場合を除いて、新梢の基部から4～6枚展葉した頃にすべて摘み取る。

花穂発育処理

主枝を延長しながら樹を拡大している若木では、果粒の肥大が著しく劣りやすい。新梢の基部から6～8枚展葉した頃に、フルメット1～2ppm液をハンドスプレーなどで花穂に散布すると、発育が促されて開花期の子房が大きく、その後の果粒肥大が優れる。なお、果粒肥大が優れる樹で本処理を行うと、果粒の過度な肥大によって果房重が増加し、全体の着果量の増加の原因となる。

着果量が増加すると糖度上昇が遅れる可能性があるため、成木では実施せず、樹齢が5年生程度までで果粒肥大が不十分な樹に対してのみ行う（**図4-15**）。

花穂の整形

花穂の上部の支梗（岐肩や小花穂）の間に隙間ができてきた頃に、大きい支梗を切除する。新梢の伸長に対して花穂の伸長が勝っている場合は、大きい支梗を早めに切除して花穂を小さくし、新梢の伸長を促す。樹勢が弱い樹では、早めに花穂整形を行い、残す長さも短くする。

花穂先端部の支梗の間に隙間ができてハサミが入る程度になった頃から開花始めまでの期間に、花穂先端の長さが開花直前に3・5㎝程度になるように整形する。

結実数を確保するために先端の長さを5～6㎝程度と大きく残すと、結実率がかえって低下するとともに、花穂の中での開花が揃わず果粒の肥大にばらつきが大きくなるため、残す長さに注意して整形する（**表4-2**）。

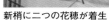

早めに花穂整形を行う場合は、花穂が開花期までさらに伸びることを想定して、短めに切り込む。なお、無核化、肥大処理の目印のため、花穂の中央付近に支梗を1～2個残してもよい。

整形時には、できるだけ花穂の先端を利用することで、省力的で房形のよい果房に仕上げることができる。先端が二股や三股に分岐している花穂は、1回目ホルモン処理の前後の時期に分岐部の状態をよく確認し、分岐部近くまで着粒している側を残し、その他を切除する。

この際、穂軸が少し曲がった状態になっていても、収穫時に房形が大きく劣るほどではないため、できるだけ先端を利用する。先端が扁平な花穂は、正常な花穂に比べて穂軸の伸長がやや劣るとともに花蕾数が極端に多いため、摘粒作業に手間がかかる。花穂数が十分に確保できるのであれば切除するが、利用する場合は結実後の早い段階からしっかり摘粒を行い、果粒の初期肥大を妨げないようにする。

花穂先端の着粒数が少ないなど、花穂の先端を少し切除する必要がある場合は、整形時には切除をせず、穂軸の伸長が停止する頃に切除する。また、岐肩や花穂上部の支梗の状態が良好であれば、花穂先端の代用も可能であるが、この部位は花蕾数がやや少なく果粒肥大も劣りやすいことから房しまりが悪い傾向のため、できるだけ花穂の先端を利用する。

図4－15　無加温栽培のシャインマスカットにおける着果量と果粒軟化7週後の糖度との関係

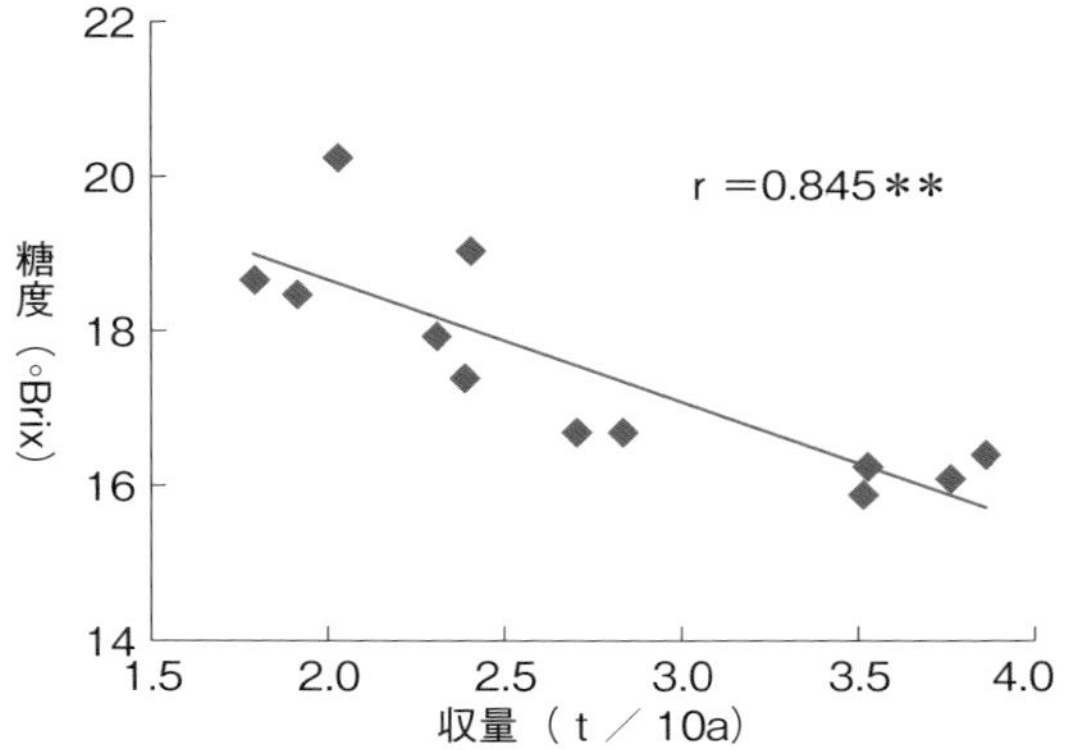

注：①図中の＊＊は１％水準で有意な相関があることを示す（n ＝ 12）
② 2012　岡山農研

花穂上部の支梗の間に隙間ができた状態

無核化、肥大処理

ストレプトマイシン処理

開花期のジベレリンによる処理だけ

花穂整形の方法。左は整形前、右は整形後（拡大）

表４－２　シャインマスカットの施設栽培における花穂整形時の先端部の長さが結実に及ぼす影響

作型	区	開花前 花蕾数	結実数	結実率 （%）	80%以上結実した 花穂の割合（%）
２月上旬 加温栽培	５～5.5㎝ ３～3.5㎝	110 55	91 50	85 92	60 100
無加温栽培 （コンテナ樹）	５～5.5㎝ ３～3.5㎝	120 72	80 57	66 81	13 59

注：①花穂整形は満開の４～６日前に実施
②無加温栽培（コンテナ樹）は、満開９日前～18日後に樹上に遮光ネットを設置して日照不足条件とし、開花期の副梢管理を放任して結実の悪い状況下で実施
③2017　岡山農研

先端が扁平で花蕾数の多い花穂

先端が二股および三股に分岐した花穂の利用（左は二股、右は三股）

図４−16　無核化および肥大処理の適期

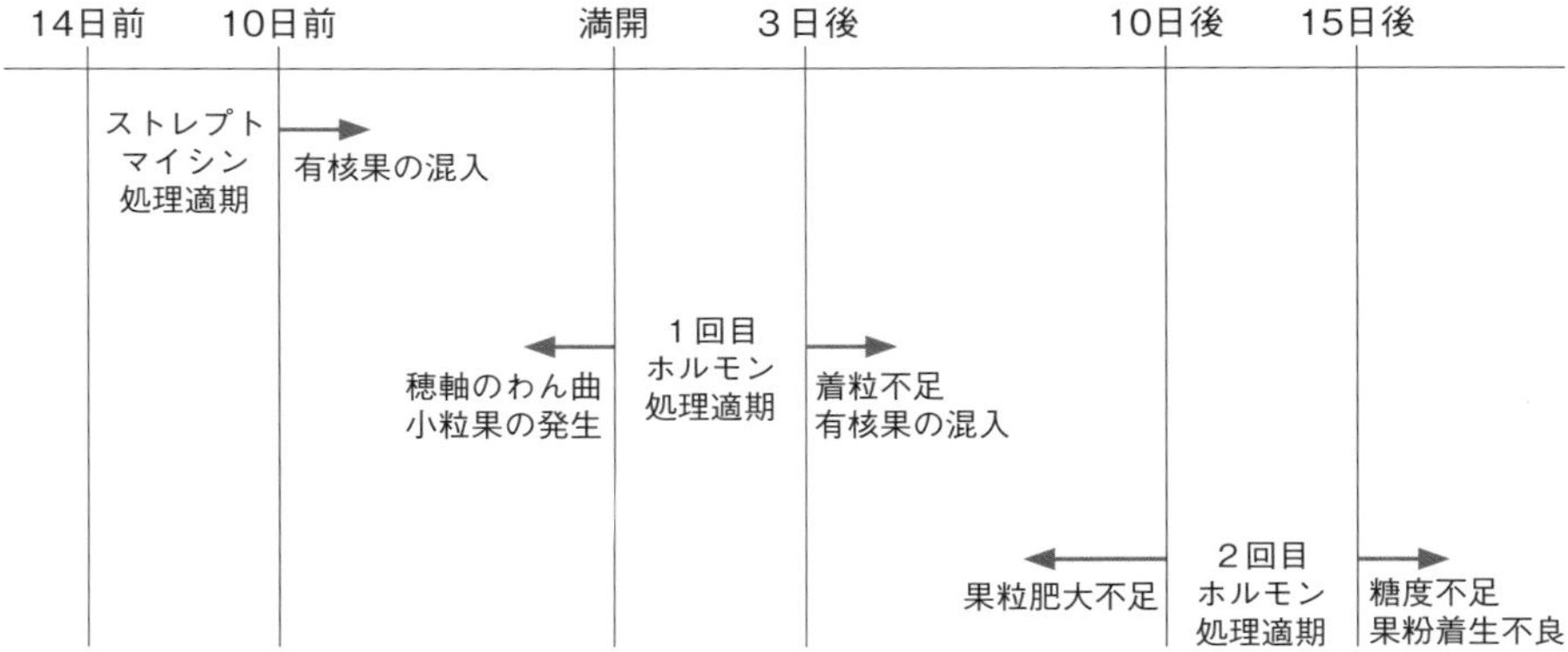

表４−３　ストレプトマイシンの処理時期がシャインマスカットの果実品質に及ぼす影響

年次	区	無核率（%）	果房重（g）	果粒重（g）	糖度（°Brix）
2017	満開10日前	92	653	18.2	18.8
	満開時	70	640	17.3	20.0
2019	満開10日前	97	691	16.6	17.8
	満開５日前	84	722	16.9	18.2
	満開１日後	84	752	17.3	17.9

注：2017　2019　岡山農研

では種子が抜けにくいため、満開予定日の14日前から開花始期に、ストレプトマイシン200ppm液（成分20％薬剤の1000倍）で必ず処理を行う（**図４-16**）。処理の方法としては、薬液を入れたカップに花穂を浸漬する、または、噴霧器で花穂に散布する。散布の場合は、かけむらができないよう、花穂全体に丁寧に散布する。

適期の範囲内でストレプトマイシンを処理しても、年によっては種子や実の入っていない〝しいな〟が混入することがある。無核率を高めるためにはできるだけ早い段階での処理が望ましく（**表４-３**）、満開予定日の14〜10日前に行うためには、本県では平均的な長さの新梢で、葉幅が1cm以下の葉を除き、完全に展葉した本葉の枚数が新梢の基部から9枚の頃が目安となる（**図４-17**）。

１回目ホルモン処理

満開～満開３日後に、フルメット５ｐｐｍを加用したジベレリン25ｐｐｍ液に花穂を浸漬する（図４‐16）。

処理時期が早すぎると、花穂先端の結実や果粒の肥大が悪く、房形が乱れる原因になるため、すべての花蕾が咲いた花穂から順次行う。逆に、処理時期が遅れると、花振るいを生じやすいため注意する。あまり早く乾きすぎない条件下での処理が望ましいが、降雨日などの過度な多湿条件では灰色かび病や薬害（ジベやけ等）が発生しやすいため避ける。

２回目ホルモン処理

満開10～15日後に、ジベレリン25ｐｐｍ液に果房を浸漬する（図４‐16）。

処理時期が早すぎると果粒の肥大が悪く、遅すぎると食味不良を招くおそれがある。「ピオーネ」に比べて、１回目ホルモン処理後に果粒の肥大がゆっくり進むため、「ピオーネ」で２回目ホルモン処理を行う際の果粒の大きさを目安にすると、適期から遅れる可能性が高いため注意する。

果粒に薬液が乾かずに付着した状態が長時間続くと薬害（ジベやけ）を生じるため、薬液が早く乾く条件下での処理が望ましく、果粒に付着した余分な薬液は丁寧に振るい落とす。また、２回目ホルモン処理時にフルメットを加用すると、果粒の肥大が優れる反面、低糖度になりやすく、小果梗が太く硬化して玉直しが困難になるため、加用しない。

果房の整形

果房の穂軸は満開15日後頃まで伸長する（**図４‐18**）。「ピオーネ」に比べて伸長の程度が大きく、花穂先端を小さく整形したつもりでも、収穫時には想定以上に大房になることも多いため、穂軸の長さが最終的に８cm程度になるように調整する。

収穫時に果房の上部（肩）の隙間を

図４－17　簡易被覆栽培のシャインマスカットにおける本葉の展葉数の推移

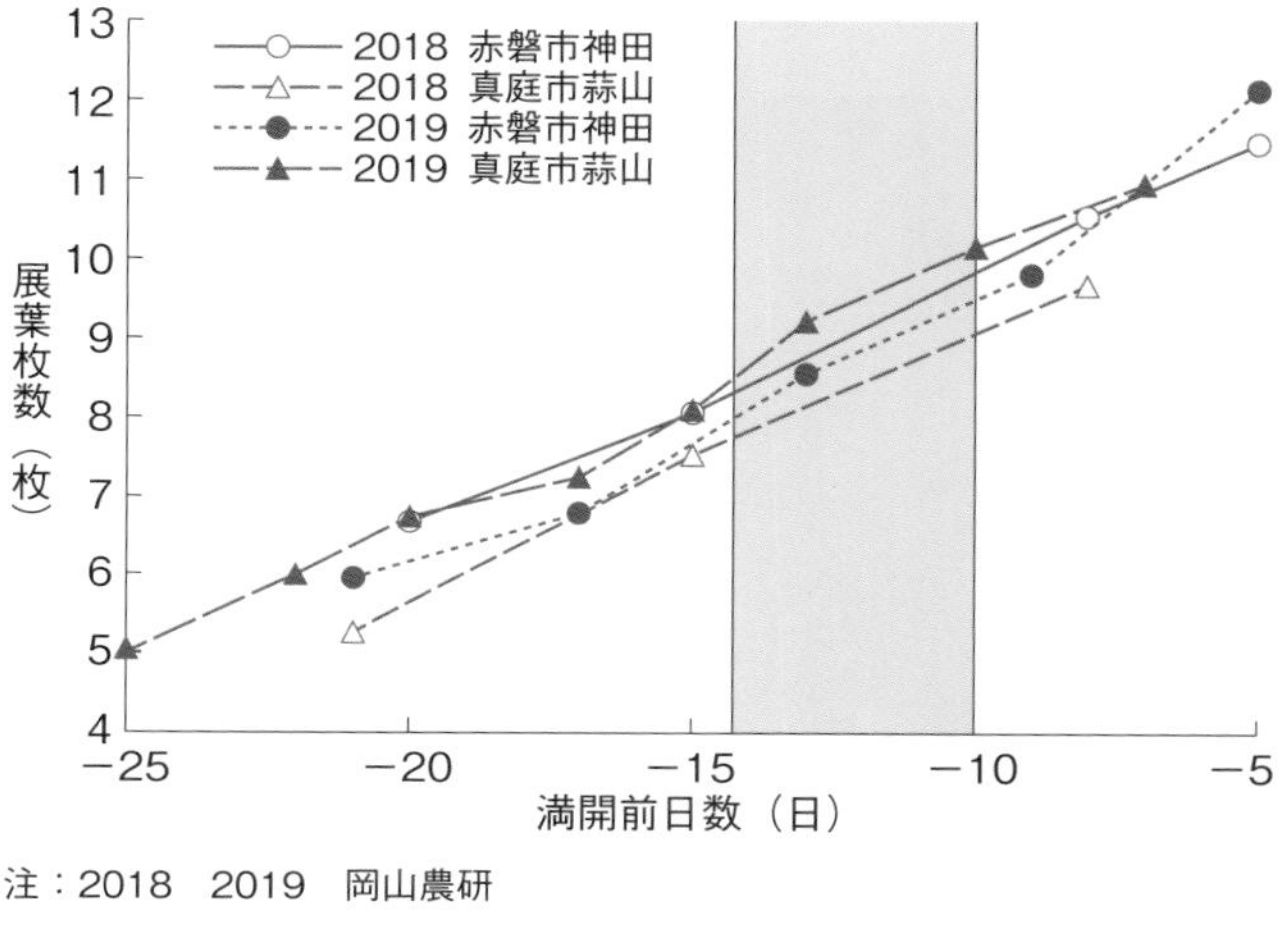

注：2018　2019　岡山農研

少なくするためには、1回目ホルモン処理から7日以内に不要な支梗を切除して上部（肩）の位置を決めることが望ましい。果房の先端部を利用して整形すると、果房の表面に凹凸の少ない房形に仕上がりやすい。

また、果房の先端部には着粒数が多くないため、摘粒作業が省力的である。支梗の除去が遅れると、果房の先端付近の果粒肥大が劣って先端の利用が困難になる（**図4-19**）。

この場合、1段上の支梗を利用する必要があるが、上段の支梗ほど横方向に間伸びしていることが多いため、横に張った房形で大房になりやすい。また、遅れて切除すると、上向きの果粒が少なくなって上部（肩）に隙間を生じやすく、房形の乱れの原因となる。

1回目ホルモン処理から7日より早い段階で不要な支梗を切除する際には、その後さらに伸長することを見込んで穂軸をやや短めに調整する。なお、果房の先端の状態がよくない場合は、先端を切り込んで調整する。

図4－18　作型別シャインマスカットの花穂先端の長さの推移

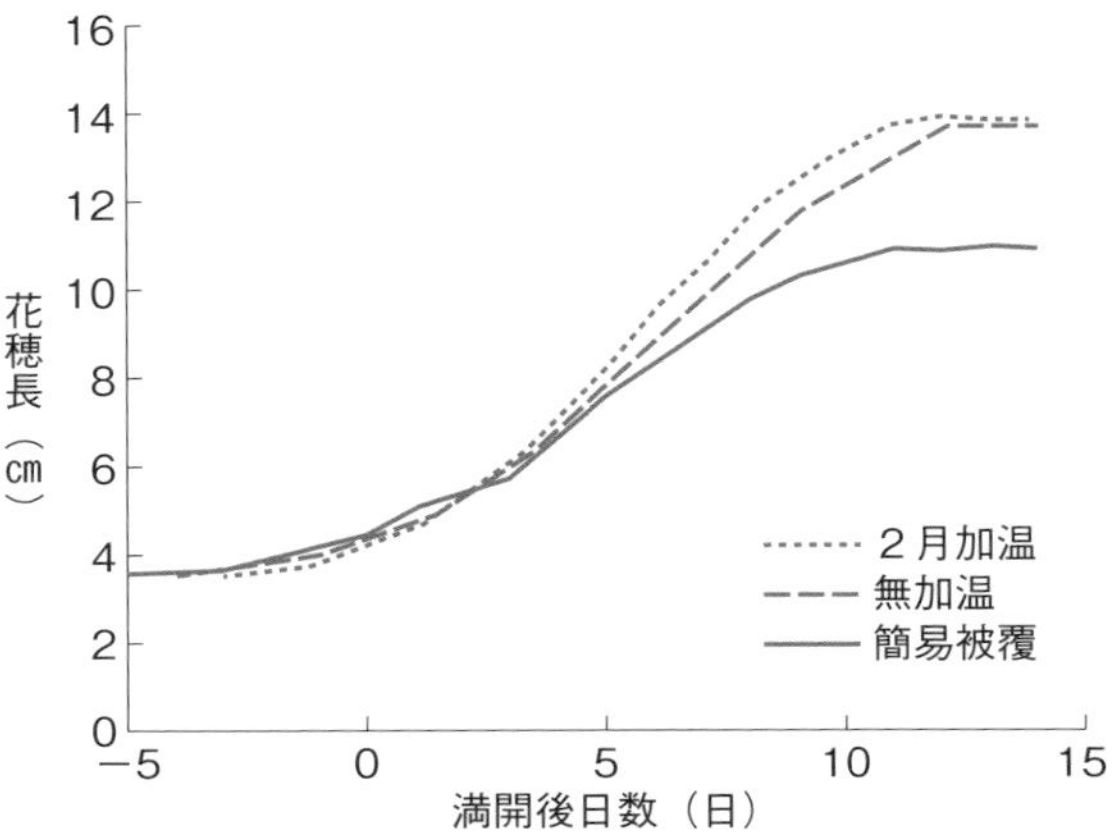

注：2010　岡山農研

摘粒の実際

果粒と果房の大きさを揃え、果房の上部（肩）や中央部（胴）に隙間のない房形に仕上げるため、摘粒は2回程度に分けて行う。果房の上部（肩）の位置を調整し、結実を確認して果粒の良否が判断できる段階から作業を始め、満開10～15日後までに果房の中間部を中心に小粒や障害粒、突出した果粒などを摘粒し、40～45粒を残す程度に調整する。

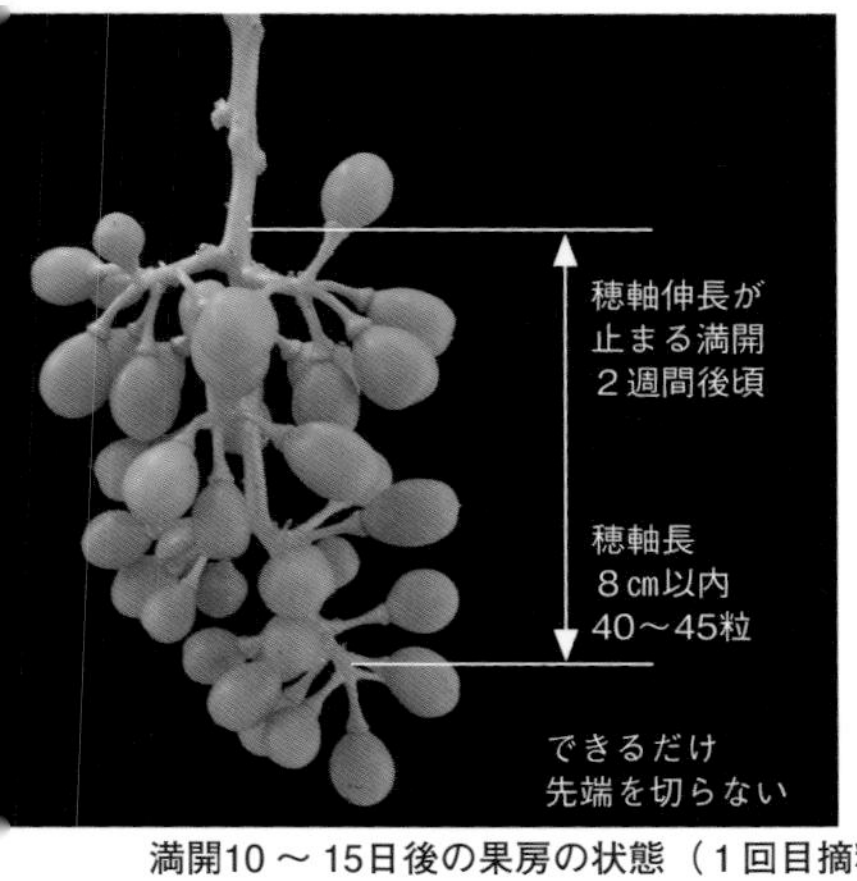

満開10～15日後の果房の状態（１回目摘粒後）

図4－19　果房上部（肩）の位置決めと果粒の肥大

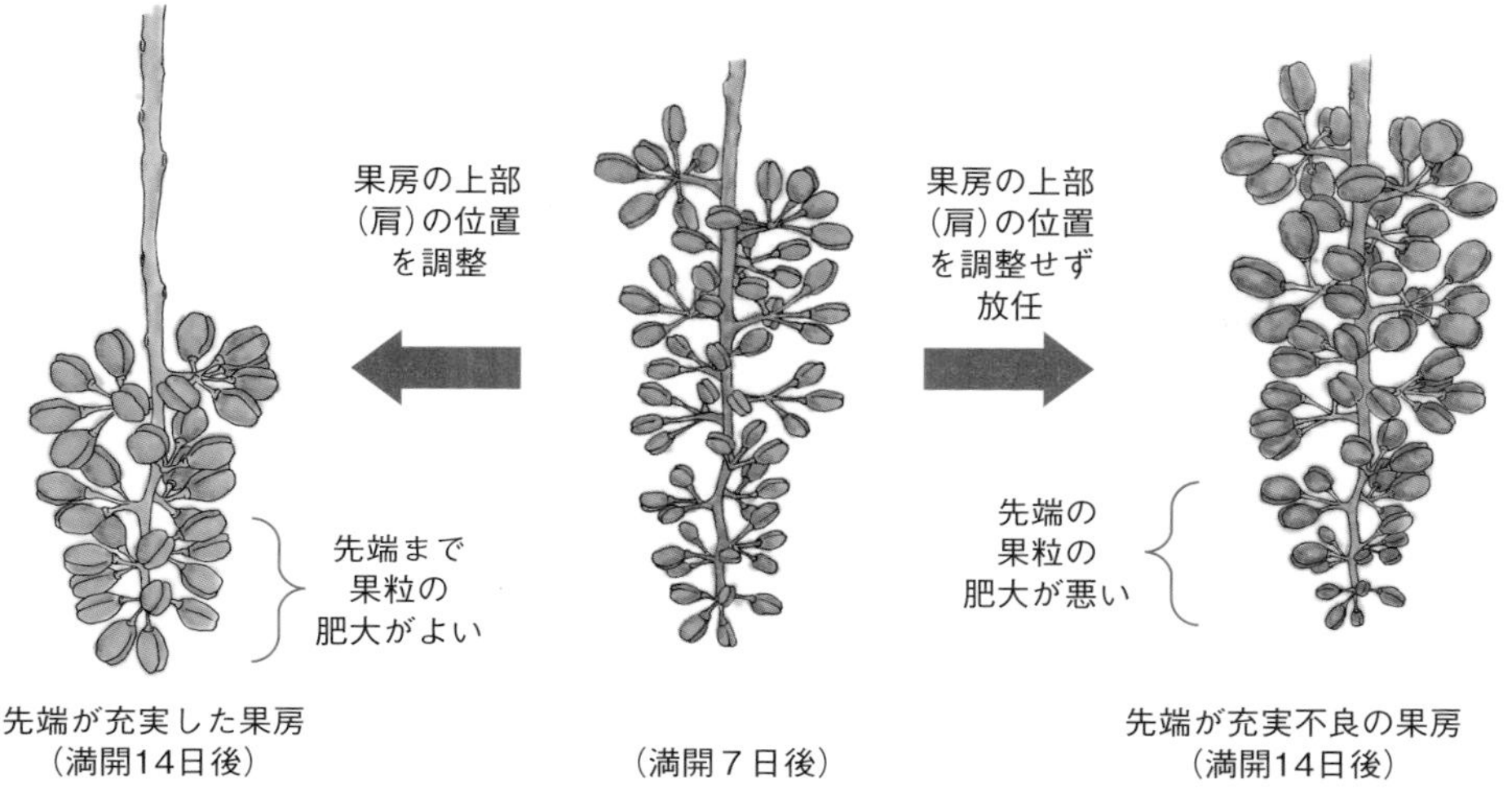

早めに摘粒を行うとハサミを入れやすく省力的であるが、摘粒が遅れると果粒が密着して手間がかかる。最初の摘粒作業で目標に近い粒数にまで間引いておくと、果粒の初期肥大が優れ、収穫時にも大粒になりやすい。ただし、「シャインマスカット」の果粒は縦長で、「ピオーネ」ほど横に張った粒形でないため、間引きすぎると房しまりの悪い房形になるため注意する。また、果粒の肥大の程度は樹齢や樹勢によって異なるため、目標とする果房重や房形に合わせて果粒数を調整する。

摘粒後の果房

果皮の緑色が薄い果粒が混在している場合でも、最終的には正常に肥大するため、粒数や房形を考慮して、必要であれば残しておく。

果粒の肥大が進んで果粒どうしがやや密着する頃に2回目の摘粒を行い、突出した果粒や内側に潜り込む果粒などを間引いて40粒程度に調整する。摘粒の際には、小果梗が残らないように基部から丁寧に摘み取り、果面を傷つけないように注意する。

玉直し作業

果房の上部（肩）や中央部（胴）に隙間がなく、果房の表面に凹凸の少ない房形に仕上げるため、玉直しを行って果粒の位置を並べ替える。

ジベレリンによる2回目のホルモン処理を行うと、果粒軟化期頃から小果梗が硬化し、無理に動かすと脱粒しやすくなるため、玉直しの作業は果粒が軟化する前までに行うことが望ましい。

　果房の内側に入り込んだ果粒を外側に出し、小果梗が交差している果粒を並び替える。

玉直しの実施例

左は玉直し前、右は玉直し後

摘房のポイント

　果実の品質を向上するとともに樹勢を維持するため、適正な着果量になるように摘房を行う。

　目標の果房重を７００ｇとした場合、最終着房数を10ａ当たり３０００果房程度とする。樹勢に応じて最終摘房の時期を調節し、結実の状態が判断できる段階から果粒軟化期までに、着粒数の少ない果房や房形の悪い果房、果粒の肥大が悪い果房を中心に順次摘房する。

　着房数が多いと、糖度の上昇が遅れやすい。さらには、着果過多の状態が毎年続くと根量が減少して樹勢が弱りやすいため、果粒の肥大不足や収量低下の原因となる（**図４-20**）。

　適正な葉面積指数は２・３～２・５程度で、葉面積指数が２・０より小さい弱勢な樹では、摘粒を行う前に最終の着房数まで一斉に摘房して着房数を減らし、樹への負担を軽くする。

　逆に、樹勢が強く新梢伸長が旺盛な樹では、早い時期から最終の着房数に調整すると、副梢の発生や伸長が助長され、果粒肥大が劣ることがある。このため、摘房は2回程度に分けて果粒軟化直後に終えるようにし、最終的に着房数を増やさないように管理する。なお、果粒軟化の直前は、摘房によって生理障害の発生を助長するおそれがあるため避ける。

　果粒が予想以上に肥大して大房になると思われる場合、葉が傷んで早期落葉した場合などには、早めに追加の摘房を行い適正な着果量に調整する。

　また、樹冠拡大中の若木では、地上部（枝や葉）に比べて地下部（根）の生育が遅れやすく、着果量が多いと根量の減少や翌年の発芽不良、樹勢の低下を招く原因となる。

　このため、若木の着房数は基準の半

分程度とし、根の発達を促して樹づくりを優先させる。

袋かけの実際と防除

仕上げの摘粒や玉直しを終えたら薬剤を散布し、乾いたことを確認してからできるだけ早い時期に袋かけを行う。

使用する果実袋の種類は、収穫時期や収穫時の果皮の色、糖度に影響を及ぼす。遮光率が低く光を透過しやすい紙質の果実袋を使用すると、糖度が早く上昇する反面、果房の上部（肩）を中心に果皮が黄化しやすい。遮光率が高く光を透過しにくい果実袋を使用すると、果皮が緑色に仕上がりやすい反面、糖度上昇がやや遅れる傾向である。このため、産地の方針に応じて適切な果実袋を選択する必要がある（**図４－21**）。

袋かけの際には、果実袋の留め口に隙間ができないようにしっかりと締めて、病害虫や雨水の侵入を防ぐようにする。

なお、開花期以降の防除は、1回目ホルモン処理の後、2回目ホルモン処理の前後、仕上げ摘粒の頃、袋かけの前を目安に行う。

使用する農薬の種類によっては、果粉の溶脱や果面の汚れを生じて外観を損ねることがあるので、特に2回目ホルモン処理以降の防除では、汚れが少

図４－20　連年の着果過多がシャインマスカットの根量に及ぼす影響

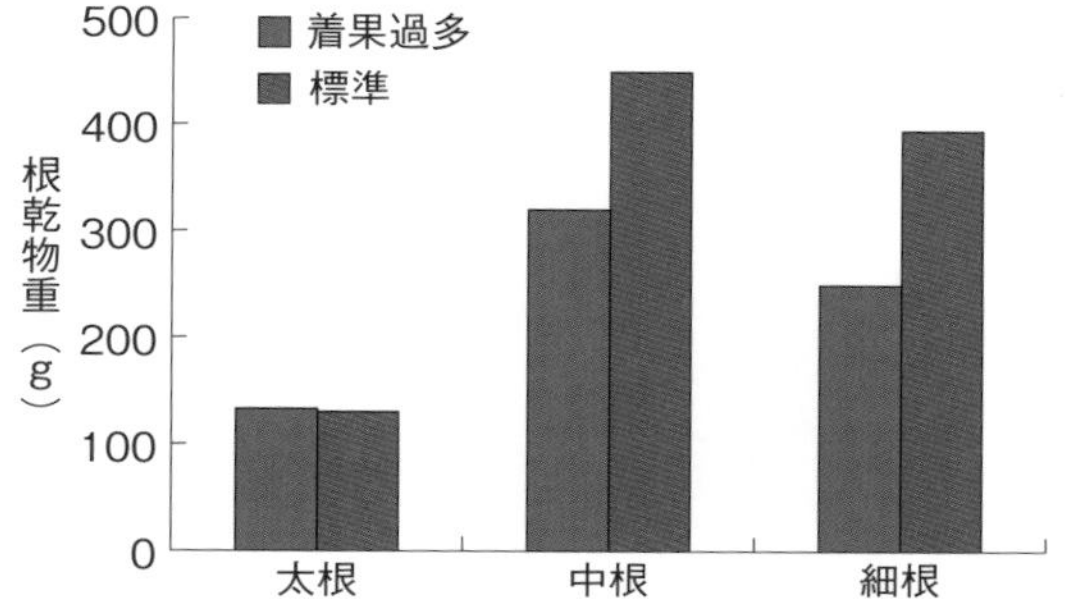

注：①両区とも、樹齢が７年生の年から４年間着果量に差を設けて栽培し、着果過多区は 2.9 ～ 3.9 t /10a、標準区は 1.9 ～ 2.3 t /10a とした
②根の直径から３段階に区分した（太根：１㎝以上、中根：２㎜以上１㎝未満、細根：２㎜未満）
③ 2014　岡山農研

図４－21　シャインマスカット簡易被覆栽培での果実袋の違いが糖度に及ぼす影響

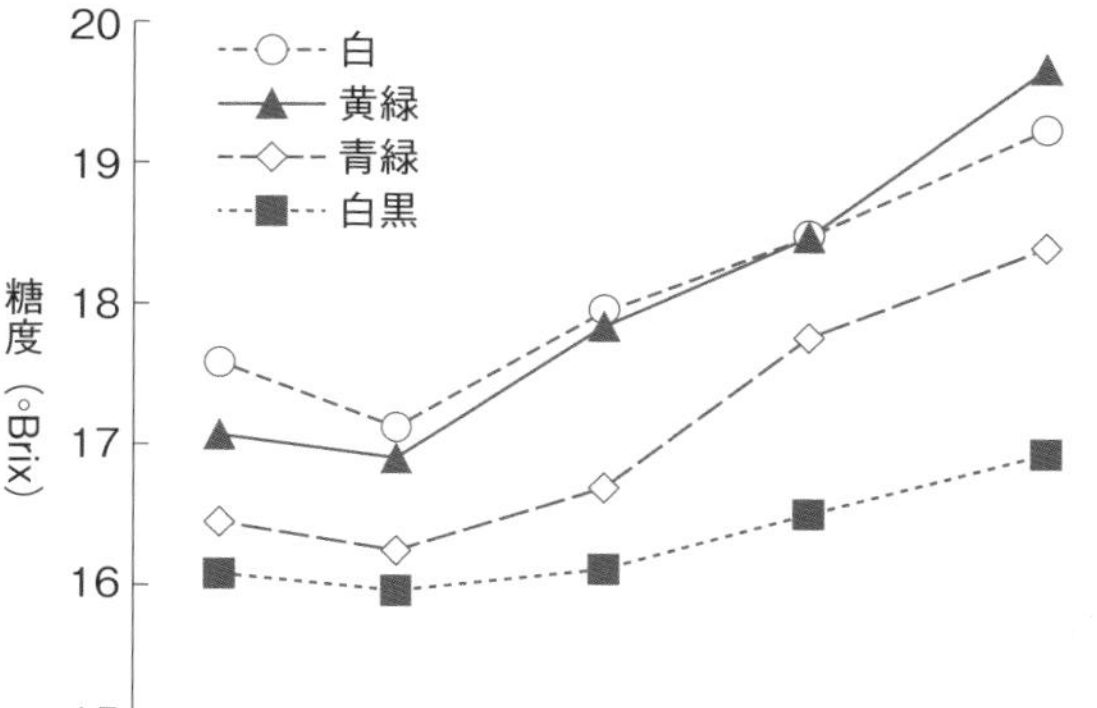

なく低い濃度で使用できる農薬をできるだけ選択する。また、使用する時期が各農薬の登録の範囲内であることを十分に確認する。

果実袋の留め口の状態

左は留め口に隙間がなく良好、右は留め口が広がって雨水が入りやすい

収穫、出荷調整の基本

収穫の開始時期は、糖度が18度以上となる果粒軟化7週後の頃が目安となる。果房が大きい、着果量が多い、あるいは、果粒軟化期以降に曇雨天が続いて日照量が少ないなどの状況下では、糖度の上昇が緩慢になって成熟が遅れることがあるため、食味が十分に向上したことを確認してから収穫する。

若木や果粒肥大の劣る樹、園地の外周部で日当たりの良い場所、果房周辺の葉が少なく果房に直接光が当たる場合などでは、果房の上部（肩）の果皮が黄化して果粒が軟化しやすいので注意する。また、収穫が遅れると、果皮に褐色のしみを生じる「カスリ症」の発生が増加しやすく、台風被害や鳥獣害の危険性も高まるため、適期収穫に努める。

果房の温度が高い状態で収穫すると、出荷後の日持ちが悪くなりやすいため、収穫は果房の温度が低い午前中に行って速やかに日陰に運ぶ。収穫した果房は、果皮表面の果粉が剝げ落ちないように丁寧に扱い、明るい場所で出荷調整の作業を行う。なお、収穫した果房は小果梗が硬化していて脱粒のおそれがあるため、出荷調整時には取り扱いに注意する。

一房箱での出荷準備

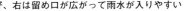

土壌管理のポイント

灌水のタイミング

マイクロスプリンクラーによる灌水

　土壌中に含まれる水分の多少は、樹の生育や果実品質に与える影響が大きい。土質、排水性、土壌の表層管理の方法、土壌改良の有無などで、必要な灌水の量や間隔が異なるため、土壌の乾燥状態や樹の生育の状況を把握しながら灌水の量や間隔を判断する。

　土壌の乾燥に特に注意が必要な時期は、基肥施用後の10月、発芽前の3月、開花前の5月中下旬、果粒肥大初期の6月上旬、梅雨明け後の7月下旬～8月、礼肥施用後の9月であり、晴天が続けば定期的に灌水を行う。

「シャインマスカット」は樹勢が強く、葉が大きく根量も多いことから、生育に必要な水分量が多いと考えられるため、葉が成葉になってからは特に十分な灌水が必要である。

　開花期から結実期にかけての土壌の乾燥は花振るいの原因となるとともに、結実期から果粒肥大期にかけては最も水分の消費量が多いため、降水量が少ない場合は十分に灌水を行う。土壌中の水分量が急激に変化すると、生育時期によっては縮果症、日射症、裂果などの生理障害の発生を助長することがあるため、土壌水分が一定に保たれるように灌水を行う。

　なお、高温時の灌水は、蒸発しやすい日中を避けて早朝または日没前に行う。また、土壌中に水分が浸透しやすいように、あらかじめ土壌の物理性を改善しておく。

施肥の時期と方法

　年間を通じた施肥体系の中では、着果の負担からの早期回復と翌年の初期の生育を強めるために、礼肥に重点を置いて秋根の成長や貯蔵養分の蓄積を促す。収穫前後に3要素を含んだ速効性の肥料を窒素成分で2～3kg／10a程度を樹冠下に施用する。収穫時期が遅い地域では、落葉期までの期間が短く地温の低下も早いため、収穫直前に

表４－４　岡山県におけるピオーネの施肥量の目安（kg／10a）

	水田転換園			畑			樹園地		
	窒素	リン酸	カリウム	窒素	リン酸	カリウム	窒素	リン酸	カリウム
１～２年生	—	3	3	—	—	—	1	2	2
３～４年生	2	4	4	2	1	1	3	4	4
５年生以上	8	5	7	8	5	7	8	5	7

注：シャインマスカットの施肥量は、ピオーネと同じかやや多めとする

施用して早く吸収させる。

基肥は、10月に3要素を含んだ肥料を窒素成分で6～7kg／10a程度施用する。新梢が遅伸びしやすい樹では、基肥の量を減らして施用し、翌年に生育が弱ければ速効性肥料を少量追肥する。保肥力や保水力が弱い園地では、樹勢が低下しやすいため、生育期間中に様子を見ながら窒素成分で1～2kg／10a程度の追肥を数回行う。なお、幼木期に徒長的に生育させると、樹の衰弱を早めるとともに高品質な果実の安定生産が難しくなるため、幼木期の窒素過多を避ける（**表４－４**）。

施肥の際には、園地の地力に応じて量を調整し、施肥後はしっかりと灌水して肥効を早める。

表層管理

3～5月に園内に草が繁茂すると、樹と草との間で養水分の競合を生じて樹の生育が抑制されやすく、特に、根群の浅い若木ではその傾向が強い。また、梅雨明け直後に園地が雑草で覆われていると、水分競合のおそれがあるため、除草または草刈りを徹底する。

土壌の乾燥防止にはマルチや敷きわらの敷設が有効であるが、春先に敷設すると地温の上昇が妨げられて晩霜害を誘発しやすいため、地温が十分に上がる5月上旬以降や梅雨明け直前に行う。

土壌改良の目的と方法

大雨でも園内に水が溜まらないように、明渠や暗渠を設けて排水対策を徹底する。10月～11月上旬に、幹を中心とした樹冠面積の3分の2程度の範囲に対して、4年程度で完了するように計画的に部分深耕を行い、土壌の物理性を改善する。園地の排水性などを勘案して、直線的に溝を掘る条耕深耕、

放射状深耕、樹の周囲の数か所に穴を掘るタコツボ深耕などの方法から選択し、一度に多量の根を切らないように注意する（**図４-22**）。

図４－22　部分深耕の方法（岡山県果樹栽培指針を一部改訂）

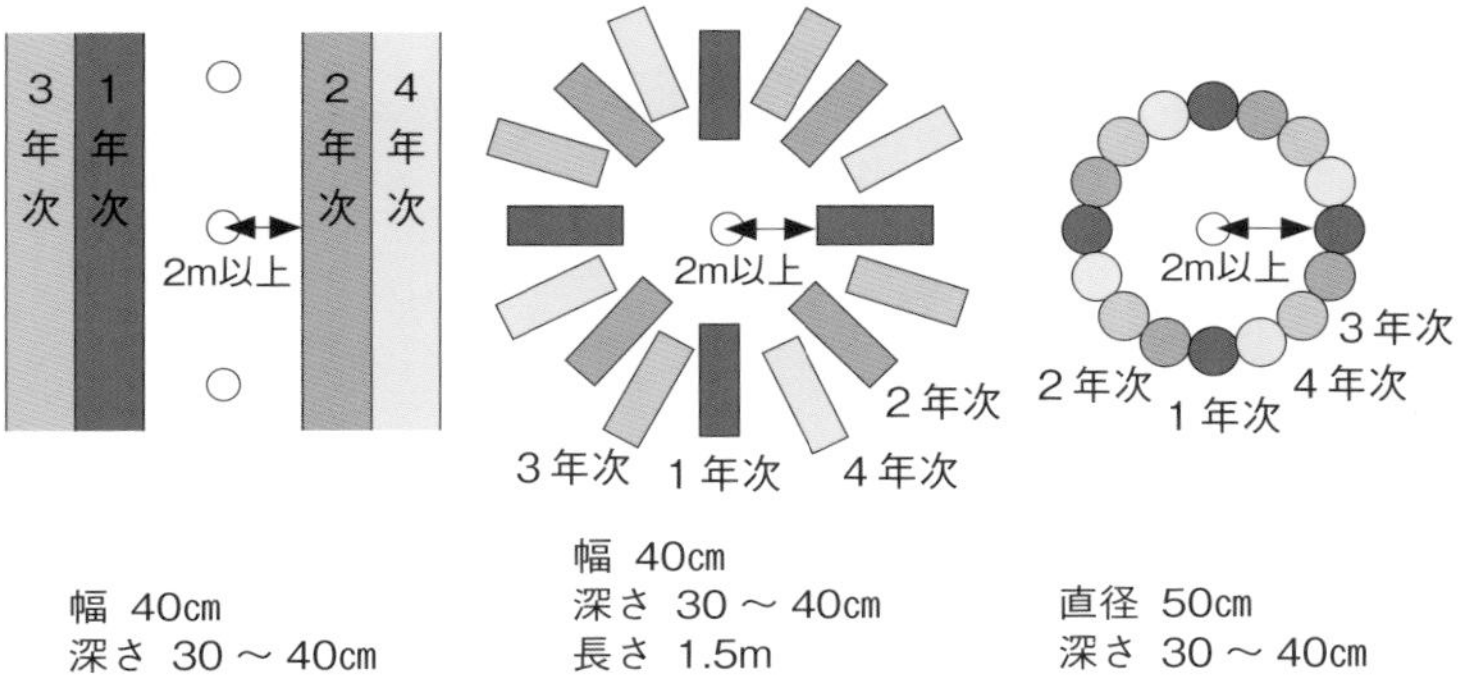

排水性の向上も兼ねて改良する場合は条溝深耕が適しており、滞水しないように傾斜をつけるなど、深耕部分の排水に十分配慮して行う。この場合、主幹から２ｍ以上離れた位置で40㎝程度の深さで行う。太い根の切断量を少なくしたい場合には、放射状深耕やタコツボ深耕が適する。しかし、排水の悪い土壌でこれらの方法を行うと、雨水が改良箇所に溜まって根の生育に悪影響を及ぼす可能性があるので注意する。

小型バックホーでの条溝深耕

いずれの場合でも、深耕時に切断した太い根は、傷んだ部分をハサミで切り直してから埋め戻し、直後に十分に灌水して乾燥を防ぎ、その後も定期的に灌水する。

部分深耕時には、よく腐熟した窒素含有量の少ない堆肥を投入する。このことによって、土壌を膨軟にして細根の量を増やすとともに、保水性や保肥力を高めて樹勢を強勢に保つ。土壌pHは６・５前後が望ましく、数年ごとに土壌診断を行って土壌の化学性を把握し、肥料や土壌改良資材の種類と量を加減する。表層のみの土壌pHが高い場合は、微量要素が不可給化しやすいため、アルカリ性の資材の投入を控え、深耕時に表層土と下層土を混和する。

深耕以外の土壌改良の方法としては、３～４本爪のてこ鍬などを利用すれば根を多量に切ることなく、深さ20

図４－23　若木の土づくり（連続盛土方式）

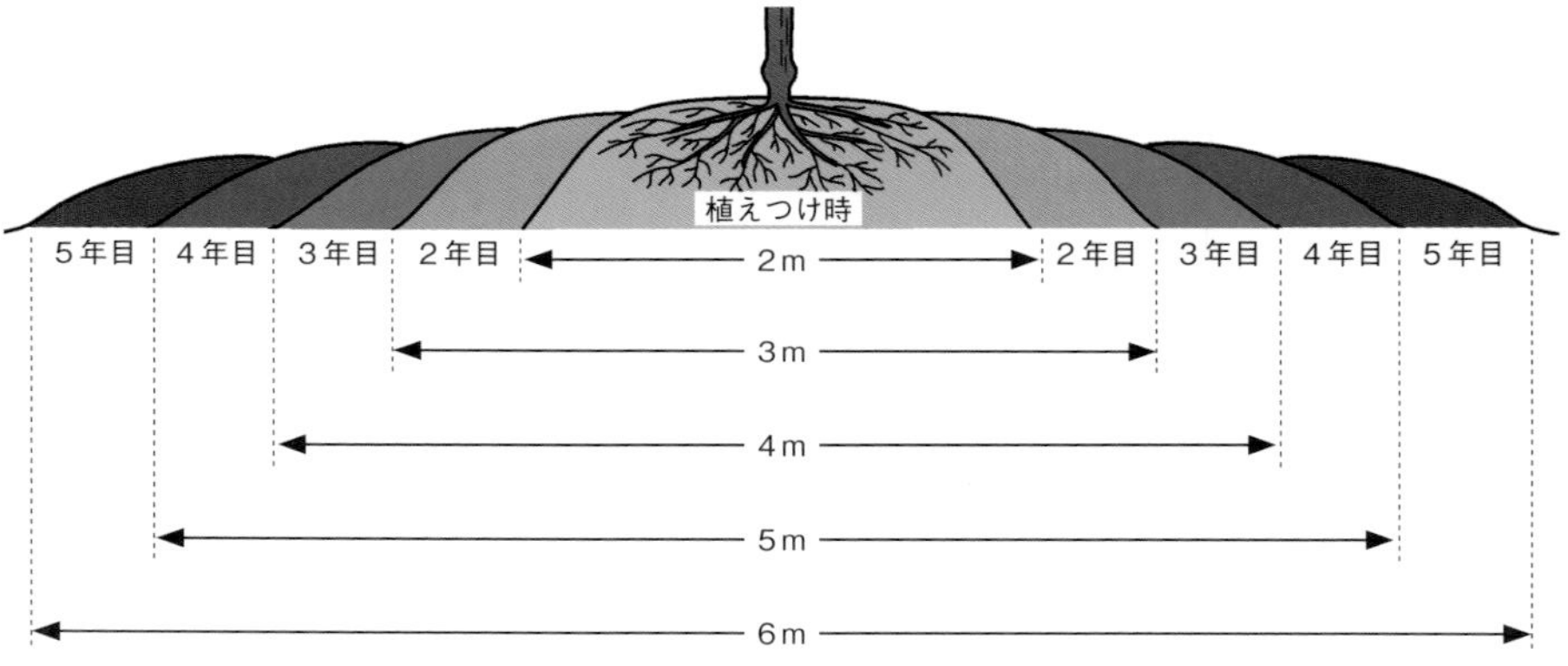

cm程度までの土壌の物理性を改善することができる。管理機による土壌表面の耕うんは、省力的に除草できる反面、多量の細根を切断するおそれがあるため、できるだけ行わない。なお、てこ鍬で土壌を耕起した後は、根が乾燥しやすいため、しっかりと灌水する。

若木を植えつけた翌年以降は、植えつけ時の盛土部分の外周部に有機物や土壌改良資材を投入し混和してから土寄せを行い、盛土を４年程度かけて徐々に拡大する（**図４‐23**）。この際、前年までに改良した内側の盛土部分には、さらに覆土をしないよう注意する。

〈引用文献〉
「岡山県果樹栽培指針」（岡山県、２０１４年３月発行）

第５章

山形県における生育と栽培管理・貯蔵

山形県農業総合研究センター
米野 智弥

収穫期のシャインマスカット

シャインマスカットの導入と沿革

大粒種の導入・推進へ

山形県は全国第3位のブドウ生産県であるが、栽培者の高齢化や傾斜地等条件不利地の廃園の進行等により栽培面積、生産量は著しい減少傾向にある。実際に1979年には3780haあった栽培面積は2018年には1550haとなりピーク時の半分以下にまで減少しており、さらに、品種構成が「デラウェア」に偏っていることもあり、より省力的な栽培技術の定着、市場性の高い大粒種の導入推進が課題となっていた。

「シャインマスカット」は山形県でも適応性が高く、早急に導入すべきと判断し、試験研究機関、普及組織、行政、生産者団体が一体となって技術開発や導入推進を図ってきた。

試験研究機関での技術開発は、2003年、無核化のためのジベレリン処理法の検討に始まり、苗木が一般に販売される2年前の2005年には育成地から試験用に導入した穂木から苗木を作成し、高品質果房生産技術の開発や短梢剪定を取り入れた早期成園化技術など本格的な栽培試験を開始した。得られた成果は、場内での視察研修会や試験場の一般公開日などを利用して広く普及するとともに、県の成果情報として広く公開した。

調査圃場を展示圃として活用

さらに同年から始まった「果樹研究所育成品種の普及加速のための現地調査試験」により県内主要産地に調査圃場を設け、現地での適応性を調査するとともに、普及推進のための展示圃として活用することとなった。

ブドウ主産地を抱える普及組織では「シャインマスカット」の導入推進を普及課題として取り上げ、普及加速のための現地調査圃場を栽培技術講習会園地として活用し、品種特性の周知と試験研究機関で開発された技術の普及を図るなど、苗木が販売される年には産地における技術的なサポート体制が整えられた。

2008年からは普及加速のための現地調査圃場で生産された果房の試験販売が開始され、高い市場評価が得られたことから、現場では栽培技術に対する安心感や市場での高単価販売に対する期待感から栽培面積が拡大した。

プロジェクト会議を設置

2012年にはJA全農山形、主産地JA、主産地普及組織、園芸試験場、県農林水産部園芸振興担当課で構

図5－1　ブドウ栽培面積およびシャインマスカット栽培面積の推移（山形県）

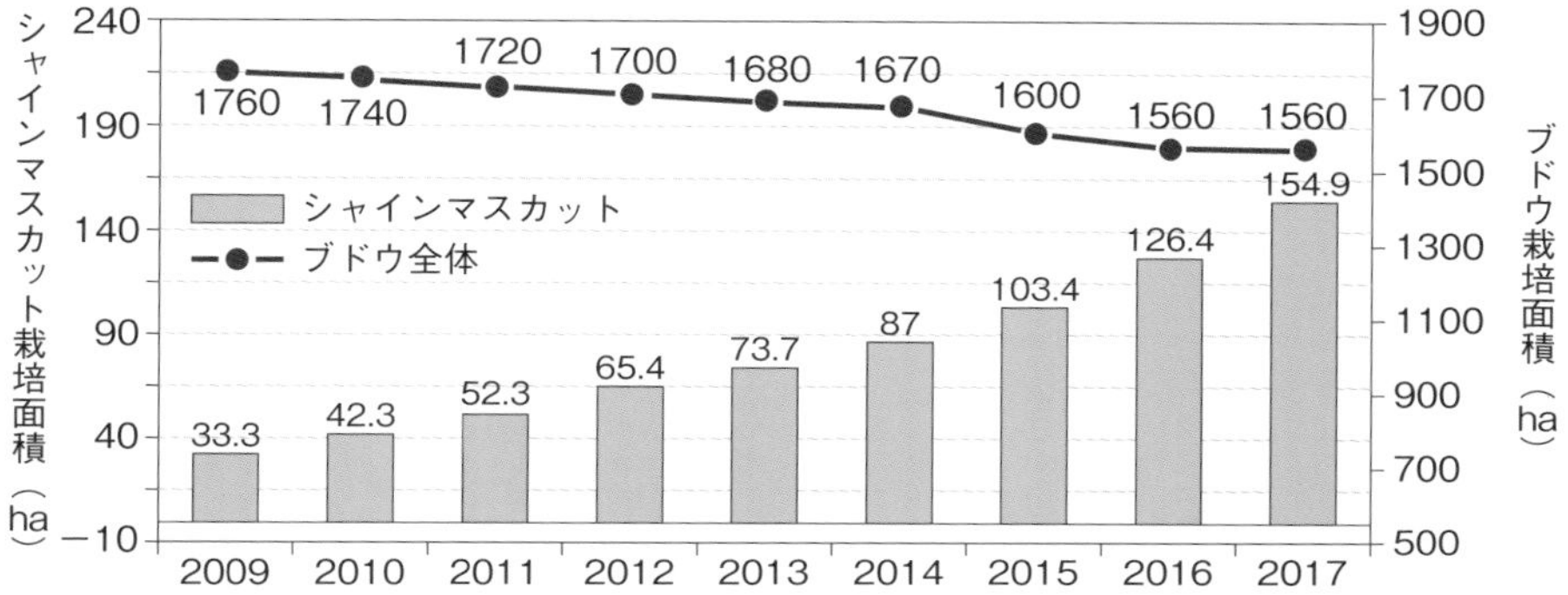

注：農林水産省統計

成するブドウ「シャインマスカット」プロジェクト会議が設置され、それまで産地ごとの動きであった導入拡大が全県的な取り組みとなり、「シャインマスカット」の産地化がさらに加速されることとなった。

ブドウ全体の栽培面積が年々減少する中、苗木販売開始以降、「シャインマスカット」の栽培面積は毎年増加し、2017年には154・9haまで拡大しており「シャインマスカット」の人気のほどが窺える（**図5－1**）。生産者の特徴的な動きとしては、これまでブドウを栽培したことのない方々（サクランボ生産者など）が導入している事例が多く見られている。

表5－1　目標とする果房品質

果房重	600～800g
糖度	18%以上
着粒数	40～50粒
1粒重	15g以上
房型	倒卵形
その他	果粒肥大の揃いが良好

目標果房

果房品質と生産・出荷対策

なお、山形県では「シャインマスカット」の目標とする果房品質を提示しながら導入を進めるとともに、遅場産地の特徴を活かした生産・出荷を推進している。

「シャインマスカット」は全国的に栽培面積が拡大しており、それに合わせて出荷量も増加している。そこで、山形県では品質の高い果房を市場出荷することで、消費者から選ばれる産地づくりを進めており、目標とする果房品質を設定している（表5-1）。

遅い時期の出荷推進

農林水産省の調査から、２０１７年における山形県の「シャインマスカット」の栽培面積は全国の約11％である。市場出荷が少なく、全国の市場出荷数量の中で山形県産の占める割合はわずか数％であり、数量的な優位性がないことから、他産地と差別化できる出荷対策が求められていた。

そこで山形県では、ブドウの遅場産地の特性を活かし、他産地からの出荷量が少なくなり始める10月中旬以降の出荷比率を高めることを推進している。さらに、特徴的な動きとしては、穂軸から水分補給しながら貯蔵することで、穂軸の緑色を保持したままの状態で12月から1月にかけて出荷する動きが広がっている。

ブドウ産地の立地条件と作型

シャインマスカットの栽培適地

山形県のブドウ栽培主産地は県の南東部に集中しており、5市町で県全体の約75％のブドウが生産され、「シャインマスカット」も、ほとんどがこの地域で栽培されている（図5-2）。

山形県のブドウ栽培は４００年ほど前（江戸時代）に栽培が始まったという記録が残っており、古い歴史を持っているが、昭和30年代半ばまでは１００haに満たない産地であった。

昭和40年代になり、「デラウェア」の無核栽培技術が開発されると栽培面積は急激に増加し、昭和55年のピーク時（栽培面積３７８０ha）の品種構成は、「デラウェア」が82％を占めた。

当時は、南向きや東向きの斜面を利用した園地が多く、地力が低く水利も確保できない園地がほとんどだった。

一方、「シャインマスカット」では15g以上の果粒重を目標としており、比較的強めの樹勢で栽培することが重要である。そのため、従来の傾斜地を利用した「デラウェア」からの更新ではなく、肥沃な扇状地や水利の確保しやすい水田転換園（排水対策がなされていること）での栽培が適していると考えられる。

作型と出荷時期

「シャインマスカット」は純欧州系品種と比較すると、べと病に強い品種だが、開花時期が梅雨時期と重なる山形県の露地栽培ではべと病が発生しやすく、生産が安定しないことから、雨よけ

図5－2　山形県のブドウ産地

塗りつぶした産地で山形県全体の約75％のブドウを生産

栽培（簡易雨よけトンネル栽培を含む）を推奨している。雨よけ被覆時期は降雪の心配がなくなる4月上～中旬、出荷時期は9月下旬にピークとなる。

また、一部産地では簡易雨よけトンネル栽培（4月下旬～5月上旬被覆）が普及しており、雨よけ栽培の出荷が少なくなる10月上旬から市場出荷が始まり、10月中旬に出荷のピークを迎える（**表5・2**）。

なお、冬期間、雪に覆われる山形県では、加温栽培による早期出荷は燃料費が多くかかり経営的なメリットが少ない。そこで、遅場産地としてのメリットを活かすため、冷蔵貯蔵により他産地の出荷が少なくなる11月下旬～1月中旬の出荷を推進しており、産地によっては湿度調整可能な冷蔵施設を整備し、貯蔵出荷に力を入れている。

表5－2　作型と出荷時期（山形県）

作　　型	被覆時期	加温開始	出荷時期	
			収穫出荷	貯蔵出荷
加温栽培	12月下旬	1月上旬	7月下～8月中旬	－
	1月下旬	2月上旬	8月下～9月上旬	－
雨よけ栽培	4月上～下旬	－	9月中～10月上旬	11月下旬～1月中旬
簡易雨よけトンネル栽培	4月下旬	－	10月上中旬	

短梢剪定の推進にあたって

省力的な仕立て方を確認

山形県は「デラウェア」主体のブドウ産地であることから、平棚のX型仕立て長梢剪定による栽培が広く普及している。しかし、近年は、1経営体当たりのブドウ栽培面積が増加してきており、労働力不足が問題となっていることから、「シャインマスカット」では、長梢剪定に比較して省力化が図られる短梢剪定栽培を推進している。

山形県では短梢剪定栽培に関するノウハウが少なかったことから、この栽培を推進するために、2005年から長梢剪定X型仕立てを対象に、短梢剪定I型（一文字）仕立て、H型仕立て、WH型仕立ての作業時間、成園化率、収量性、果房品質を調査した。

短梢剪定のいずれの仕立て方でも、長梢剪定X型仕立てに比較して早期の収量性が高く（**図5-3**）、作業時間を2割程度削減でき（**図5-4**）、省力的な仕立て方であることが確認された。

また、短梢剪定樹は成園に達するのが早く、特にI型やH型仕立てでは、植えつけ5年目（6年生樹）でほぼ成園化することから、山形県ではこの二つの仕立て方を推進している（**図5-5**）。なお、果房品質は長梢剪定と同等であった。

短梢剪定樹の仕立て方

山形県では短梢剪定の中でも成園化までの期間が短いI型（一文字型）もしくはH型仕立てを推進しており、I型仕立てでは列間3m、株間16～20m（主枝長8～10m）、H型仕立てでは列間6m（主枝間3m）、株間12～16m（主枝長6～8m）とし、10a当たりの

図5－3　各仕立て方の10a換算収量の推移（累積）

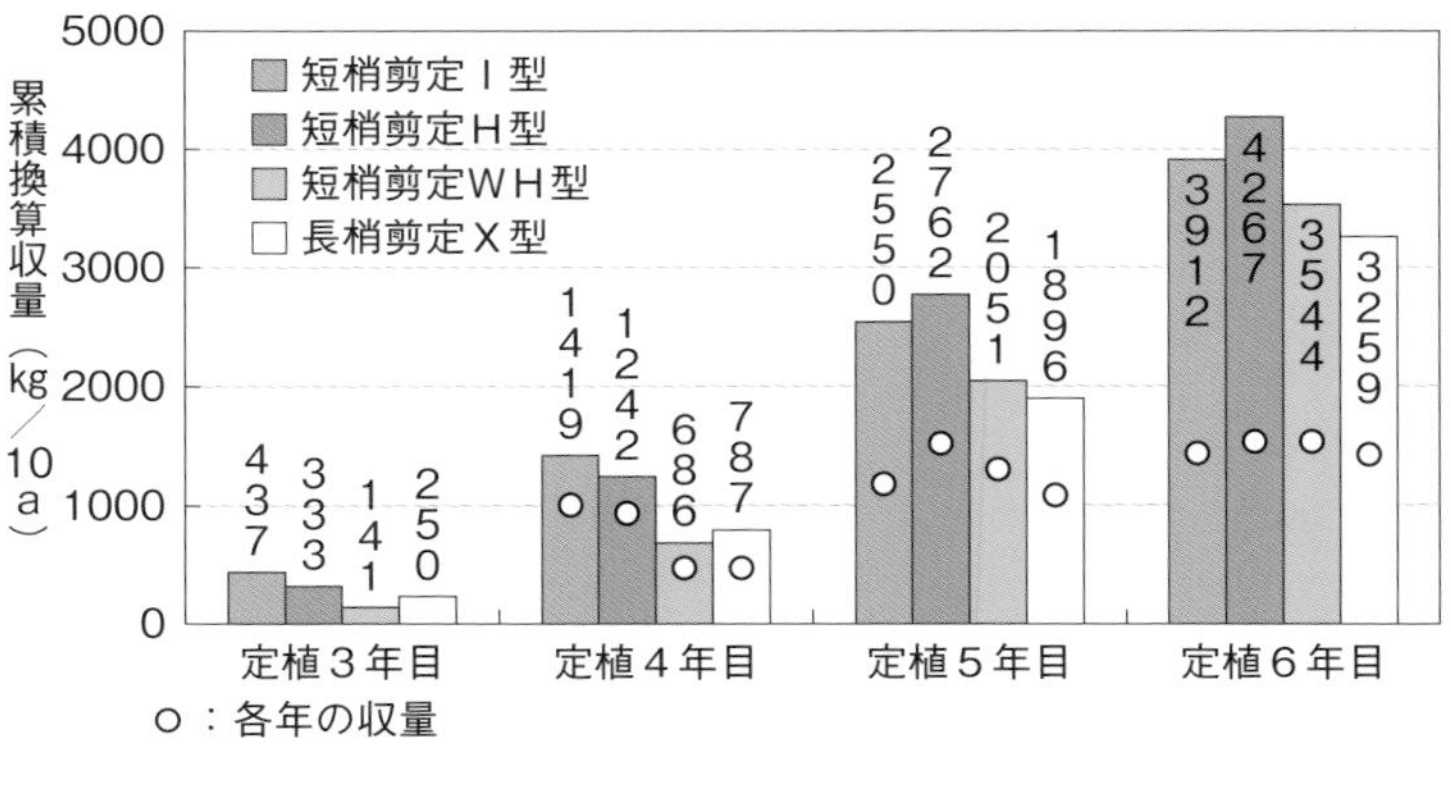

植栽本数はⅠ型仕立てで17～20本、H型仕立てで10～14本としている。ちなみに、H型仕立ての成木化までの手順は以下のとおりである（図5-6）。

図5－4　X型仕立て長梢剪定栽培と比較した各仕立ての主要作業時間比

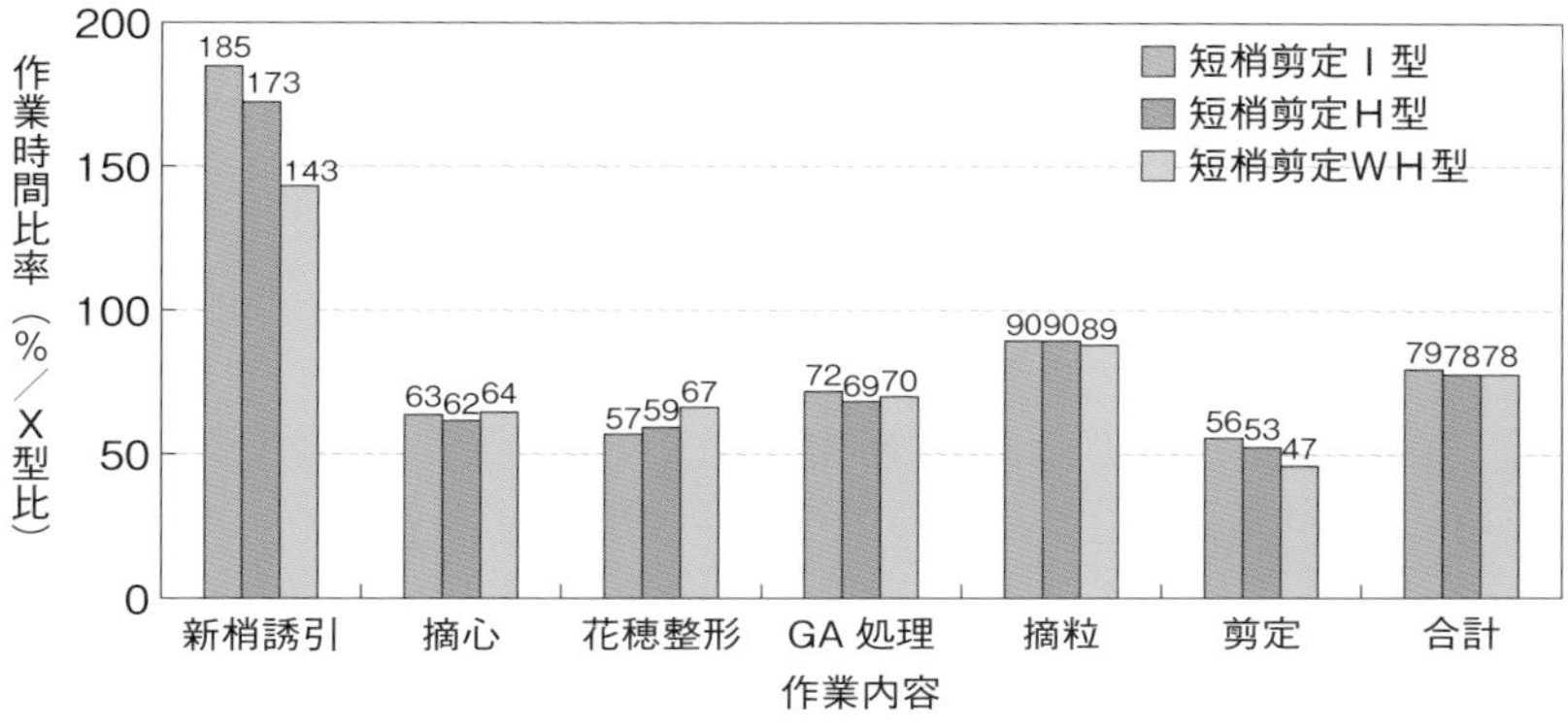

図5－5　各仕立ての樹冠占有率の推移

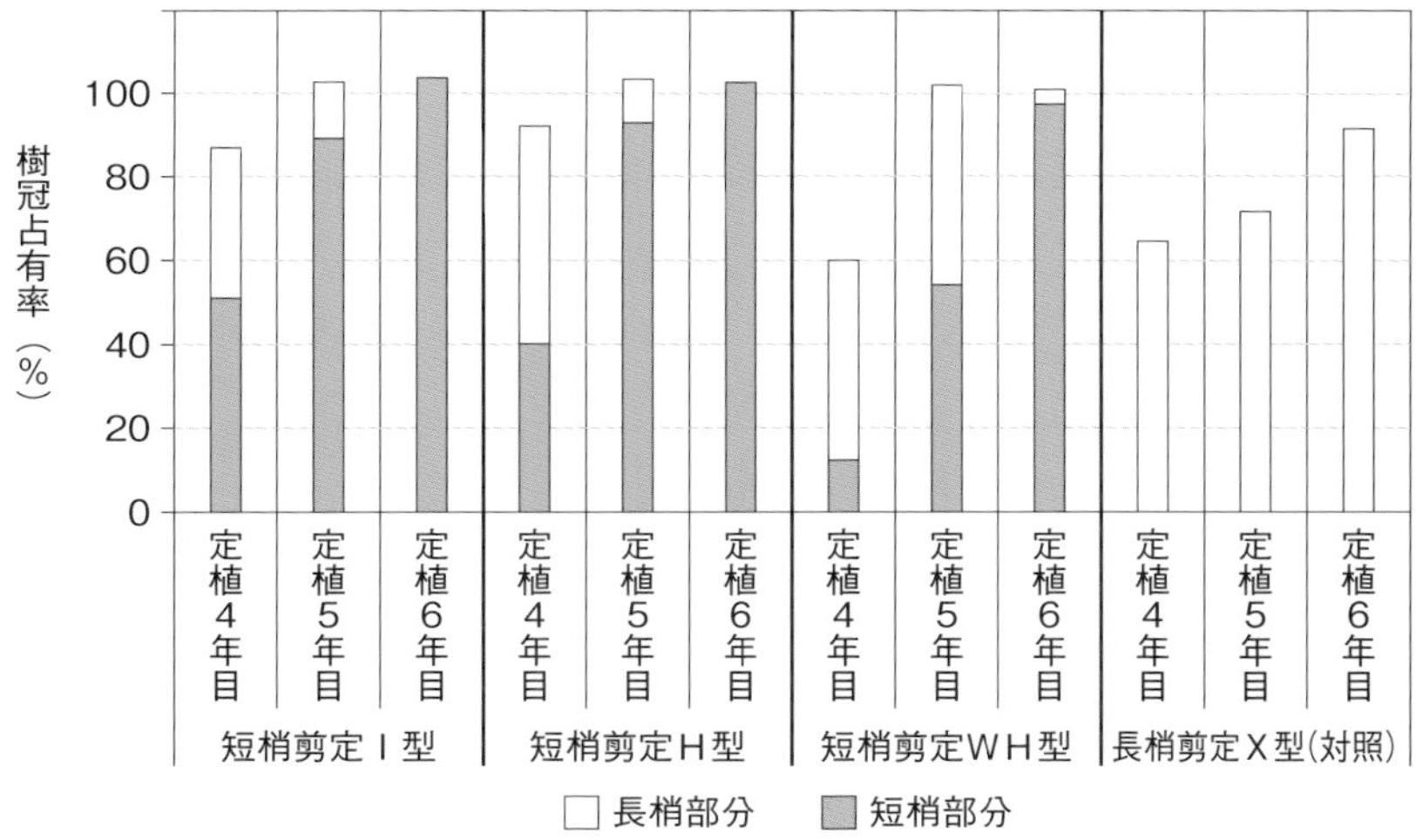

植えつけ1年目

●植えつけは秋か春に行うが、秋植えは冬の間に野そ（野ネズミ）の被害を受けやすいことから、春植えする場合が多い。台木部分を15㎝程度地上に出して植えつけ、穂の部分は5芽程度残し切り戻す。

●植えつけ後は支柱を立て、新梢が伸びるのに従って随時誘引しながらまっすぐ伸ばす。棚面より10㎝程度伸びた時点で、棚下25～30㎝で摘心し、副梢を発生させる。

●棚下20～25㎝の位置に鋼管等を設置し、伸びてきた副梢を誘引する。

●芽の充実を良くするため、副梢の先端部を月1～

図5－6　短梢剪定H型の仕立て方

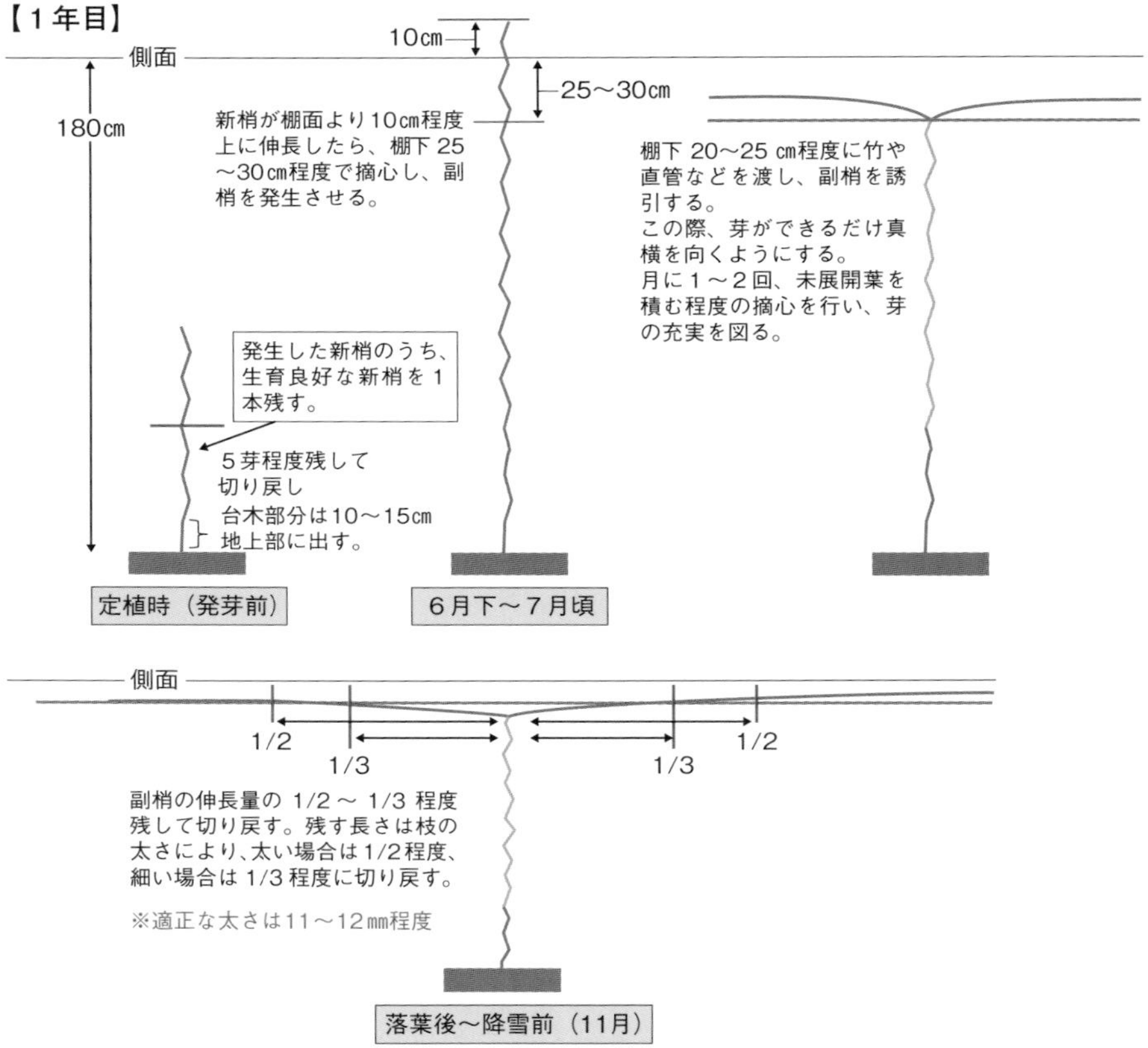
【1年目】
側面
10cm
25～30cm
180cm
新梢が棚面より10cm程度上に伸長したら、棚下25～30cm程度で摘心し、副梢を発生させる。
棚下 20～25 cm程度に竹や直管などを渡し、副梢を誘引する。
この際、芽ができるだけ真横を向くようにする。
月に1～2回、未展開葉を積む程度の摘心を行い、芽の充実を図る。
発生した新梢のうち、生育良好な新梢を1本残す。
5芽程度残して切り戻し
台木部分は10～15cm地上部に出す。
定植時（発芽前）
6月下～7月頃
側面
1/2
1/3
1/3
1/2
副梢の伸長量の 1/2 ～ 1/3 程度残して切り戻す。残す長さは枝の太さにより､太い場合は1/2程度､細い場合は 1/3 程度に切り戻す。
※適正な太さは11～12㎜程度
落葉後～降雪前（11月）

2回摘心する。

●伸長中の副梢から副々梢が発生する場合があるが、あまり大きくならないうちに根元から剪除する。発芽時に副々梢が残っていると、主芽が発生しにくくなるので、残っている場合は剪定で必ず剪除する。

●剪定は落葉後に行い、副梢は伸びた長さの半分程度のところに切り戻す。切り戻す長さは、副梢の太さにもよるが、細い場合は伸びた長さの3分の1のところまで切り戻す。

植えつけ2年目

●前年の結果母枝から新梢が伸長し、H型の主枝を配置する位置よりも先に伸びたら、その20cm程度手前で切り戻し、副梢を発生させる。

●発生した副梢は主枝誘引用鋼管に随時誘引するが、翌年の芽が左右とも真横を向くように丁寧に誘引する。この際、発生した副（々）梢を小張線に

【２年目】

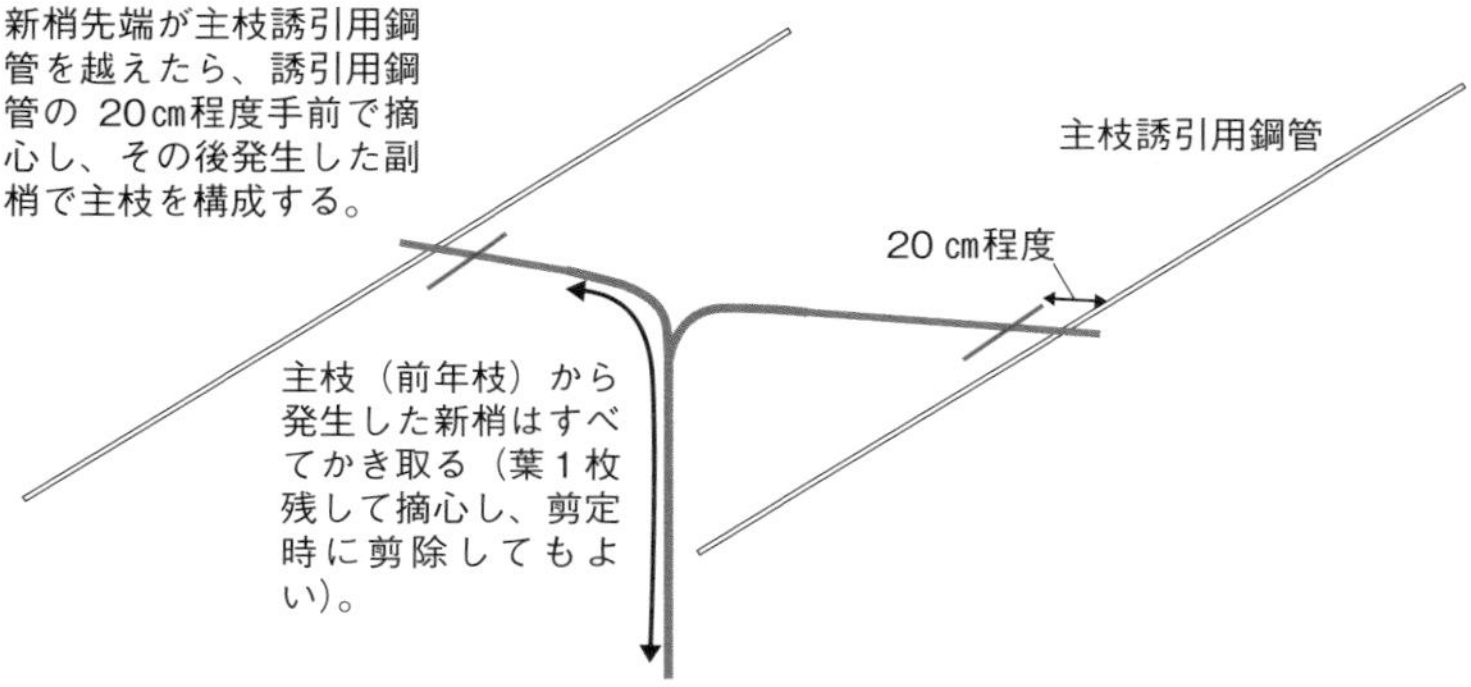

6月上〜７月頃

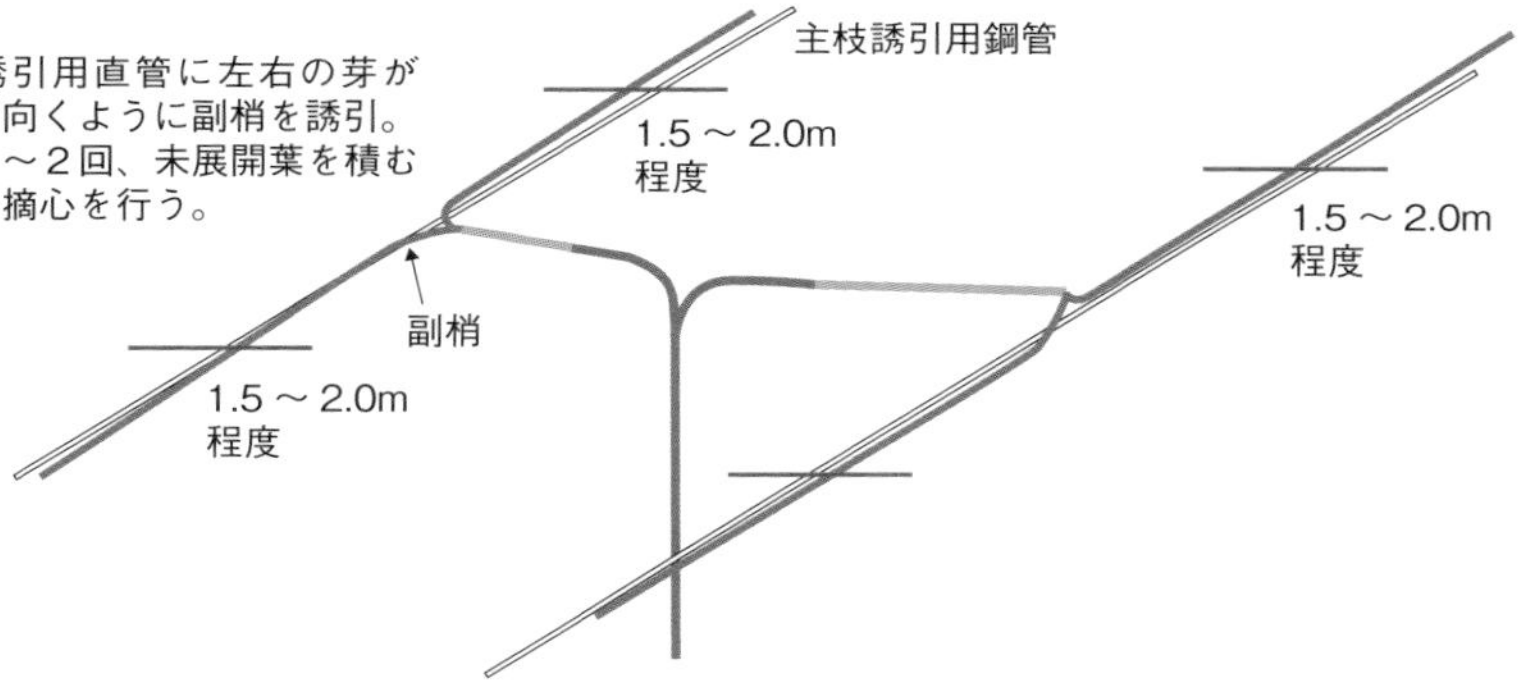
■主枝誘引用直管に左右の芽が真横を向くように副梢を誘引。
■月に１〜２回、未展開葉を積む程度の摘心を行う。

【芽が真横を向くようにするコツ】

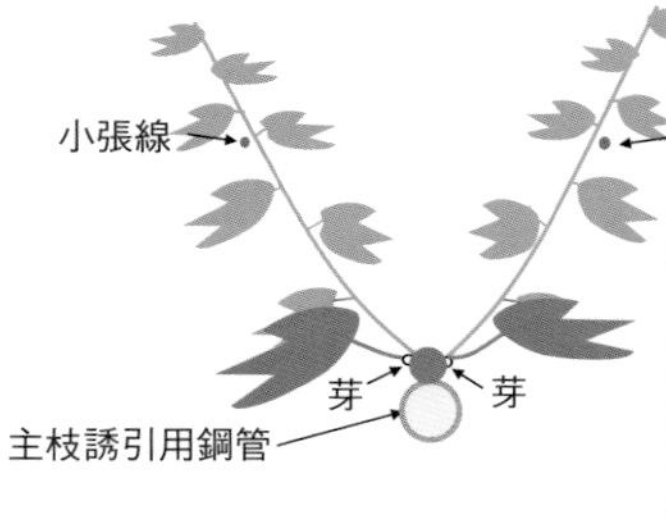
小張線

副々梢を小張線に誘引して調整すると、芽を真横に向けることができる。誘引に利用する副々梢は強めに捻枝して枯枝にしてしまうと摘心の手間が省ける。

【剪定（落葉後〜降雪前：11 月）】
■10〜15芽（1.5〜2.0m）程度で切り戻す（樹勢に合わせて加減する）。
■主枝上の副々梢を残すと主芽が発生しなくなるので剪除する。

誘引して向きを調整すると、芽を横向きにしやすい。誘引に利用する副々梢は強めに捻枝し、枯枝にしておくと、摘心などの手間を省くことができる。

●芽の充実を良くするため、副梢が1・5m程度伸びたら、それ以降、副梢の先端部を月1〜2回摘心する。

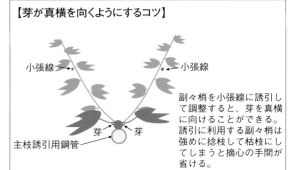

【3年目】

■主枝（結果母枝）から発生した新梢は主枝（結果母枝）と垂直に伸ばし随時、小張線に結束する。

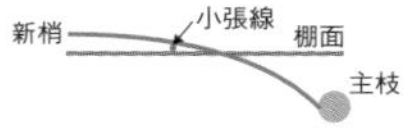

■主枝間の中央部まで伸長したら摘心する。その後、再伸長したら、新たな展葉１枚残して再度摘心する。

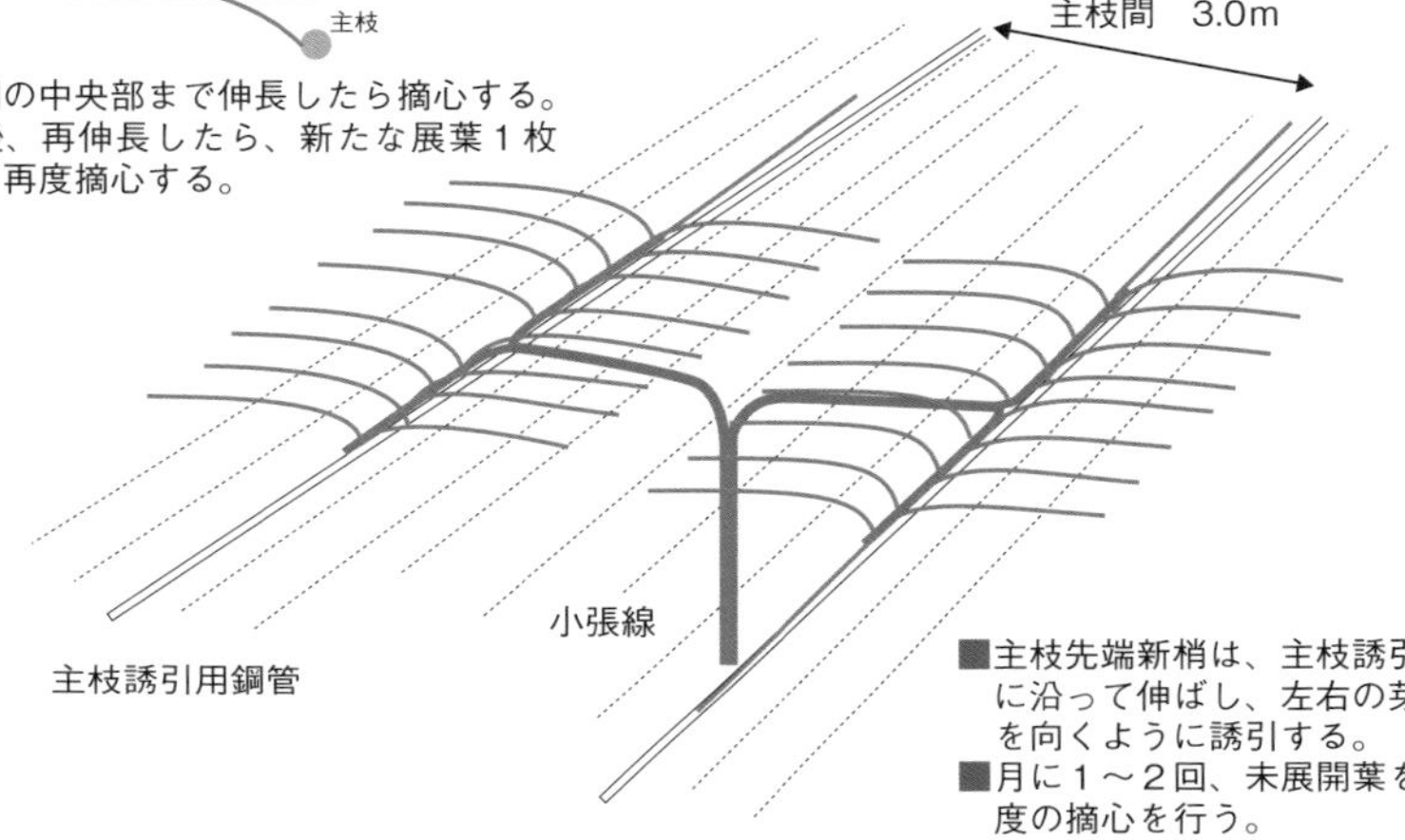

■主枝先端新梢は、主枝誘引用鋼管に沿って伸ばし、左右の芽が真横を向くように誘引する。
■月に１～２回、未展開葉を積む程度の摘心を行う。

生育期間（5～9月）

１年目の短梢剪定結果母枝

【２芽剪定】
新梢の基部２芽を残して剪定。
※凍害防止のため３芽目を犠牲芽剪定している。

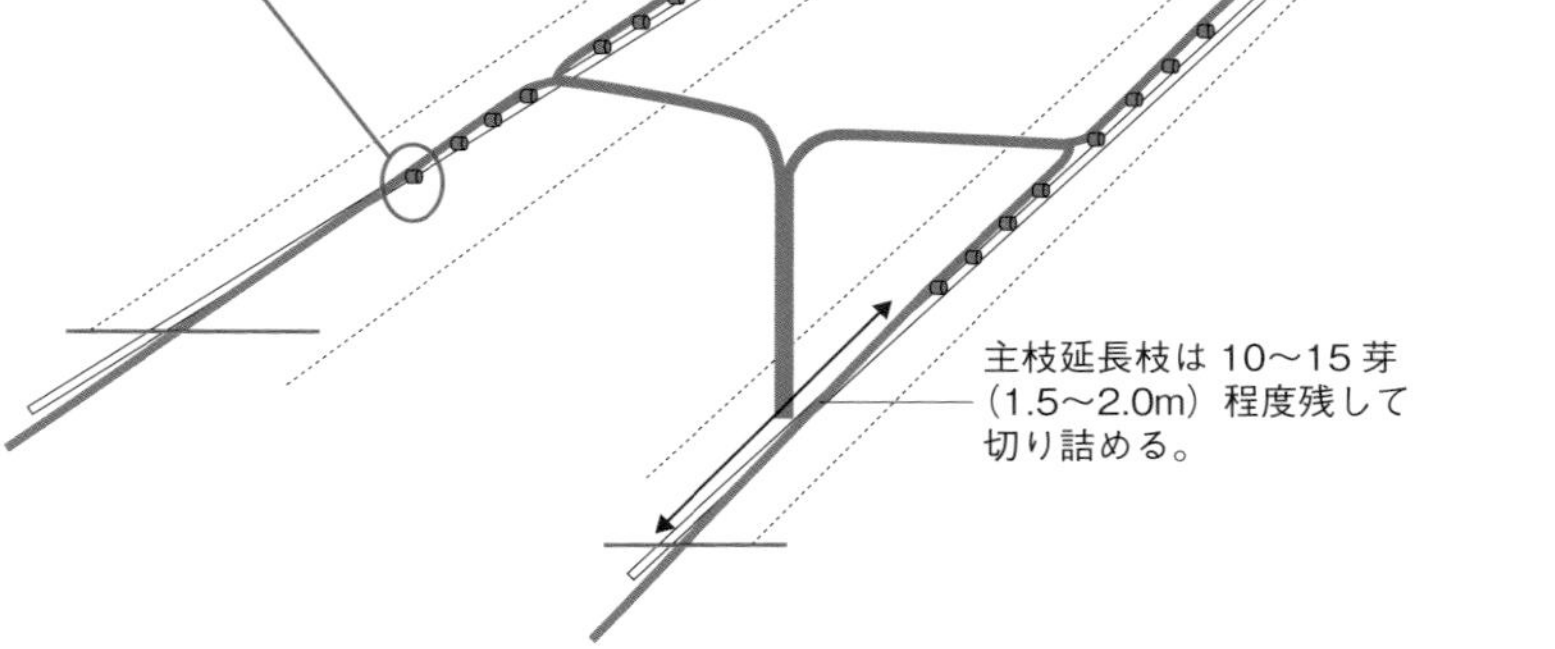

剪定（落葉後～降雪前：11 月）

【４年目】

■主枝（結果母枝）から発生した新梢は主枝（結果母枝）と垂直に伸ばし随時、小張線に結束する。
■主枝間の中央部まで伸長したら摘心する。その後、再伸長したら、新たな展葉１枚残して再度摘心。

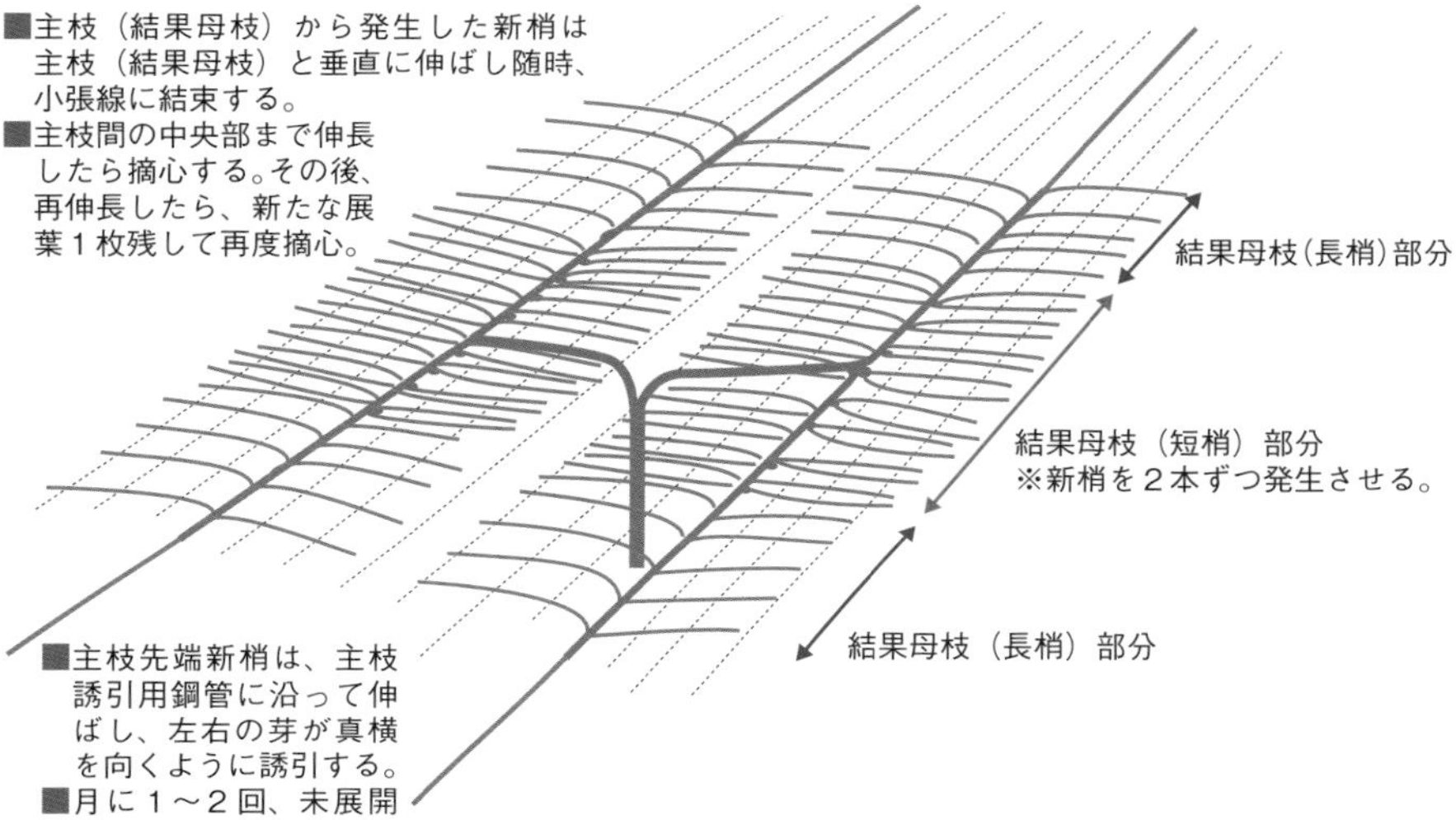

結果母枝(長梢)部分
結果母枝（短梢）部分
※新梢を２本ずつ発生させる。
結果母枝（長梢）部分

■主枝先端新梢は、主枝誘引用鋼管に沿って伸ばし、左右の芽が真横を向くように誘引する。
■月に１～２回、未展開葉を積む程度の摘心を行う。

生育期間（５～９月）

２年目の短梢剪定結果母枝は２芽剪定の結果母枝を２本残す。

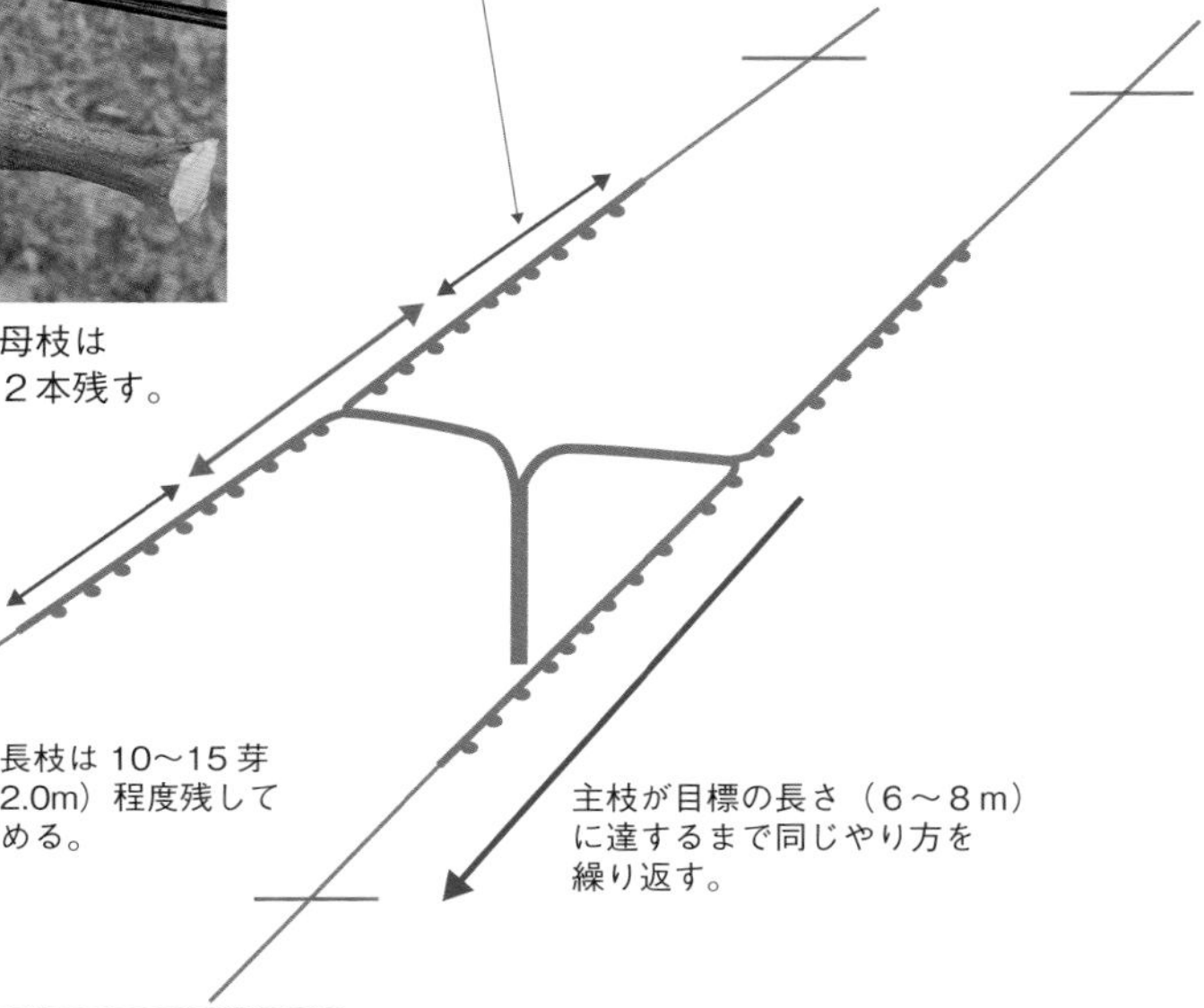
１年目の短梢剪定結果母枝の剪定は３年目参照
主枝延長枝は 10～15 芽（1.5～2.0m）程度残して切り詰める。
主枝が目標の長さ（６～８m）に達するまで同じやり方を繰り返す。

剪定（落葉後～降雪前：11 月）

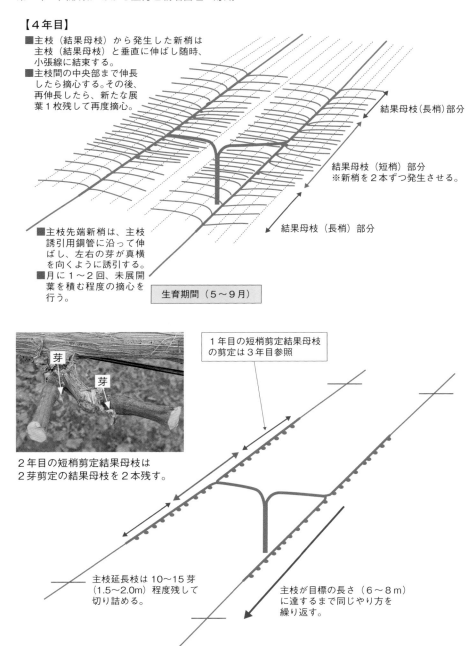

【5年目以降】

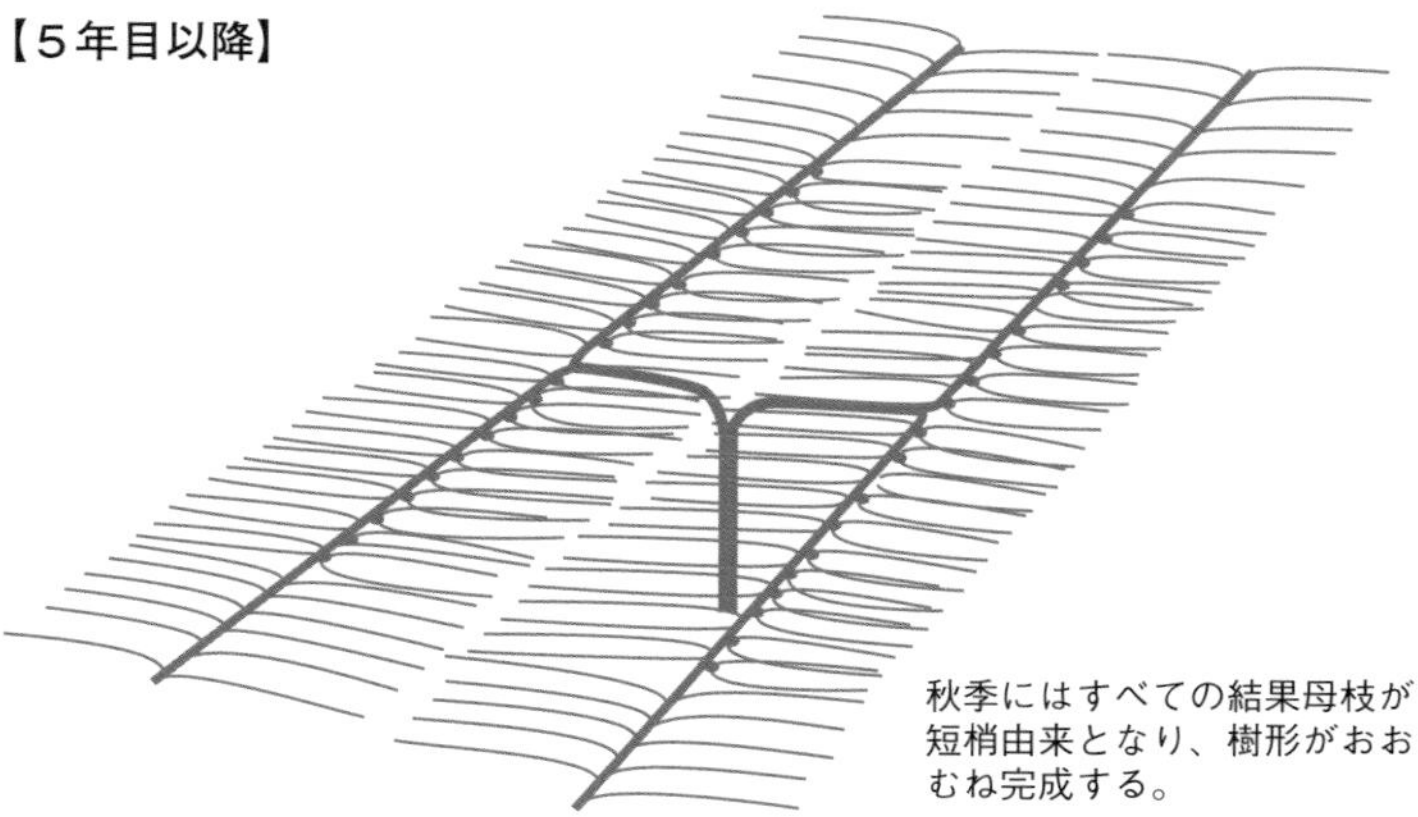

秋季にはすべての結果母枝が短梢由来となり、樹形がおおむね完成する。

●剪定は落葉後に行い、樹勢に応じて切り戻す。残す芽数は樹勢にもよるが10～15芽、長さにすると1・5～2・0mを基本とする。芽を多く残しすぎると、翌年の新梢伸長が不揃いになりやすく（先端部と基部から発生した新梢が強く伸び、中央部の新梢の伸びが劣りやすい）、旺盛に伸長した場合でも20芽程度で切り戻すようにする。

●主幹から主枝分岐部までの間の所々から新梢が発生するので、放置せず随時かき取るか、葉を1枚残して摘心し、剪定時に剪除する。

植えつけ3年目

●主枝先端から発生した新梢は前年同様に誘引しながらまっすぐ伸ばす。新梢が1・5m程度伸びた時点から、芽の充実を良くするために月に1～2回摘心する。

●それ以外の新梢は主枝と垂直に棚面の小張線に誘引する。早い時期に誘引すると新梢が折損しやすいので、展葉8枚期頃から慎重に誘引する。

●主枝と垂直に誘引した新梢が、主枝間の真ん中まで達したら摘心する。摘心後再伸長するので、新たな展葉1枚を残して再度摘心し、再伸長が続く間は摘心を繰り返す。

●剪定（落葉から降雪前）では、前年同様に主枝延長枝は10～15芽（1・5～2・0m）を基本に切り戻し、伸びが旺盛な場合でも20芽程度で切り戻し、それ以上は残さないようにする。

●主枝から垂直に伸ばした新梢（翌年の結果母枝）は2芽剪定を行う。

植えつけ4年目

●主枝先端から発生した新梢は主枝誘引用鋼管に沿ってまっすぐ伸ばし、植えつけ2～3年目と同様に左右の芽が真横を向くように丁寧に誘引するとともに、新梢が2m程度伸びた時点から、適宜摘心を行う。

●それ以外の新梢は主枝と垂直に棚面の小張線に誘引する。1結果母枝から発生した新梢を2本とも残し、そのどちらかに着房させる。新梢の誘引が早すぎると新梢が折損しやすいので、誘引は展葉8枚期頃から行う。

●主枝と垂直に誘引した新梢が、主枝間の中間をまで伸長したら、摘心する。摘心後再伸長してくるので、新たな展葉1枚を残して再度摘心し、再伸長が続く間は摘心を繰り返す。

●剪定では、主枝延長枝は前年同様に1・5～2・0mで切り戻す。

●主枝から垂直に伸ばした新梢（翌年の結果母枝）は2本とも2芽剪定する（前年同様）。

植えつけ5年目以降

●1芽座当たり結果母枝を2本残しているので、4本の新梢が発生する。新梢の伸びを確認しながら、芽かきにより、伸びの揃ったものを1芽座当たり2本を残す。なお、芽かきは展葉6～7枚期頃までに実施する。

●その他の管理は4年目までと同様に行う。

生育と主な栽培管理・作業

生育サイクルと作業暦

山形県寒河江市にある農業総合研究センター園芸試験場（現、園芸農業研究所）の「シャインマスカット」雨よけ栽培（5月下旬被覆）では、発芽・展葉期が4月下旬、開花期が6月中旬、果粒軟化期が7月下旬、収穫期が9月中下旬である。

個々の管理の具体的な内容は後述するが、品質の高い果実を安定して生産するためには樹の生育に合わせて適期に管理を行う必要がある（図5－7）。

灌水のポイント

個別の管理技術に入る前に、1年間の土壌水分管理（灌水）について紹介したい。

山形県の気象は、従来、定期的に降雨があり、積極的に灌水を行わなくてもブドウ生産が可能であったが、近年は1日に100㎜以上の雨が降る日が多くなった一方で、2～3週間、場合によっては1か月も雨が降らない日が続くといった、極端な気象が多くなっている。したがって、今後のブドウ栽培では、雨に頼りきるのではなく、灌水設備やPFメータ（テンシオメータ）等の土壌水分を把握するための設備を整えておく必要があると考える。

ステージ別の灌水の目安

ブドウ樹が特に水分を必要とする時期は一般に発芽期、養分転換期、実止まり後の3回といわれている。「シャインマスカット」でも同様にこれらの

主な栽培管理（山形県）

7月			8月			9月			10月			11月		
上旬	中旬	下旬	上旬	中旬	下旬	上旬	中旬	下旬	上旬	中旬	下旬	上旬	中旬	下旬
20.9	22.1	23.6	24.3	23.9	22.9	21.3	19.1	16.7	14.6	12.5	10.1	8.2	6.1	4.2
26.0	27.2	29.2	30.2	29.8	28.9	27.0	24.6	22.5	20.5	18.7	16.3	14.2	11.5	9.1
16.8	18.1	19.2	19.8	19.3	18.3	16.9	14.8	12.1	9.9	7.5	5.0	3.3	1.7	0.1
		ベレゾン期						収穫期	収穫期	収穫期			落葉期	
摘心	摘心　摘心	袋かけ	袋かけ　摘心		摘心					施肥				剪定
GA処理②	摘粒	修正摘房	修正摘粒											

時期は水分を多く必要とするが、山形県の目標とする15g以上の果粒肥大を確保するためには、実止まり後～ベレゾン（果粒軟化）期までの灌水頻度を高めるとともに、ベレゾン期以降もある程度の灌水を行う必要がある。

図５・８に山形県の短梢剪定栽培（簡易雨よけトンネル栽培）の優良園における、深さ30㎝の土壌水分（pf値：数値が高いほど乾燥している）を示したので参考にしてほしい。

なお、簡易雨よけトンネル栽培とは、着房部を含めた主枝上部を2・0m程度の幅で部分的に被覆する雨よけ栽培を示す。

発芽期から養分転換期

初期の新梢伸長を促すために、土壌水分を高め（pf値2・0程度）に維持する。

開花期前後

図5−7　シャインマスカットの生育と

		12～3月	4月			5月			6月		
			上旬	中旬	下旬	上旬	中旬	下旬	上旬	中旬	下旬
平均気温(℃)		−1.8～3.6	6.2	8.6	10.9	12.9	14.1	15.8	17.7	18.9	19.8
最高気温(℃)		1.7～9.2	12.6	15.3	18.0	20.2	21.0	22.6	24.2	24.7	25.0
最低気温(℃)		−5.4～−0.8	0.5	2.3	4.0	5.9	7.7	9.6	11.8	13.8	15.4
樹の生育					発芽・展葉期		養分転換期		開花期		
主な栽培管理	樹体管理			粗皮削り		芽かき		摘心 誘引			
	果(花)房管理								花穂整形	GA処理①	摘房
	雨よけ被覆期間				←						

注：気温はアメダス左沢（山形県）の準平年値

乾燥によりジベレリン（GA）処理期に脱粒しないように、さらに実止まり直後の果粒の初期肥大を良好にするために比較的高め（pf値2・2程度）の土壌水分を維持する。ただし一度に大量の灌水を行ってしまうと、新梢伸長が旺盛になりすぎて着粒が不安定になる場合があるので、少量ずつ小まめに灌水する。

実止まり直後からベレゾン期

山形県ではちょうど梅雨時期にあたり、降水量が多いことから、土壌水分は高めに維持されやすい時期であるが、この時期（果実肥大第Ⅰ期）は果粒肥大が最も旺盛な時期なので、高めの土壌水分（pf値2・0程度）を維持する。

この時期に灌水を怠ると、果粒肥大が抑制されるだけでなく、収穫前に降雨が多くなると果粒肥大が急激に進み裂果しやすくなるので注意が必要であ

図5－8　優良園の灌水事例と土壌水分(pf値)の推移

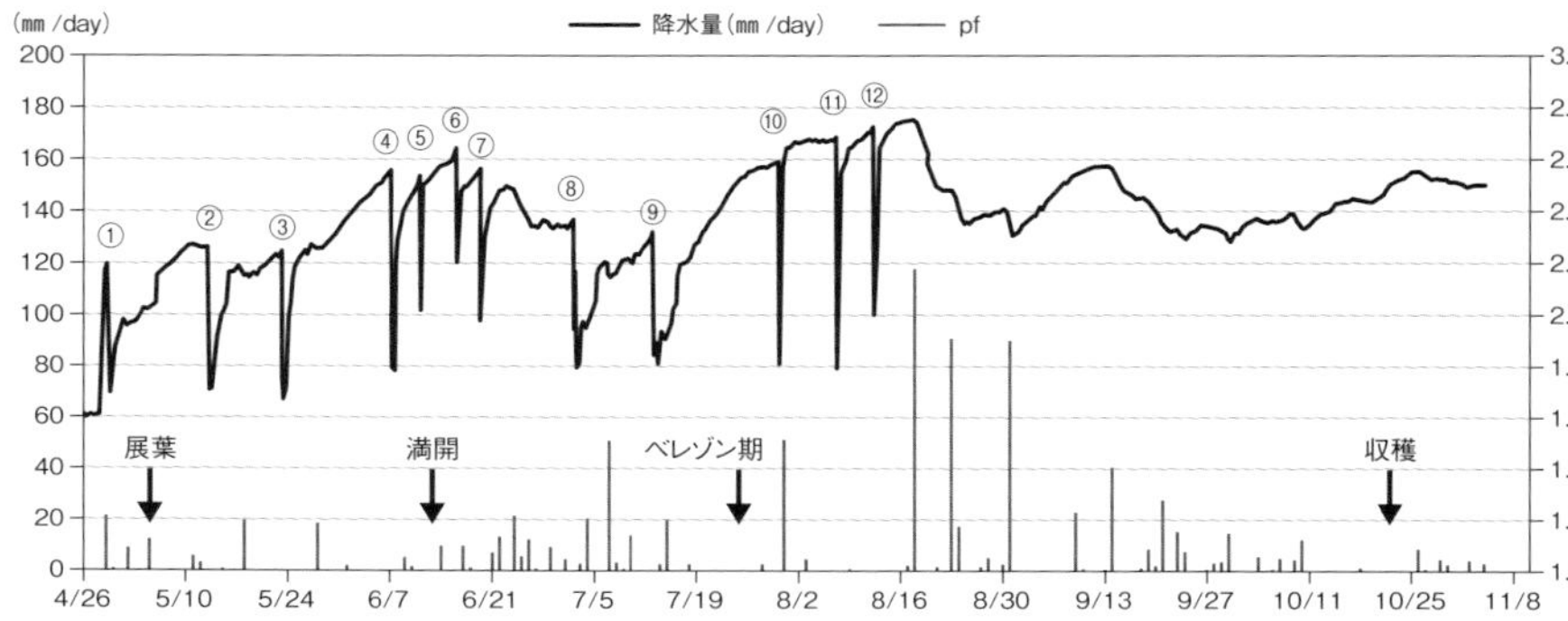

注：2016　山形県村山農業技術普及課調査

る。

ベレゾン期から収穫40日前頃

梅雨明け後で気温が高く日照時間も多くなり、土壌水分が最も失われやすい時期である。前述したとおり、「シャインマスカット」はベレゾン期以降の肥大量が大きい品種なので適宜灌水し、ある程度の土壌水分（pf値2・4〜2・6程度）を維持する（図5－9）。

収穫40日前以降

収穫期が近づいても土壌水分が多いと、糖度の上昇が緩慢で、果房の成熟も遅れがちになるので、収穫40日前頃になったら灌水を終了し、土壌水分を徐々に少なくする。

灌水と裂果の関係

「シャインマスカット」は、比較的裂果の発生が少ない品種であるが、果粒軟化期以降に曇天・降雨が続くと、果頂部（雌ずい痕）に裂果が発生しやすくなる。

裂果の発生が見られる園の傾向としては、ベレゾン期まで乾燥気味に経過し、その後、降雨により土壌水分が多くなる園である。乾燥の影響で果粒肥大が停滞していたところに降雨が続くと、果粒内に水分が流れ込み果粒が急激に肥大することで裂果すると考えられることから、裂果の発生を少なくするためには、夏の暑い時期が終わるころまでは一定の土壌水分が維持できるように灌水を行い、果実肥大を停滞させないようにする必要がある。

新梢管理

芽かき

短梢剪定栽培は新梢生育が揃いにくいことから、山形県では、結果母枝を

図5－9　巨峰およびシャインマスカットの果粒肥大の推移（左：横径、右：縦径）

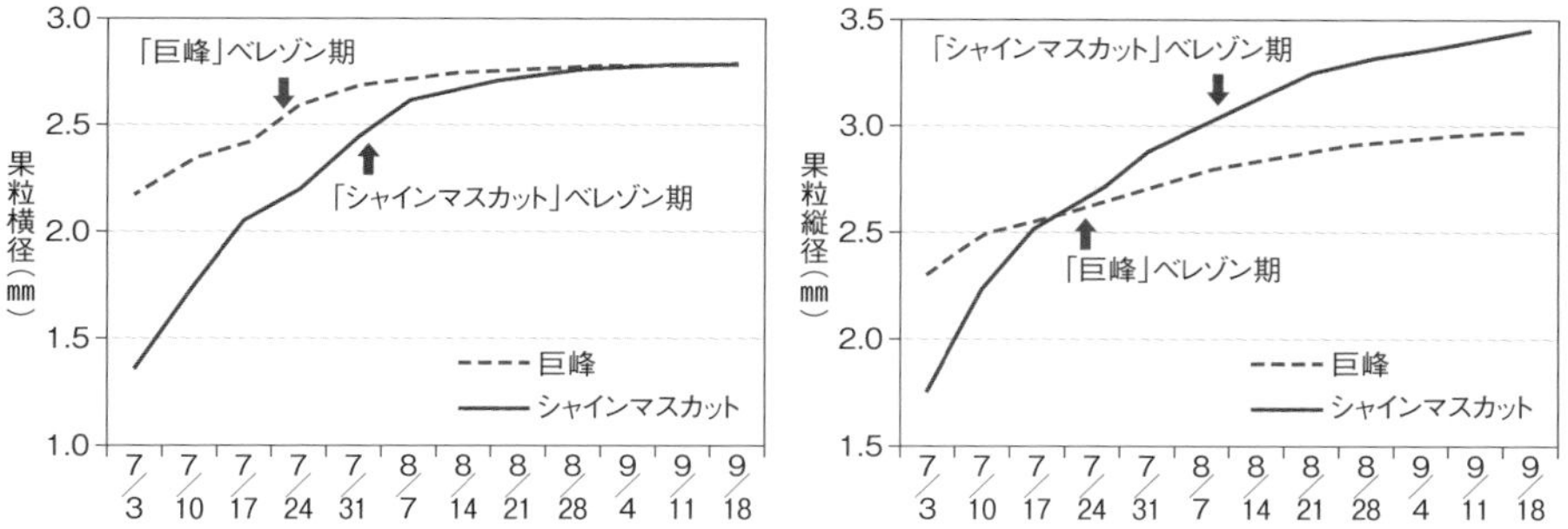

注：山形県農総研セ園試調査（2009 － 2018 の平均）

2本残すようにしており、1芽座当たり4本の新梢から、芽かきによって生育の揃った新梢を2本確保するようにしている。若干の手間はかかるが、新梢の生育を揃えることでその後の管理が効率的に実施できるメリットがある。

また、山形県は冬期間の最低気温がマイナス5℃を下回る日が多く、凍害を受ける場合がある。芽座当たりの結果母枝が1本しかないと、凍害により芽座が欠損するおそれがある。寒冷地で栽培する場合は、芽座の欠損を防ぐ意味でもお勧めしたい。

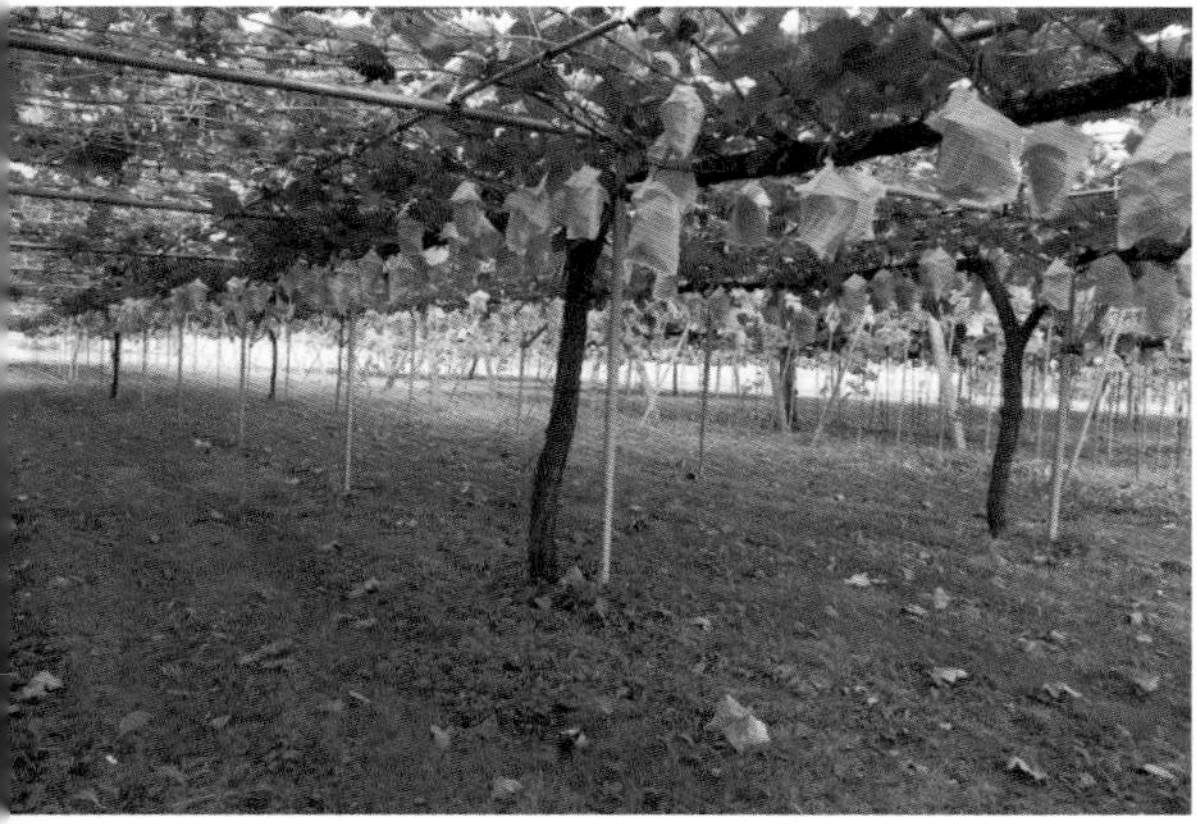

1芽座当たりの新梢枝を2本にし、棚面を適度に覆う

なお、芽かきをしないで、1芽座当たり3～4本の新梢を残してしまうと、棚下が暗くなり、糖度が低く食味が劣ってしまう。試験場や現場の状態から判断すると、「シャインマスカット」の棚下の明るさは、「デラウェア」と同程度（葉面積指数は「2・5」～「3・0」程度、土地面積の2・5倍～3・0倍の葉を置く）が適正と思われる。観察による評価ではあるが、1芽座当たりの新梢数を2本とすると、新梢や副梢の葉で棚面を適度に覆うことができるようである。

摘心（着粒確保・果粒肥大促進）

「シャインマスカット」は生育が旺盛な品種であることから、葉の光合成生産物（養分）の多くは新梢や副梢の伸長に利用される。

摘心（新梢の成長点を摘み取る）は、新梢伸長を一時的に停滞させ、葉で生産された養分や根から吸収した養分が果房にできるだけ多く分配されるようにする技術である。

摘心により着粒を促進する効果や果粒肥大を促進する効果が得られることから、山形県では、新梢や副梢の先端の未展開葉部分を摘み取る程度の摘心が一般的で、開花前と実止まり決定後に最低でも2回は摘心するようにしている。なお、樹勢が弱い樹では、摘心によりさらに樹勢を弱めてしまう懸念があるので、第2回目のジベレリン処理期までに主枝間の中間部ぐらいまで新梢が到達するような樹勢の樹で実施する。

摘心方法

表5－3　摘心時期と着粒および果粒肥大

摘心時期	満開２週間後			収穫時
	穂軸長（cm）	着粒数（個）	着粒密度 x（個／cm）	1粒重 y（g）
展葉10－11枚時	12.3	74.2	6.0a	12.4a
満開３週間後	11.4	48.2	4.2b	14.1b
展葉10－11枚時および満開３週間後	12.3	74.2	6.1a	14.2b
無摘心	12.3	49.2	4.0b	12.8a

x　着粒密度：穂軸1cm当たりの着粒数。異符号間はTukeyの多重比較により５％レベルで有意性あり
y　収穫時の全果粒の平均重。異符号間はTukeyの多重比較により５％レベルで有意性あり
摘心処理は新梢先端の未展開葉部分を摘み取る程度
注：2010　山形農総研セ園試

着粒促進効果

無核栽培はジベレリン処理により単為結果を誘発しており、単為結果するためには果房（花穂）に十分な養分が分配されることが必要である。

前述したように新梢伸長が旺盛な「シャインマスカット」では葉の光合成産物が新梢伸長に多く利用され、果房（花穂）への分配が少なくなりがちである。若木など新梢伸長が旺盛な場合はこの傾向がより顕著で、着粒不良となってしまう場合もあるが、開花直前（展葉10～11枚時）に摘心することで、無処理に比べて着粒が向上する（**表5-3**）。

果粒肥大促進効果

新梢が旺盛に伸長している間は、前述した理由から果粒も肥大しにくくなるので、果粒肥大を促すためにも摘心処理が必要である。

満開21日後の摘心処理の効果を**表5-3**に示したが、摘心した新梢の果房では、摘心処理を行わなかった新梢の果房より、果粒重が向上した。なお、摘心後も再伸長するため、現場では新梢伸長が停止するまで、摘心を数回繰り返すのが一般的である。ただし、ベレゾン期（満開5～6週間後頃）に樹全体に強めに摘心を行うと、かえって果粒肥大が停滞してしまった事例があるので、この期間は極端な摘心を行わないようにする。

摘心処理別果房（上・無摘心、下・摘心）

副梢の摘心

「シャインマスカット」は「ピオーネ」などの4倍体品種に比べ副梢が発生しにくい品種ではあるが、比較的強めの樹勢で栽培していることから、副梢が全く発生しないわけではない。まして、果粒肥大促進のため新梢先端の摘心を必須技術としていることから、どうしても副梢が発生してしまう。

発生した副梢は根元から切除したほうが、再発生しにくくなるが、副梢の最基部の葉を1枚残して摘心すると、根元から切除した場合より果粒肥大が良好になる（**図5-10**）。残した葉からは再度副梢（副々梢）が発生するので、副梢が大きくならないようにおおむね10日ごとの見回り、再度摘心する必要が出てくるが、果粒肥大を良くしたい場合はぜひ試してもらいたい。

図5－10　副梢摘心時の残存葉数と果粒横径の推移

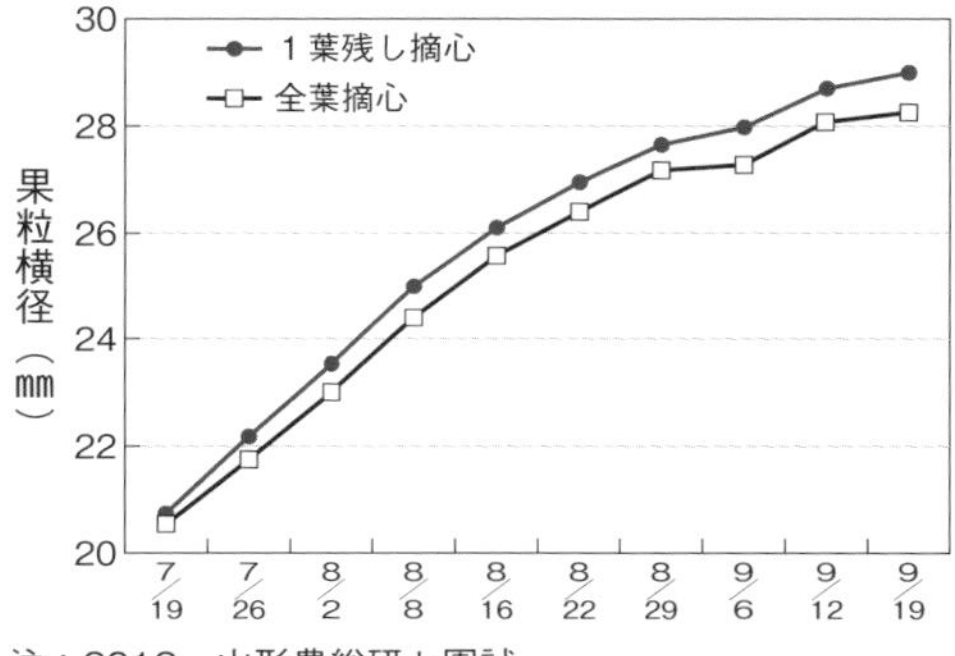

注：2012　山形農総研セ園試

植物成長調整剤の活用

「シャインマスカット」ではフラスター液剤の散布により新梢伸長を抑制し、着粒を安定させる効果が認められており、「シャインマスカット」での適用は1000～2000倍であるので、樹勢によって濃度を加減してほしい。

新梢伸長抑制効果は樹勢や処理濃度でも異なるが10～14日間程度は期待できる。処理時期は展葉7枚時から展葉11枚時と幅があるが、あまり早く散布すると、満開期頃に再び新梢が急激に伸びだし、着粒安定効果が得られにくくなる場合があるので、展葉10～11枚時の散布が適当である。

最近では満開10日～40日後の処理（500倍もしくは1000倍）もできるようになり、新梢伸長抑制や副梢発生抑制効果が認められることから、摘心の省力化技術として効果が期待できる。

花穂整形

短梢剪定樹は、結果母枝基部から発生した新梢を利用することから、長梢剪定樹に比較して花穂自体が小さく、倒卵形の果房を得るためには花穂先端部を切り詰めずに花穂を整形する。

残す長さは開花始期に3・0～3・5㎝としているが、生育が進むと花穂長も長くなるので、満開期では4㎝程度とする。ほとんどの場合、1新梢当たり2花穂着生するが、第1花穂、第2花穂のどちらでもよいので花穂先端の形態異常の少ない、素性の良い花穂を残す。

花穂先端の形態異常対策

「シャインマスカット」は花穂先端部が帯状や二股、三股に分岐する形態異常が発生しやすい品種である。「ピオーネ」等の4倍体品種であれば、副穂を利用して花穂整形を行うが、「シャインマスカット」は副穂を持たない品種なので、山形県（農業総合研究センター園芸試験場）では第一

整形前の花穂（開花始期）と整形長

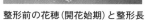

図5－11　第1支梗を利用した房づくり

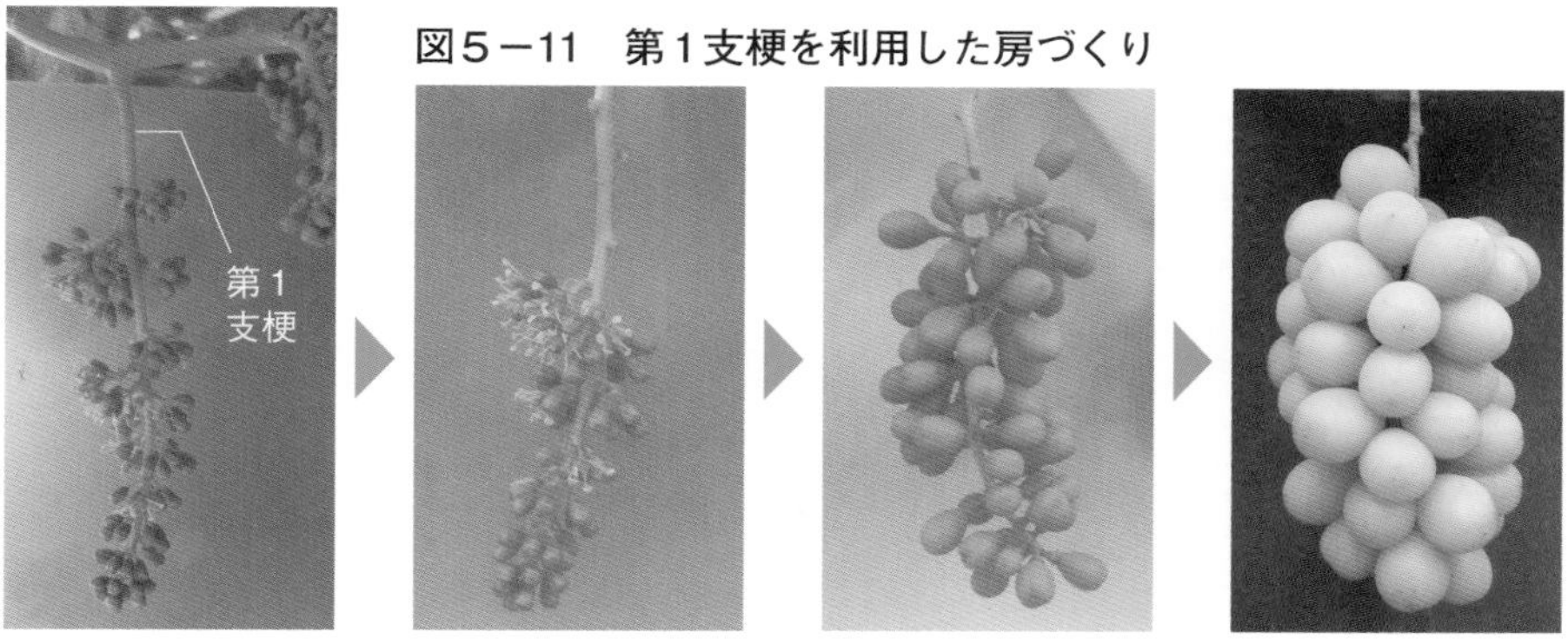

整形前（開花始期）　整形後（開花始期）　摘粒前（満開15日後）　収穫果房

表5－4　支梗を利用した場合の着粒向上対策と果房品質

区	果房重(g)	果房長(cm)	果房幅(cm)	果皮色(1-3)	着粒数(粒)	1粒重(g)	穂軸長(cm)	糖度(brix%)
CPPU加用	630.4	17.0	10.2	1.6	47.7	13.3	10.3	16.8
CPPUなし	509.4	16.7	11.1	2.0	42.5	11.8	10.1	18.7

区	酸度(g/100mℓ)	果粒径(mm)		縦／横比	等級比率(%)		
		縦径	横径		秀	優	良
CPPU加用	0.19	34.0	27.2	1.25	66.7	27.8	5.6
CPPUなし	0.15	33.2	25.9	1.28	16.7	66.7	16.7

注：CPPUはフルメット、2007　山形農総研セ園試

支梗を使った花穂整形について検討した。

その結果、第1回目のジベレリン処理時にフルメット（CPPU）を加用すれば、主軸由来の果房よりは果粒肥大がやや劣るものの、おおむね良好な果房を得ることができることが判明した。さらに、第1支梗を利用した場合は、整理する支梗数が少なくてすむことから花穂整形時間も短縮でき、省力的技術としても有効であることが確認できた（**図5・11**）。

ただし、第1支梗は主軸先端部より生育が早く進むことから、第1回目のジベレリン処理時期を穂軸先端部に合わせると処理時期が遅れてしまい、着粒が不安定になってしまう場合がある（樹基部の生育旺盛な新梢ではこの傾向がより顕著）。花穂先端を切り詰めるかわりに整形花穂先端の数粒を摘み取り、花穂の持ちを確保するとともに、ジベレリン処理は果房ごとの生育

図５－12　形態異常花穂の整形

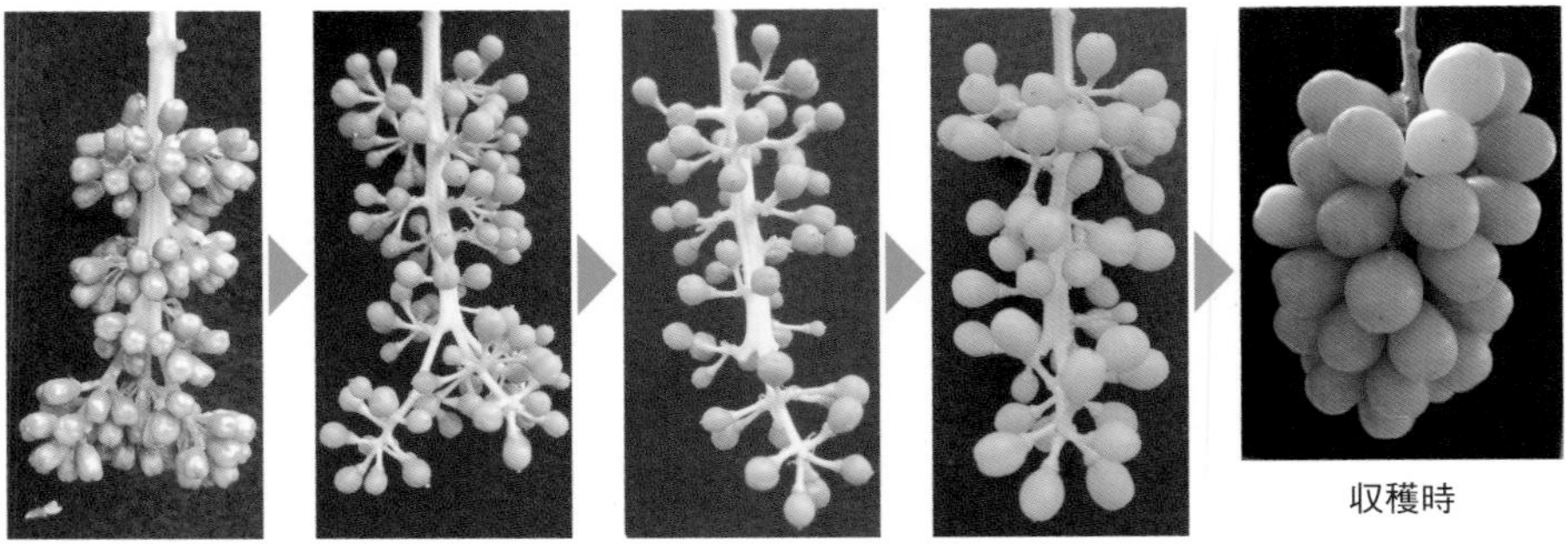

花穂整形時　整理前　整理・摘粒後　第２回ジベレリン処理時　収穫時

第１回ジベレリン処理７日後

に合わせ拾い漬けを行う必要がある。

第1支梗が短い場合の対処法

なお、短梢剪定樹でも、若木の場合や樹勢が強い場合は花穂が小さい他、第1支梗が短くて房づくりに使えないものも多い。この場合、先端部が二股、三股に分岐している部分を花穂整形時に1本に整理してしまうと残した先端部が湾曲してしまう。一方、正常部分まで切り詰めてしまうと横張の大きく、しまりの悪い果房になり、いずれの場合も房型が大きく乱れてしまう。

そこで、通常の花穂整形と同じ時期に異常部分も含めて通常の長さ（3・0〜3・5㎝）に整形し、第1回目ジベレリン処理後の花穂がやや伸長し、着粒の判断ができるようになってから（処理5〜7日後頃）調整すると、比較的きれいな形の果房を得ることができる（図5－12）。

樹齢・樹勢によって調整する

樹齢5〜6年生頃までの樹冠拡大中の若木では、山形県で目標としている600〜800gの果房に仕上げるに

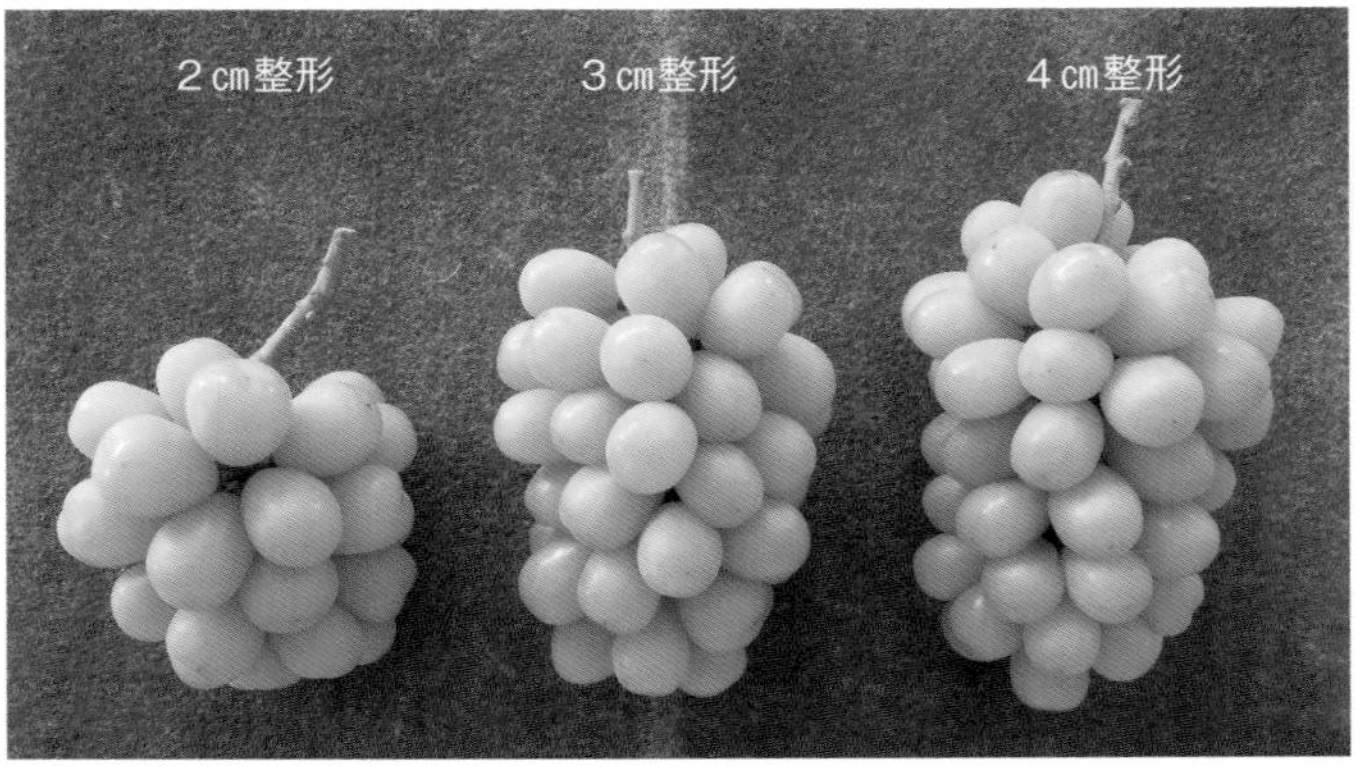

整形長別の果房外観（収穫時）

は、開花始期に穂軸先端を4・0㎝の長さに整形する必要があった。

　しかし、樹齢を経て樹勢が落ち着いてくると果粒肥大が良好になり、4・0㎝に整形した果房では900g以上、場合によっては1000gを超える果房になってしまう。

　そこで開花始期の整形長を2・0㎝、3・0㎝、4・0㎝として仕上がりの果房重を検討したところ、目標とする果房に仕上げるためには3・0㎝に整形するのが適当であったことから、現在、山形県では花穂整形長を3・0〜3・5㎝するようにしている。なお、花穂整形長を短くすることにより、摘粒時間を短縮する効果も得られる。

ジベレリン処理（無核化）

「シャインマスカット」は、食味の良さもさることながら、「種なしで皮ごと食べられる大粒種ブドウ」という食べやすさも消費者から受け入れられている要素の一つで、ジベレリン処理による無核化は必須の管理作業である。

処理時期と処理方法

山形県では第1回ジベレリン処理をジベレリン25ppmにフルメット2〜5ppmを加用し、満開3日後に、第2回目ジベレリン処理を満開15日後にジベレリン25ppm単用で処理することを基本としている。

　ジベレリンの適用は満開期から満開3日後であるが、「シャインマスカット」は「ピオーネ」などと比較してジベレリンに対する反応が敏感で、花穂先端部に開花していない部分が残っている状態で処理すると穂軸が湾曲して花振るいを発生してしまう場合がある。そこで、花冠が落ち、さらに、ほとんどの雄ずいが脱落した頃に処理するようにしている。

　第2回目ジベレリン処理は満開10日後〜15日後と処理期間に幅があるが、若木や樹勢が強い樹では早めに処理すると穂軸が間延びしてしまう場合があるので、適用期間内で、できるだけ遅めに処理す

ジベレリン処理適期の花穂

穂軸（支梗間）が間延びした果房（満開18日後）

るようにしている。

また、着粒安定と果粒肥大促進のために第1回目処理時に加用するフルメットの濃度は2～5ppmとしている。着粒安定だけを目標とするのなら2ppmで十分な効果が得られるが、近年は粒張りを少しでも良くしようとして5ppmで加用する生産者が多くなってきている。なお、フルメット液剤は、第2回ジベレリン処理時に加用したほうが高い果粒肥大促進効果が得られるが、糖度の上昇が遅れるなど食味に影響があることから、山形県では第1回目に加用するようにしている。

また、短梢剪定樹は新梢生育が揃いにくいことから、花穂の生育ステージもばらついてしまいがちであることから、適期の状態の果房をきちんと判断し、数回に分けて処理（拾い漬け）をしなければならない場合が多い。そこで、ジベレリン処理の作業効率を高めるためには、新梢生育が揃うように、しっかりと新梢管理、樹体管理をすることが重要である。

有核果粒の発生抑制

「種なしで皮ごと食べられる」を売りにしている「シャインマスカット」であるが、年によって数粒の有核果粒／房が混入する場合がある。

無核化効果をより高めるために、山形県ではストレプトマイシン剤200ppmをジベレリン処理前に散布するようにしている。農薬登録では満開14日前から開花直前までの散布期間になっているが、「ピオーネ」や「巨峰」では散布時期が早いほうが無核果粒率が高まることが報告されており、山形県ではこれを参考に、適用範囲内でできるだけ早めに散布するようにしている。

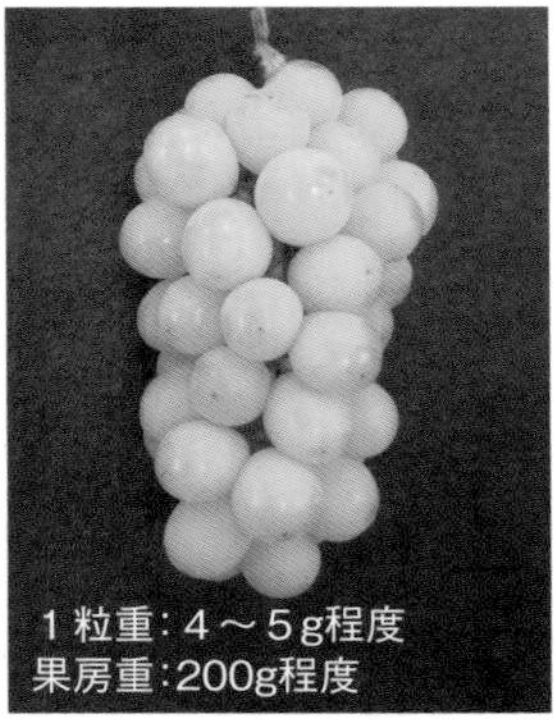

シャインマスカットの小粒黄果房（結実2年目の果房）

幼木の商品性向上

「シャインマスカット」の苗木が販売されてから10年以上経過し、近年は果粒肥大良好な果房が多く流通するようになってきたが、初結実（植えつけ3年目）や結実2年目（植えつけ4年目）は果粒肥大が劣り、市場に出荷できるような果房を得ることができない（山形県では「小粒黄果房」と呼んでいる）。特に短梢剪定樹では樹冠拡大中の長梢の結果母枝（主枝延長枝）から発生した新梢に着果した果房で肥大が劣る。

そこで、「ピオーネ」で果粒肥大促進効果が得られるとされているフルメットの花穂処理について「シャインマスカット」での効果を、展葉枚数や処

図５－13　フルメット花穂処理による商品果房率の向上効果

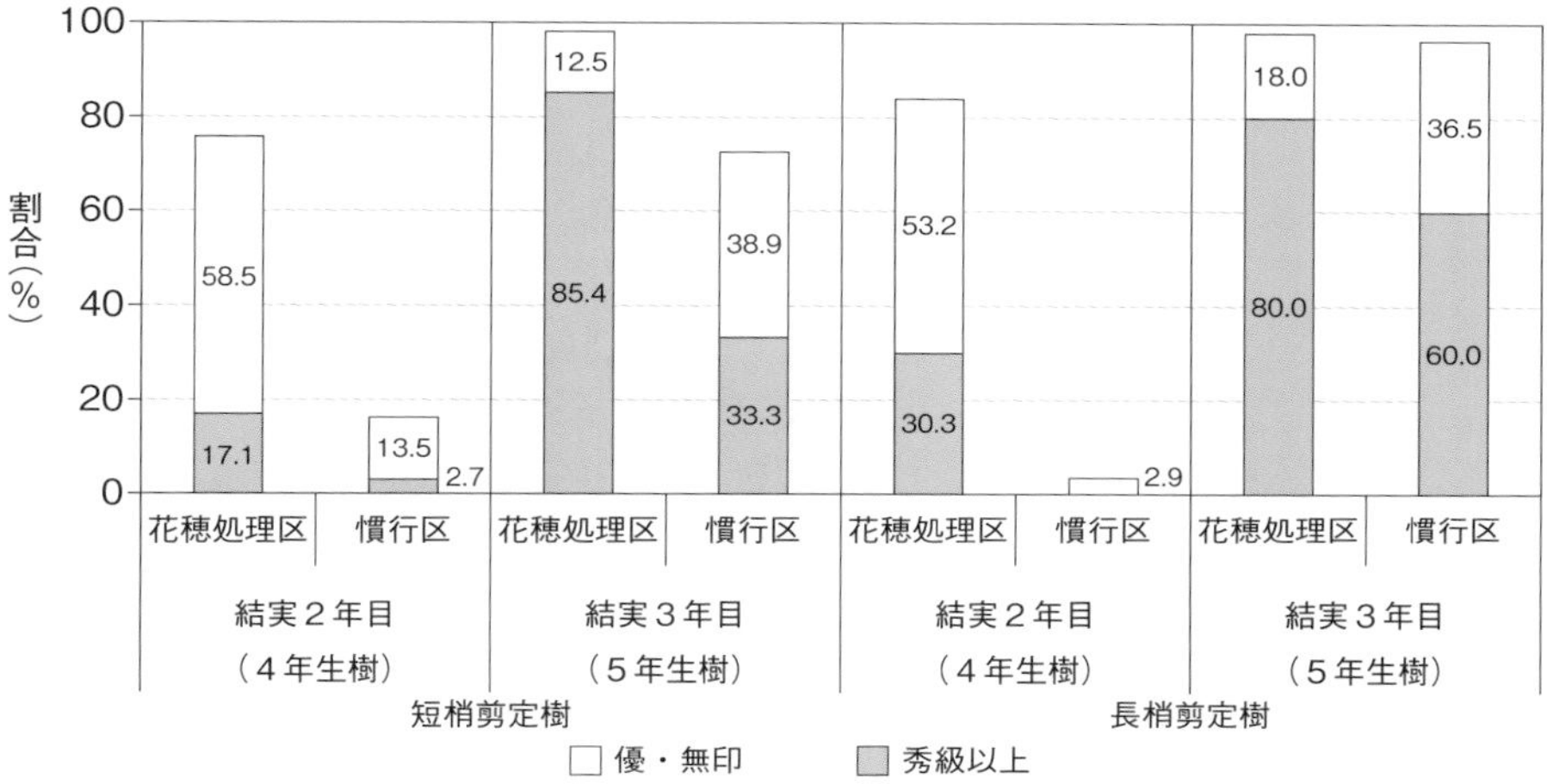

秀 以 上：果房重500g以上かつ１粒重13g以上
優・無印：果房重500g以上かつ１粒重11g～13g
※上記を満たさないものは規格外品

注：2012 － 13　山形農総研セ園試

図５－14　シャインマスカット幼木のフルメット花穂処理併用ジベレリン処理体系

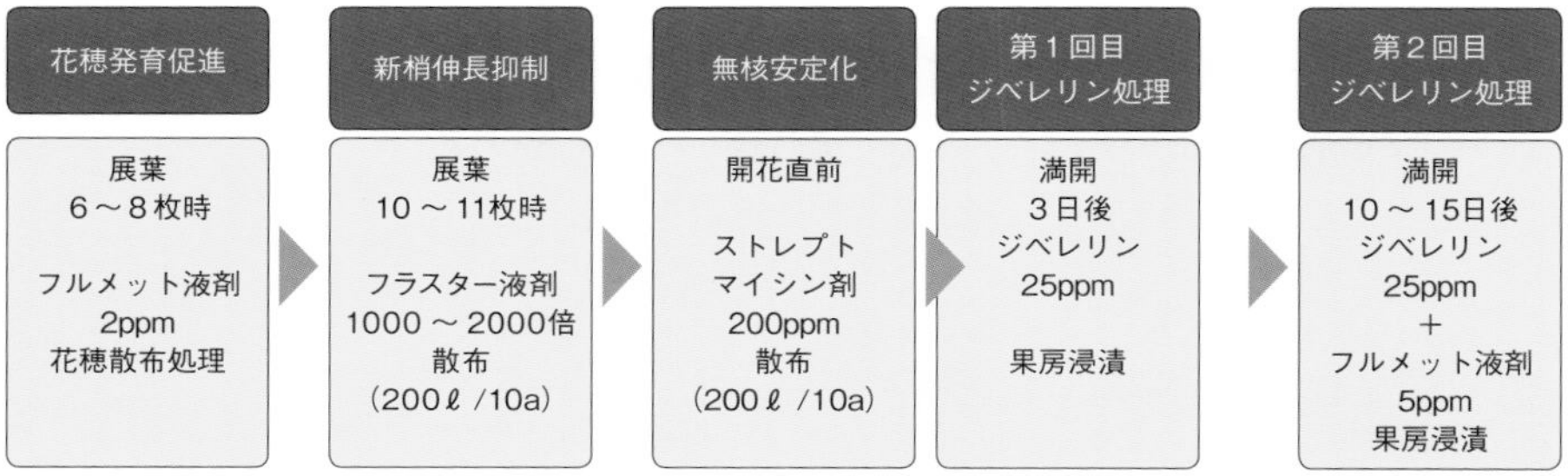

理濃度を変えて検討したところ、展葉6～8枚時にフルメット2ppmで散布処理した区で無処理に比較して花穂が明らかに大きくなり、着粒数が多くなる結果であった。しかし、収穫果房の果粒重は無処理とほぼ同等であり、処理の効果は判然としなかった。

一方、フルメット花穂処理に加え、展葉10～11枚時にフラスター液剤1500倍を処理した果房では果粒重が明らかに大きくなり、結実2年目、3年目（4～5年生樹）の商品果房率（山形県の商品果房の基準：果房重500g以上、かつ、果粒重11g以上）が向上した（**図5-13**）。そこで山形県では、果粒肥大が劣る幼木では、フルメット花穂処理＋フラスター液剤を組み合わせたジベレリン処理（フルメットは第2回目処理時に5ppmで加用）を勧めている（**図5－14**）。ただし、フルメット花穂処理により、果皮が硬くなる傾向が見られることから、この処理は幼木（3年生樹～6年生樹）に限定した処理としている。

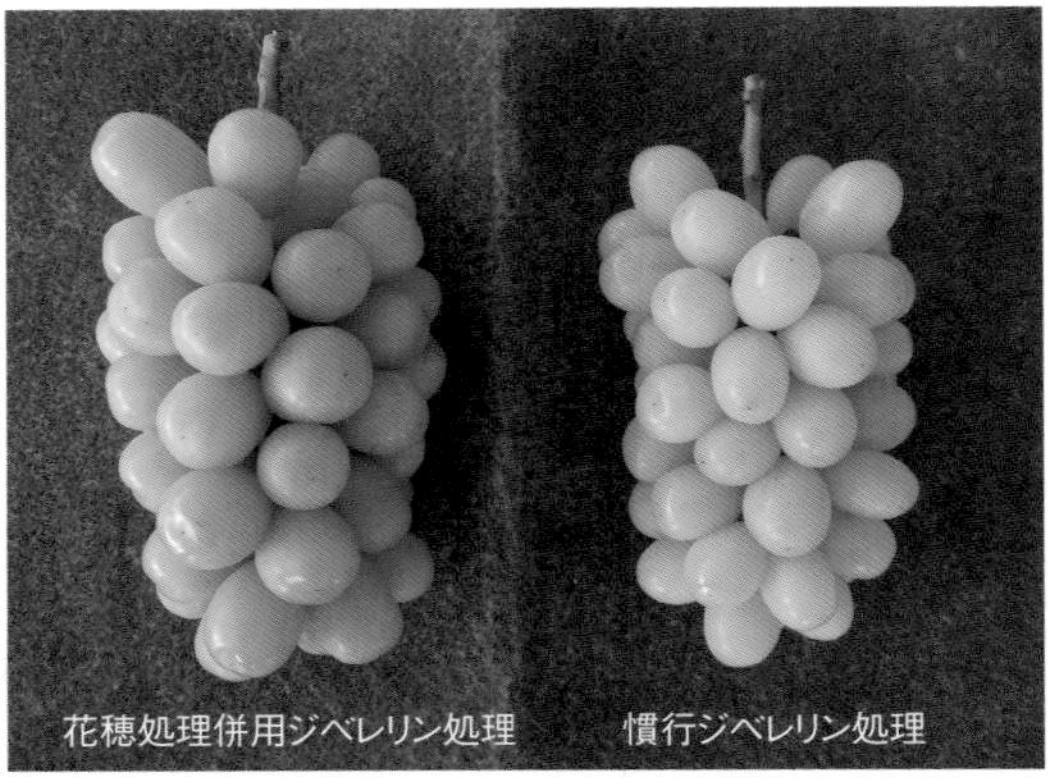

フルメット花穂処理併用ジベレリン処理と慣行処理の果房。4年生樹で短梢の結果母枝由来の果房

摘房（適正着果量）

「シャインマスカット」で特に注意が必要なのは着果量である。黒系や赤系品種であれば着果量が多いと着色不良になるので、適正な着房数に制限されやすいが、着色を必要としない「シャインマスカット」では往々にして着果過多になりやすい傾向がある。

着果過多になると糖度が上昇せず、目標としている糖度18％に満たない食味の劣る果房が市場出荷され、品種の評価を低下させてしまうおそれがある。そこで山形県では、成園における着果量は1800kg／10aを上限とした着果制限を実施しており、まず、1芽座当たり1房を目安に着房させ、その後の房型や肥大の良否を確認しながら、主枝1m当たり着房数を7～8房に制限している。

ちなみに、7・5房／m×336m（総主枝長／10a）×700g（平均果房重）≒1760kg。

摘粒のポイント

摘粒の時期

摘粒は、実止まりが判明したらできるだけ早期に行うと果粒肥大が良好になるが、満開10日後頃では果粒が小さいため、効率が悪い。第2回目ジベレリン処理期の満開14～15日後頃になる

長く残った支梗による果粒の損傷

図5−15　摘粒方法

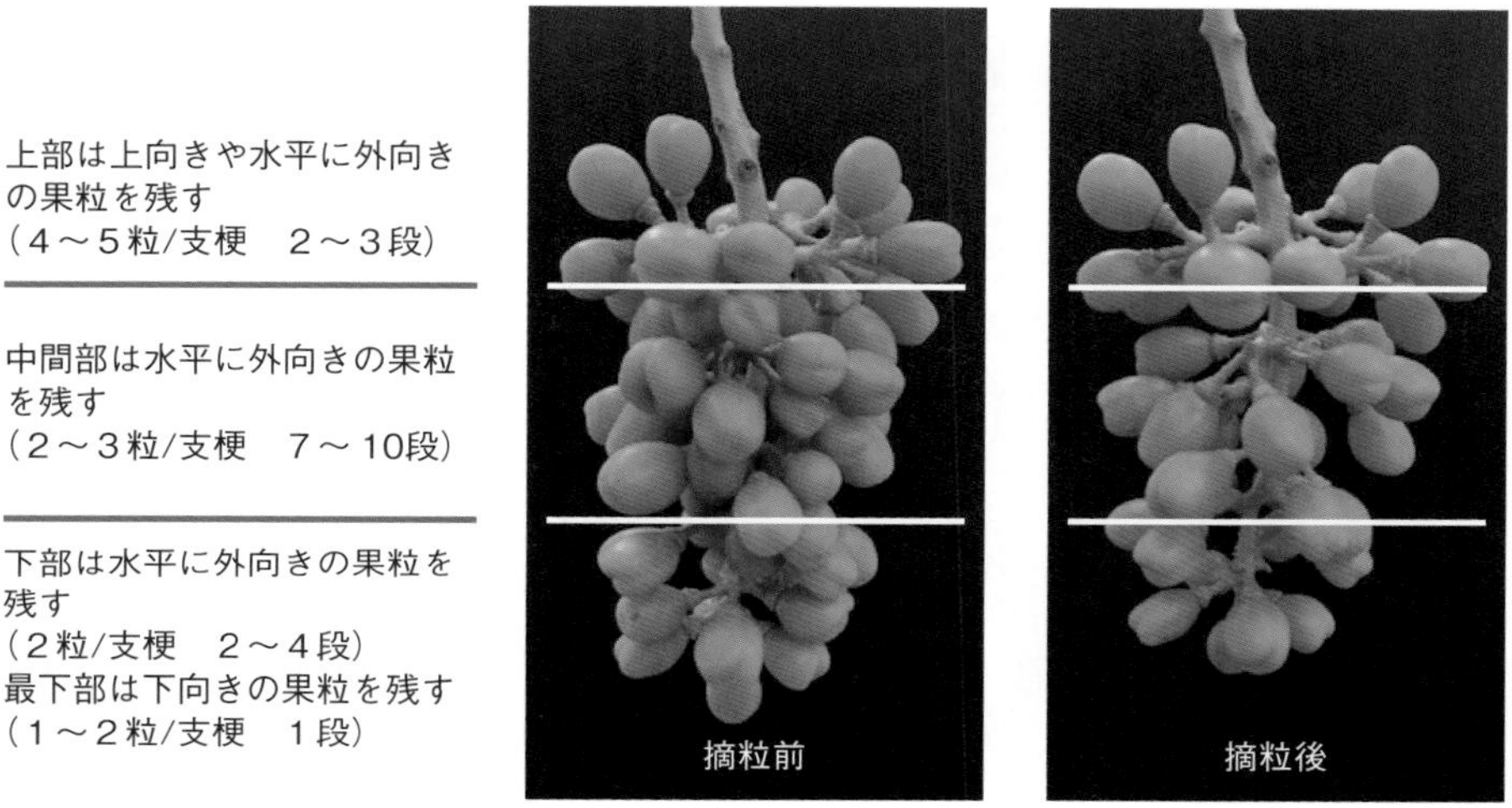
上部は上向きや水平に外向きの果粒を残す
（4～5粒/支梗　2～3段）
中間部は水平に外向きの果粒を残す
（2～3粒/支梗　7～10段）
下部は水平に外向きの果粒を残す
（2粒/支梗　2～4段）
最下部は下向きの果粒を残す
（1～2粒/支梗　1段）
摘粒前
摘粒後

と、果粒が肥大してきて摘粒しやすくなるので、この時期から始めるのが一般的である。

　ただし、摘粒が遅れると肥大効果が劣るほか、果粒どうしがくっついて、摘粒の際ハサミが入れにくくなり、さらに遅れると支梗が裂けてしまう場合があるので、できれば満開21日後まで、遅くても満開28日後頃までには摘粒を終了する。

　なお、摘粒の際、支梗や果梗の切除痕が長く残っていると、果粒を傷つけるおそれがあるので、できるだけきれいに切除するとともに、花穂整形時に切除した支梗が長く残っている場合も同様の理由からきれいに切り落とす。

摘粒の方法

　山形県では1粒重15g以上で600～800gの果房を目指していることから、1果房当たりの着粒数は40～50粒である。

　倒卵型で隙間なく果粒が配置された果房となるように、果房上部の2～3支梗は上向きや水平に外向きの果粒を1支梗当たり4～5粒残す。果房中間部の7～10支梗では、水平に外向きの果粒を1支梗当たり2～3粒残す。果房下部の2～4支梗は水平向き1支梗当たり2粒残し、最下部は下向きの1粒を残すように摘粒する（**図5‐15**）。

修正摘粒

　きちんと摘粒したつもりでも、果粒肥大が進むと、着粒が多いことが判明する場合がよくある。灌水のところでも述べたが、「巨峰」に比べ「シャインマスカット」は肥大第Ⅲ期以降も果粒肥大が継続する。果粒が密着していると、裂果を誘発するので「シャインマスカット」では、袋かけ前に果房全体に若干の遊びがある程度に摘粒の見直しを行う。

また、支梗が絡まったり、着粒位置が偏っていて房形が乱れている果房では、摘粒の見直しと一緒に果粒の並び変えを行うと果房の形状が良くなり、等級が上がる場合がある。

図5－16　房型を良くする果粒の並び替え

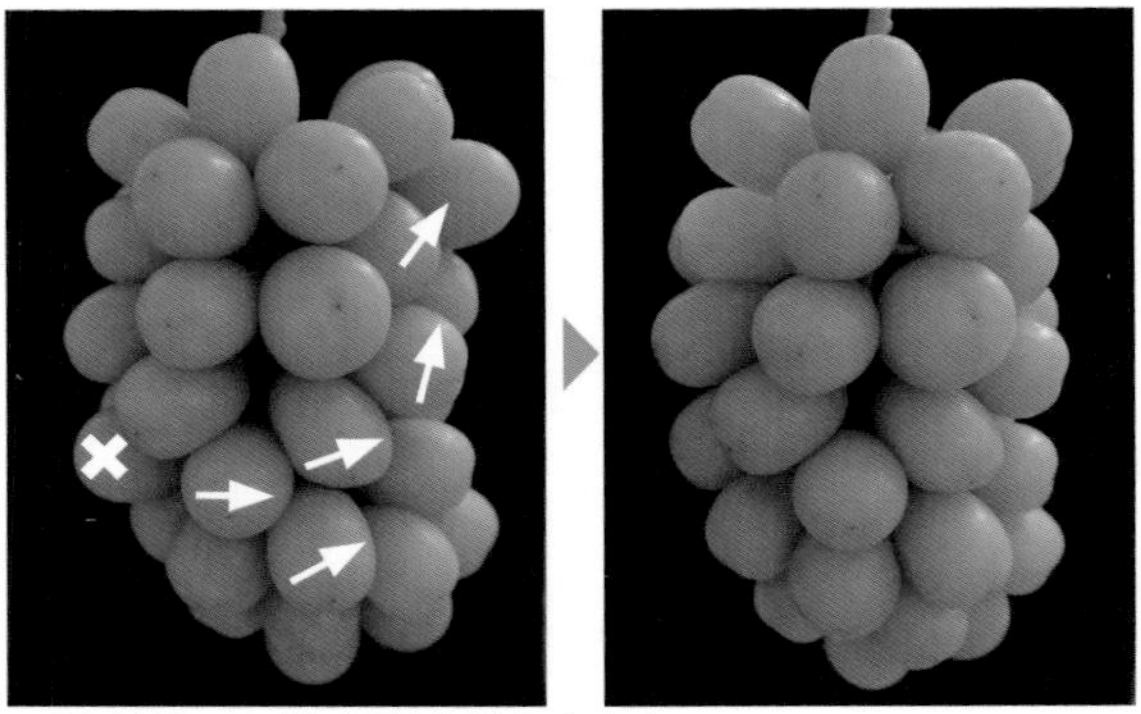

×印：摘粒　矢印：果粒を動かす方向

なお、果粒の並び変えを行う時期が早いと、ちょっと動かしただけで脱粒してしまうので、ベレゾン期終盤になって、果梗から脱粒しにくくなってから行うとよい（図5‐16）。

袋かけのコツ

一般に大粒種ブドウでは、果房の外観を損なわないように袋かけを行う。ただし、果実袋内の温度は袋かけしない場合よりも高くなるので、袋かけの時期が早すぎると、果粒が日焼けしてしまう場合がある。そこで、袋かけはベレゾン期以降に行うとよい。

白色袋と有色袋

ブドウ用の果実袋は、従来白色しかなかったが、「シャインマスカット」でカスリ症の発生や果皮色の黄化が問題になったことから、各果実袋メーカーでは緑色や青色の有色袋を販売するようになった。

青色や緑色の有色果実袋の特徴を調査したところ、白色袋に比べ、袋内に到達する日射量や紫外線量が少ないことからカスリ症の発生や果皮の黄化を抑制する効果がある一方で、糖度の上昇など果房の成熟が遅れる傾向があることが確認された（図5‐17）。

冒頭にも述べたが、山形県では10月中旬以降の比較的遅めの出荷を推進しており、有色果実袋の利用により熟期が若干遅れることは特に問題はないが、9月以降、曇天・降雨の日が続くような場合は、糖度が上がらず食味がやや劣ってしまうので注意が必要である。そのような場合は、除袋したり、反射シートを設置するなどして、光環境を少しでも改善して食味の向上を図ってほしい。

図5－17　袋色別の果房外観と糖度への影響

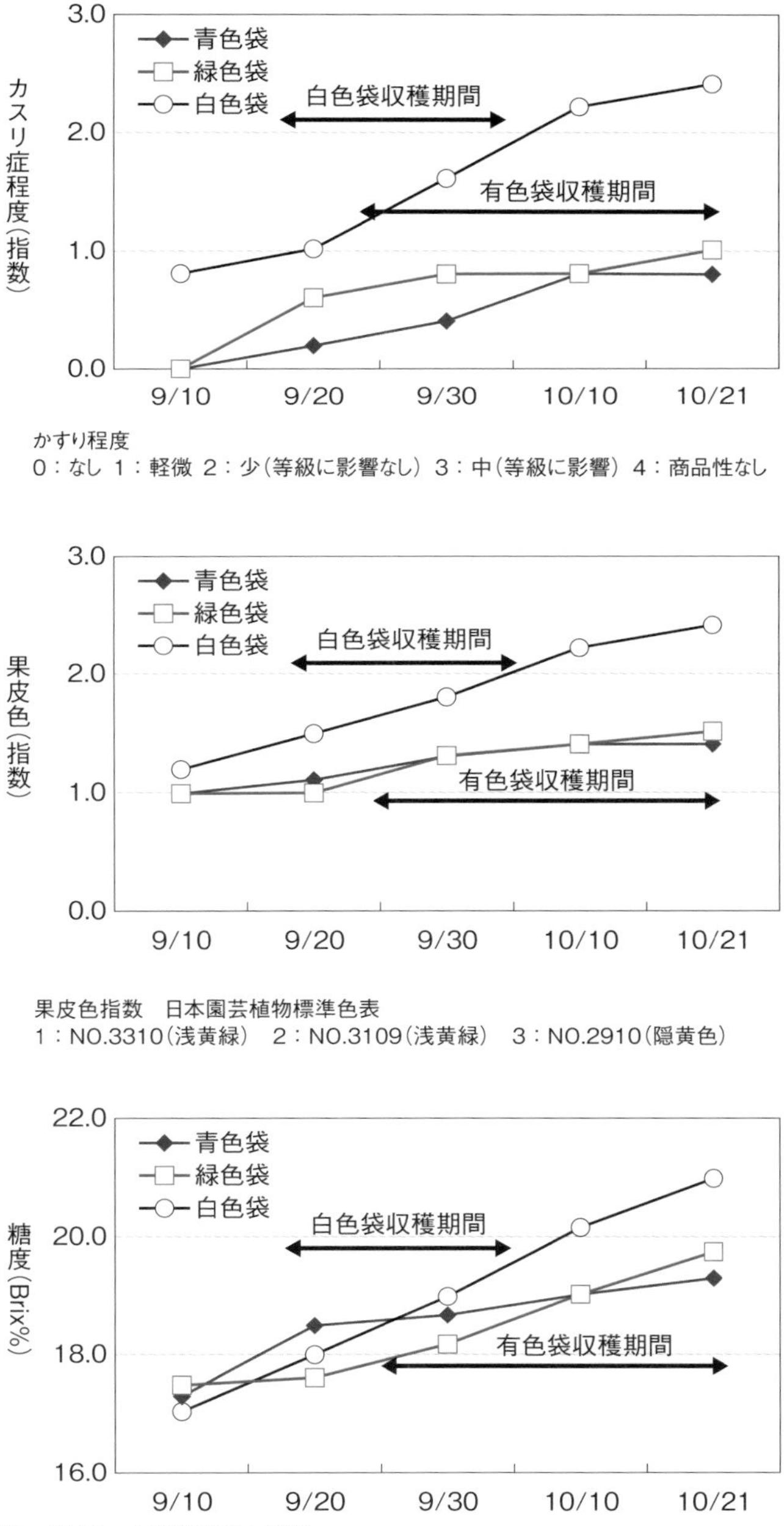

かすり程度
0：なし　1：軽微　2：少（等級に影響なし）　3：中（等級に影響）　4：商品性なし

果皮色指数　日本園芸植物標準色表
1：NO.3310（浅黄緑）　2：NO.3109（浅黄緑）　3：NO.2910（隠黄色）

注：2012　山形農総研セ園試

袋かけを効果的に

また、樹勢が旺盛で樹冠下（棚下）が暗い園地でも、同様に糖度が上がりにくいので、そのような場合は、カスリ症が発生しやすい南側と西側の果房だけに有色果実袋を利用するなど、上手に利用してほしい。

なお、有色果実袋による果房の成熟の遅れは、袋かけ時期が早いほど顕著である。逆に、袋かけの時期が遅くなると、果房の成熟には影響が出ないが、カスリ症の発生や果皮の黄化を抑制する効果が弱まってしまう。したがって、有色果実袋は、60～70%程度の果房がベレゾン期に達した時期に袋かけを行うとよい（**図5－18**）。

図５－18　緑色果実袋の被袋時期が糖度、カスリ症に及ぼす影響

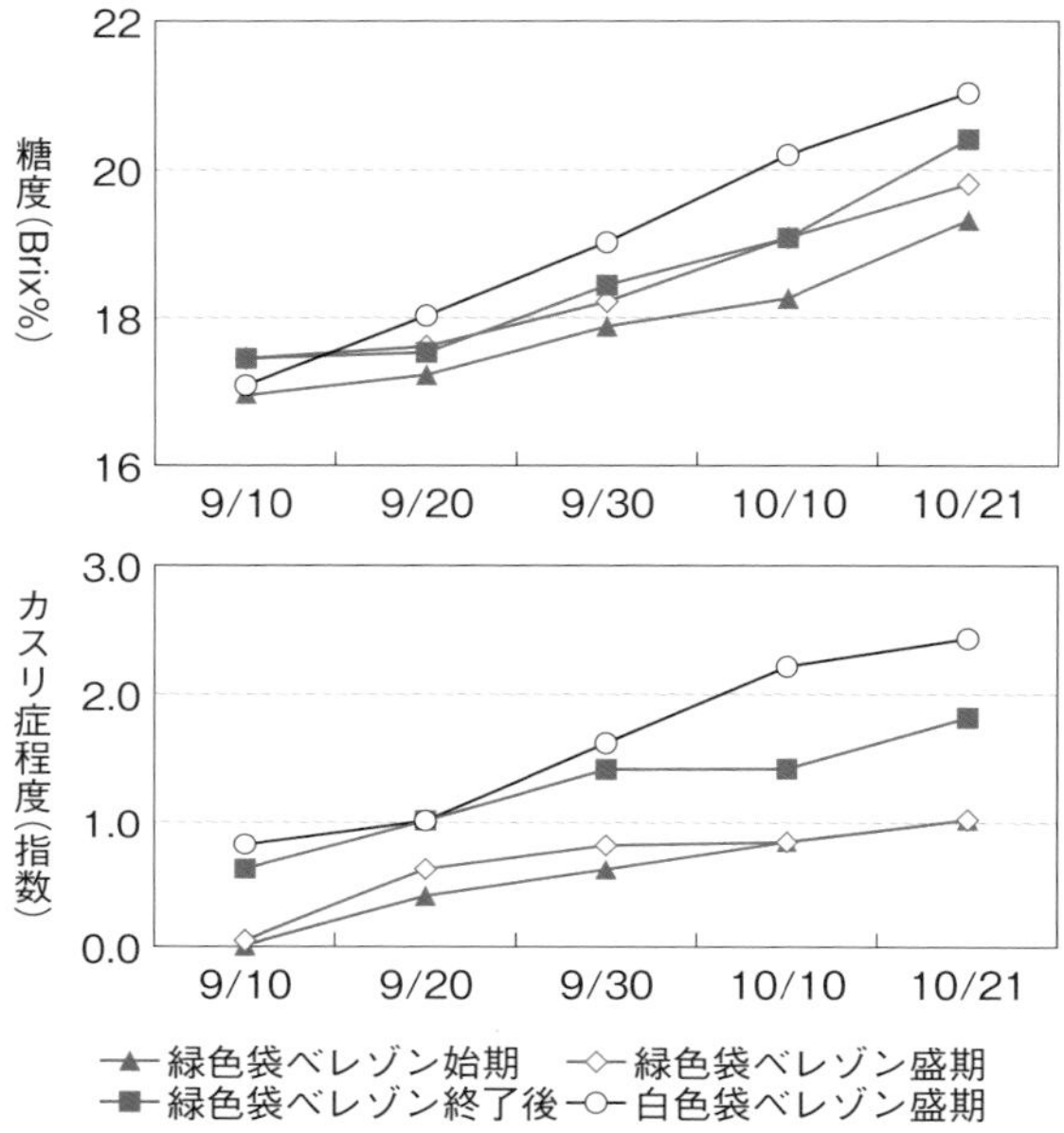

■被袋時期
ベレゾン始期：一部の果房で果粒軟化し始めた時期　(2013.8.8被袋)
ベレゾン盛期：60～70%程度の果房で果粒軟化した時期　(2013.8.12被袋)
レゾン終了後：すべての果房で果粒が軟化し終わった時期　(2013.8.16被袋)

■かすり程度
0：なし　1：軽微(等級に影響なし)　2：少(等級にやや影響)
3：中(等級低下)　4：商品性なし

注：①青色果実袋でも同様の傾向である
②2012　山形農総研セ園試

収穫とその後の管理

適期収穫

山形県の雨よけ栽培における収穫期は9月中旬～10月上旬、簡易雨よけトンネル栽培では10月上旬～中旬頃である。熟度が進んで、食味が向上（糖度18％以上）した果房から収穫すればよいのだが、「シャインマスカット」は着色しないことから、外観からの収穫時期の把握が難しい品種である。

そこで山形県では「シャインマスカット」用のカラーチャートを独自に作成し、全栽培者に配布している。カラーチャートは4段階に分けられており、「1」は未熟、「2」～「3」が適熟、「4」を過熟と定義し、良食味の果実を消費者に提供するための適期収穫を推進している。

なお、市場出荷する場合は各産地で設定している出荷規格を順守し、消費者に高品質の果房を届けるようにしてほしい。

袋かけ前までの病害虫防除

前述したように山形県では、日焼け発生の懸念からベレゾン期以降に袋かけしており、落花期から袋かけまで40日間ほどは無袋状態で果房をぶら下げておくことになる。

一方、この期間は梅雨時期ともかさなり、べと病、灰色かび病、うどんこ病、チャノキイロアザミウマなど様々な病害虫の発生が多くなる時期であり、生産現場では、農薬による果房の

表5－5　落花直後～袋かけ前までの病害虫防除（散布事例）

【殺菌剤】

散布時期（散布回数）	対象病害虫	薬剤名	果粉溶脱に関する注意事項
落花直後（1回）	べと病、灰色かび病、うどんこ病	【QoI剤（ストロビルリン系）】 ストロビードライフロアブル（3,000倍）	落花20日後以降～袋かけまでの散布で果粉の溶脱のおそれ
果粒肥大期（1～2回）	べと病	【有機殺菌剤】 ライメイフロアブル（3,000倍） ランマンフロアブル（2,000倍） レーバスフロアブル（3,000倍）のいずれか	ライメイフロアブルは肥大中期（あずき大）～袋かけまでの散布で果粉溶脱のおそれ
袋かけ前（1回）	灰色かび病、うどんこ病	【DMI（EBI）剤】 オンリーワンフロアブル（2,000倍） インダーフロアブル（8,000倍）のいずれか	

※耐性菌出現回避のため、QoI剤、DMI（EBI）剤の年間総使用回数は２回以内とし、連用は避ける

【殺虫剤】

散布時期（散布回数）	対象病害虫	薬剤名	果粉溶脱に関する注意事項
落花期～袋かけ前（3～4回）	チャノキイロアザミウマ等	ネオニコチノイド剤 アドマイヤー水和剤（1,000倍） アルバリン果粒粒水溶剤（2,000倍） スタークル果粒水溶剤（2,000倍） ダントツ水溶剤（2,000倍） バリアード果粒水和剤（4,000倍） 合成ピレスロイド剤 アーデントフロアブル（2,000倍） スカウトフロアブル（2,000倍） のいずれか	ネオニコチノイド剤は、幼果期～顆粒肥大期の散布で果紛溶脱のおそれがあるので早い時期に使用する

※抵抗性害虫出現を回避するため合成ピレスロイド剤の年間総使用回数は２回以内とし、連用は避ける

汚染や果粉溶脱に注意して防除している。

各病害虫の説明は第8章に掲載されているのでここでは省略するが、**表5・5**に落花期から袋かけ前までの山形県内の防除事例を示したので参考にしてほしい。

なお、果樹の病害虫防除は予防散布が基本なので、各産地の病害虫の発生状況に応じた休眠期からの年間を通じた計画的な防除が重要であることはいうまでもない。

また、散布のやり方で果房の汚染や果粉溶脱の程度が違ってくる。まず、使用する薬剤は、適用の範囲内でできるだけ濃度を薄くする。さらに散布する際、動力噴霧器であれば、広角で細かい霧状に散布できるノズルを使用して、薬液を果房に「ふわっ」とかけるように、スピードスプレーヤーの場合は、ファンの風力を弱め、走行スピードをやや速めて散布すると、汚染や

果粉溶脱を最小限に抑えることができる。

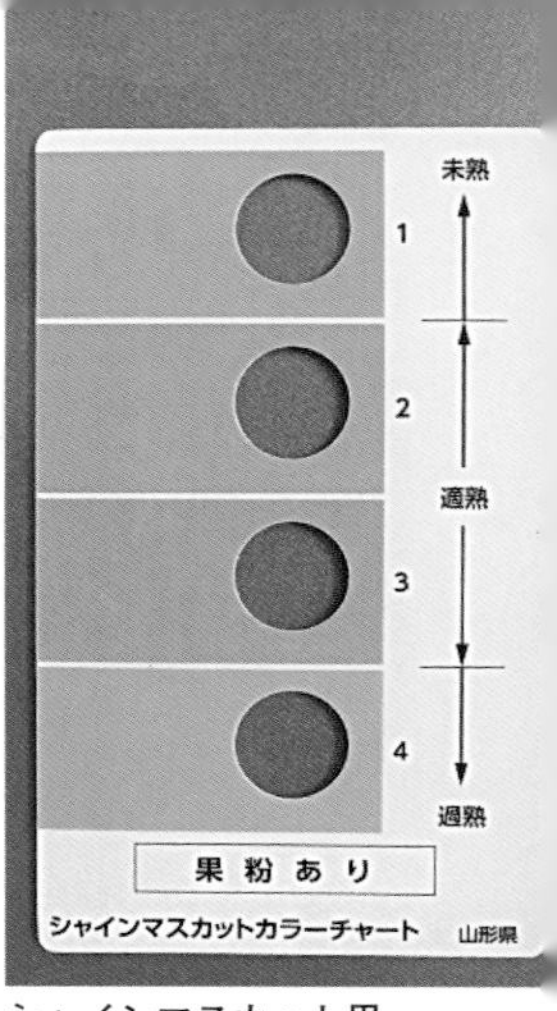

シャインマスカット用のカラーチャート

施肥の目安

山形県の大粒種ブドウ雨よけ栽培では秋季に基肥を一発施用するのが一般的で、分施はほとんど行われていない。「シャインマスカット」の収穫時期は9月中旬〜10月中旬で、11月中〜下旬頃には落葉しはじめ、根から養分が吸収されなくなる。ブドウを含め、果樹は前年に樹体内に蓄えた貯蔵養分で春先の生育を賄うので、施肥養分を貯蔵養分として蓄えておくことが求められることから、収穫終了後すぐに施肥し、根が働いているうちに施肥養分を樹体内にきちんと吸収させることが重要である。

生産者からの聞き取りによると、樹齢10年生程度までは施肥量は窒素成分で10a当たり4〜6kg程度（「ピオーネ」の50％程度）としている園地が多い。なお、高品質な果房生産には樹勢を適正に誘導することが最も重要なので、樹勢や土壌の肥沃度をしっかり把握したうえで施肥量を決定してほしい。

剪定の実際

山形県では、積雪前に剪定をしないと、枝に雪が積もり、雪の重みで棚が倒壊してしまうおそれがある。短梢剪定樹は長梢剪定樹に比べ着雪しにくい樹形ではあるが、剪定は降雪前の12月中旬頃までには終わらせるようにする。

山形県の短梢剪定栽培は2芽剪定としている。2芽剪定を行う場合、3芽目を犠牲芽剪定する方法と、節と節の中間で切る場合がある。ただし、節が非常に硬いことから、長時間、犠牲芽剪定を続けていると手首に大きな負担がかかるので、節と節の間で切ることをお勧めしたい。

なお、節間で切る場合、第2節と第3節の中間で切ってしまうと、凍害や乾燥により第2芽が発芽しない場合があるので、第3節と第4節の中間で切

図5－19　短梢剪定（寒冷地での2芽剪定）

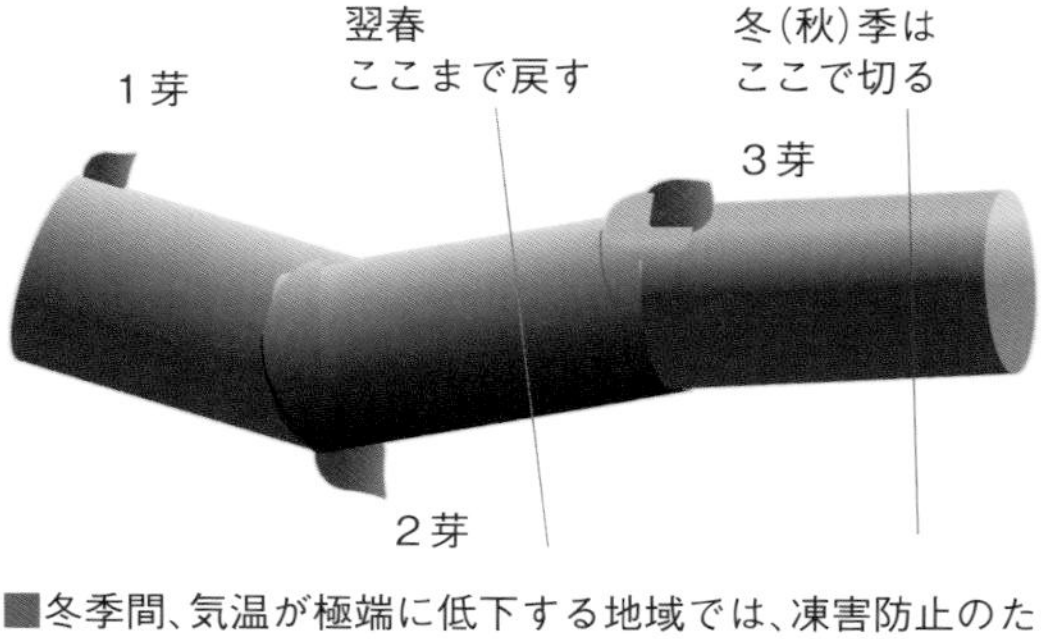

■冬季間、気温が極端に低下する地域では、凍害防止のため、3芽目と4芽目の間で切る。
■翌春、発芽期頃に2芽目と3芽目の中間まで切り戻す。

図５－20　芽座基部の枝の利用

新梢発出部位が、しだいに主枝から離れてしまう

新梢の発出部位が主枝から離れないように、基部から発生した枝は多少細くても利用する(着房させず予備枝とすることもあり)

り、発芽後に第2芽と第3芽の間に切り戻す（図５-19）。

　また、枝伸びの揃った新梢を残すことを目的に、結果母枝は2本残し、翌春、芽かきで新梢数を2本に調整する。冬期間の気温が低く凍害などで不発芽が発生する場合がある山形県では、安定生産のうえでも結果母枝を2本残したほうがよい。

　なお、短梢剪定を長年続けていくと、新梢の発生部位が主枝からしだいに離れてしまい、着房位置が一直線に並ばないようになり、トンネル栽培では果房位置が被覆部分からはみ出してしまうことも懸念される。そこで、新梢の発出位置が主枝から離れてしまった場合は、多少細くても基部の新梢はできるだけ利用する（図５-20）。

長期貯蔵にあたって

高い商品性を保つ技術

「シャインマスカット」の栽培面積は、全国的に急激に拡大していることから、出荷の集中による市場価格の低迷が懸念された。そこで山形県では北の産地という立地条件を活かし、「遅出し」産地としてのブランド化を進めようと、長期貯蔵技術の開発を行った。

　様々な試験を実施するなかで、「シャインマスカット」は大粒種ブドウのなかでは貯蔵性に優れる品種だが、2℃設定（湿度90％RH程度）の送風式普通冷蔵庫では貯蔵60日を過ぎると、乾燥のため穂軸が萎凋・褐変して商品性が損なわれ、逆に湿度95％以上の恒温高湿庫で貯蔵すると、穂軸の萎凋・褐変はやや抑えられるものの、腐敗が発

図５－21　水分補給用プラスチック容器および穂軸の挿入長

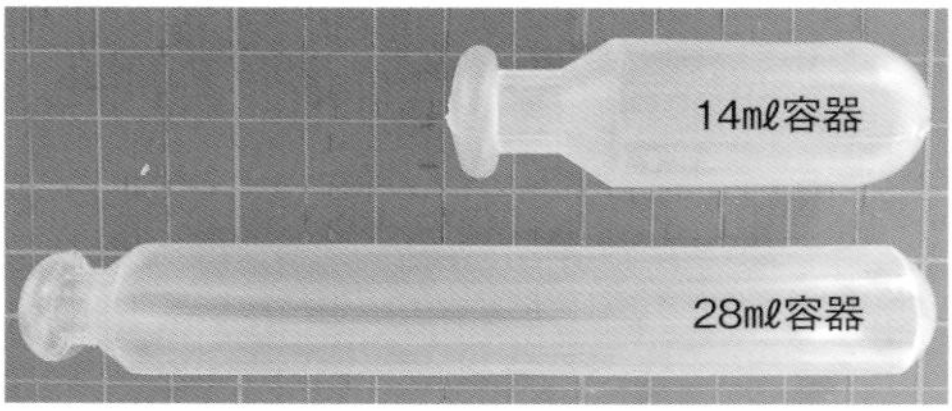

容器容量	規　　格
14mℓ	長さ60㎜ × 太さ20㎜
28mℓ	長さ120㎜ × 太さ20㎜

商品名：フレッシュホルダー

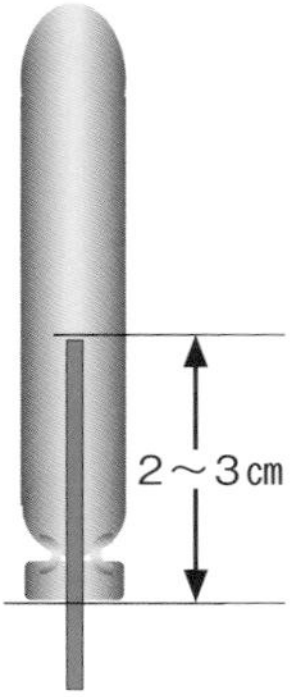

容器装着

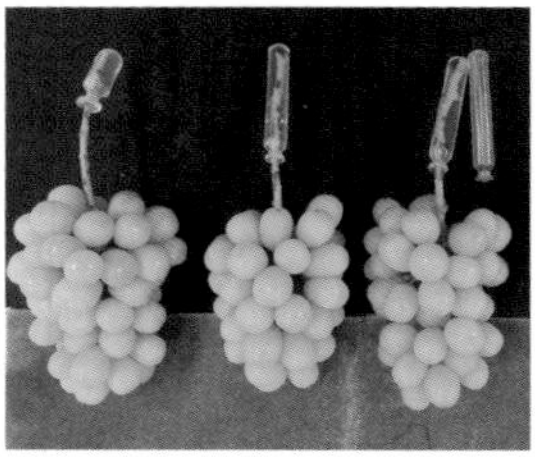
容器を装着した果房

図５－22　容器の装着方法

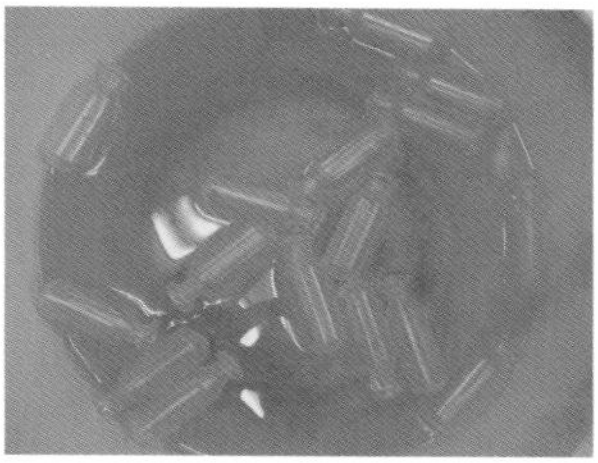
①バケツ等の中で容器に水を入れておく

②穂軸が緑色の部分まで水きりする。切り口を斜めに切ると容器を装着しやすくなる

③穂軸に容器を装着する

④容器の装着

生しやすくなることなどが明らかになった。

筆者らは、現場で広く普及している送風式普通冷蔵庫を用いて、水を入れたプラスチック容器（**図５‐21**）を穂軸に装着（**図５‐22**）して水分補給しながら貯蔵することで、高い商品性を保ったまま3か月以上の貯蔵が可能となる技術（**図５‐23**）を開発した。

容器と装着

目標とする貯蔵期間が2～3か月程度であれば容量14mℓ（長さ60㎜、太さ25㎜、軸穴径3・5㎜）の容器を用い、それ以上の期間貯蔵する場合は容量28mℓ（長さ120㎜、太さ20㎜、軸穴径4・0㎜）の容器を用いると穂軸の褐変を十分に抑えることができる。

穂軸からの吸水は切り口からだけでなく、花穂整形時に切り落とした

図5－23　給水処理別の穂軸の状態（貯蔵90日後）

図5－24　貯蔵形態

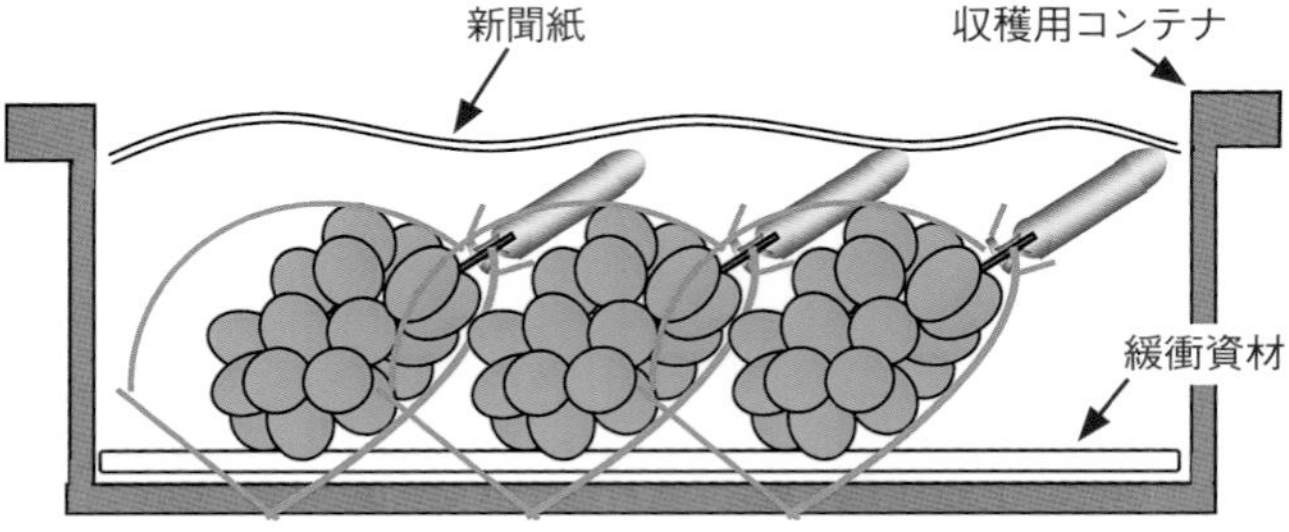

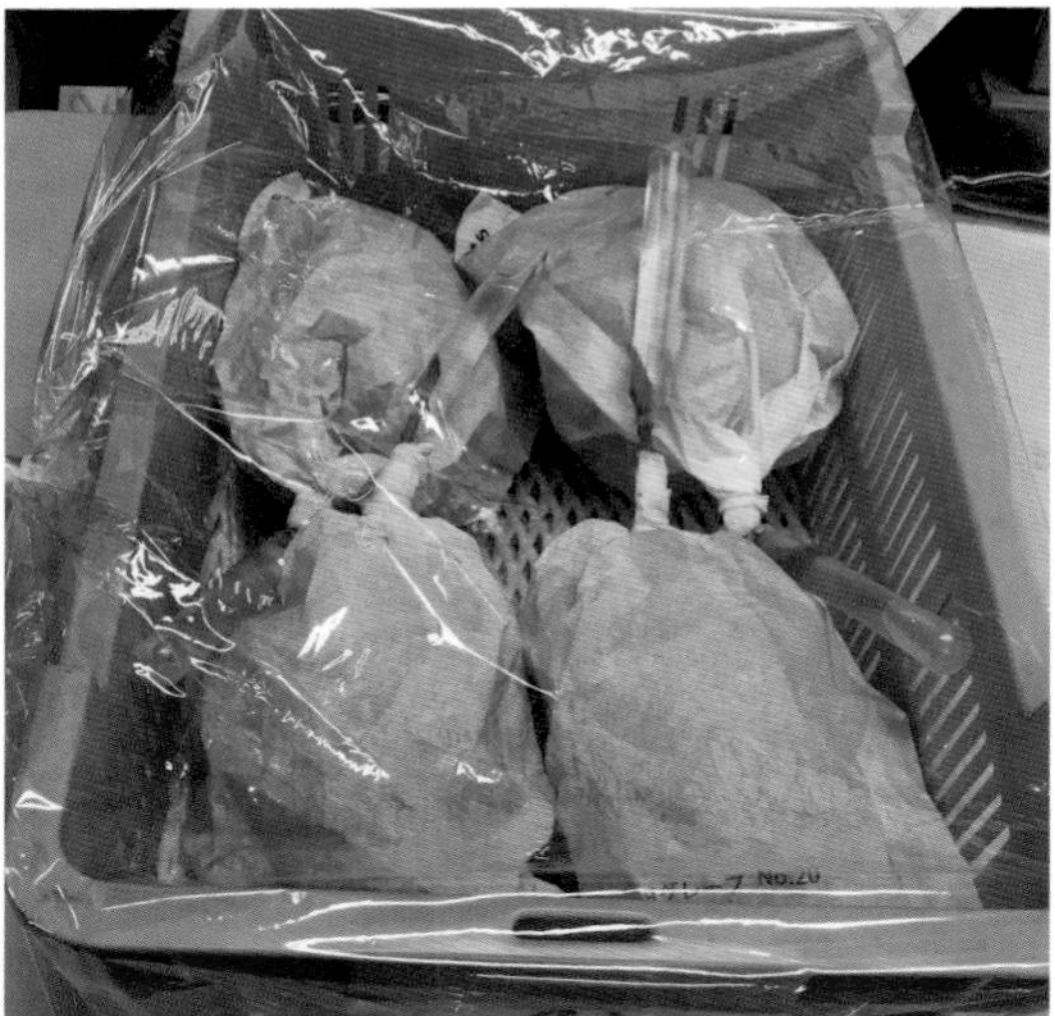
低湿度の貯蔵

支梗痕からも行われるため、穂軸をプラスチック容器底部まで挿入してしまうと、一時的に多量の水分が吸収され、果粒内が水分過剰な状態となり、障害が発生しやすくなる。そこで、容器に挿入する穂軸の長さは2～3cmとし、穂軸からの吸水を制限すると押し傷果の発生を抑制することができる。

なお、穂軸が十分に吸水できるよう、容器底部が上向きになるようにして貯蔵する。

貯蔵方法

底部に緩衝資材を敷いたコンテナに

果実袋に入れたまま果房を並べ、上に新聞紙を被せて貯蔵する（**図5-24**）。冷蔵庫の設定温度は0・5℃（冷蔵庫内の湿度は90%RH前後）とし、果房に直接冷気が当たらないように冷却ファンとの間にビニールなどで仕切りを設ける。

なお、冷蔵庫内の湿度が低いと、水分を補給しながら貯蔵しても穂軸が萎凋・褐変しやすくなり、貯蔵可能期間が想定より短くなってしまう。そこで湿度80%RH程度の場合は果房を入れるコンテナの側面も新聞紙等で覆ってやるなどして、果房の乾燥を抑制する必要がある。

湿度が60%RH程度とさらに低い場合は水分補給に加え、結露防止フィルム製の袋で果実袋に入れたまま個包装するか、またはコンテナごと覆って貯蔵すると、高い商品性を維持したまま長期間貯蔵することが可能である。

図5－25　収穫時期と商品果房率

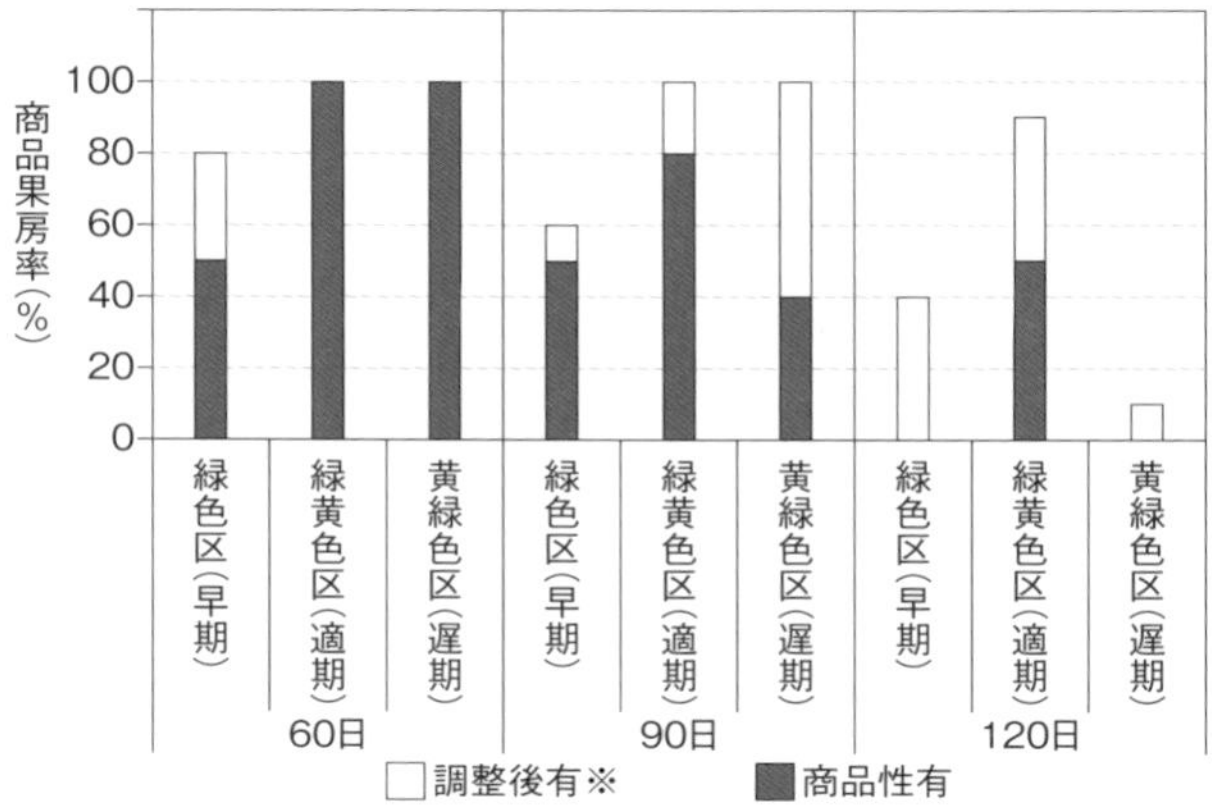

注：①調整後有：数粒の障害果粒を除くと等級は低下するが、商品性を有する果房
② 2013　山形農総研セ園試

押し傷

長期貯蔵に適した果房

貯蔵中にカビが発生しないように、貯蔵には裂果等の障害のない果房を使用することが大前提であるが果房の収穫時期も重要である。

収穫が早く果皮の緑色が濃い果房では果粒内の水分が多く、押し傷果粒の発生や灰色かび病の発生が多くなり、逆に収穫が遅れて果皮の黄化が進んだ果房（過熟気味）は貯蔵中に果粒の軟化が進みやすい傾向があることから、長期貯蔵には適期に収穫した果房を用いるようにする（**図5-25**）。

第6章

シャインマスカットの長期貯蔵技術

長野県果樹試験場
桐崎 力

貯蔵待ちの果房

貯蔵のねらいと販売計画

貯蔵にあたって

「シャインマスカット」は、「巨峰」や「ピオーネ」などと比べて、収穫後の果実の貯蔵性が非常に良い。冷蔵庫を利用して低温で貯蔵することで、1～3か月程度の鮮度保持が可能である。これにより、出荷期間が延長され、出荷時期の集中の解消や販売機会の増加につながっている。

長野県では、クリスマスやお歳暮向けといった新たなブドウ需要に対応した生産出荷体制が整備されている。また、脱粒が少なく、輸送性が優れるため、海外への輸出など販路の拡大にも貢献している。今までブドウが流通していなかった時期や場所で販売がなされることが、販売価格の向上につながっている。

このように、貯蔵販売には魅力的な点が多くある。しかし、収穫した「シャインマスカット」の果実をただ冷蔵庫に入れておいても、思ったような貯蔵結果や販売ができないことがある。それは、貯蔵中に多量のロスが発生してしまうことがあるからである。

まずは、貯蔵中の障害発生を少なくする技術を習得して、ロスを極力減らすことが大切である。そして、いつ、どのような形で、誰に対して販売するか、よく計画することも重要である。

本項では、「シャインマスカット」の貯蔵について、ブドウの基本的な貯蔵方法から、品種特有の技術的なポイントについて解説する。

貯蔵のねらいと有利販売

技術的なポイントを解説する前に、貯蔵のねらいについて考えたい。

先述したとおり、貯蔵することで、販売期間が長くなり、販売機会が多くなる。それによって、高単価販売がねらえるが、一口に貯蔵と言っても、「シャインマスカット」では、1か月以内の比較的短い期間の貯蔵から、3か月程度の長期間のものまで考えられる。当然、貯蔵期間が変わることにより、それに対して利用する鮮度保持資材の種類や果房の調整にかける労力、冷蔵庫の運用経費などが変わる。そのため、自分がどの時期に販売したいかを明確にしなければ、貯蔵にどれだけのコストをかけるべきか判断できない。

長野県は、露地ブドウ産地としては出荷が遅い産地である。露地の「シャインマスカット」の出荷時期は9月下旬～10月頃となり、他県産のシャインマスカットが市場に出荷された後になる。そのため、出荷時期を後半に伸ばすことで、有利販売をする方法をとっている。1か月以内での販売を考えるのであれば、簡易な方法での貯蔵でも、十分な出荷が見込める。

しかし、需要が高まるクリスマスやお歳暮時期での出荷を計画すると、貯蔵する期間が3か月程度と長くなるため、貯蔵する果房や使用する鮮度保持資材をよく選ばなくてはいけない。まずは貯蔵した果実をどのように販売するか計画する必要がある。

また、実際の販売時期に当たる年末年始では、贈答中心の高品質な果実が望まれる。そのため、貯蔵する果実は、外観が良く食味の良いものが必要とされる。貯蔵は、決して下級品を何とかして販売するための方法ではないことをよく承知しておく必要がある。

貯蔵に適した果房を用いる

長期貯蔵を目指すためには、品質の良い果房を選び、安定した鮮度保持を図る必要がある。

同じ「シャインマスカット」の果房でも、収穫時期や果房の個性などによって貯蔵性が異なることがわかってきた。まずは、どのような果房を貯蔵するべきか確認したい。

貯蔵用の収穫タイミング

収穫時の果房の成熟程度は、貯蔵の良否を決める重要な要素の一つである。出荷時に十分な商品価値があり、貯蔵性の良いタイミングで収穫する必要がある。そのため、品種本来の食味となる、収穫適期での収穫が最も良いと考えられる。

長野県の収穫適期の目安は、果房上部の果皮色がほんのり黄色がさした黄緑色になり、糖度が19％以上（成熟が遅い果粒でも糖度18％以上）となったときである。

未熟な状態で収穫すると、糖度が低く、適熟で収穫したものと比べて食味が劣る（**表6－1**）。また、貯蔵中の果房重の減少が大きく、軟化果粒の発生が多くなる傾向がある。

一方、過熟な状態で収穫したものは、食味は良好なものの、腐敗や軟化などの障害の発生が多くなる傾向にある（**表6－2**）。さらに、樹上に着果しておくことで、貯蔵養分の蓄積を妨げ、樹勢衰弱や樹体凍害の発生の危険性が増す可能性がある。

以上のことから、収穫のタイミングは品種本来の食味となった適熟状態で収穫するのが望ましいと考えられる。

表６－１　未熟な果房を貯蔵した場合の果実品質

試験区		冷蔵日数	果房重			果皮色(cc)	糖度(Brix%)	酸度(g/100mℓ)	食味
			入庫前(g)	貯蔵後(g)	減少率(%)				
未熟区	貯蔵前	—	—	436	—	2.1	17.7	0.38	2.6
	貯蔵後	88	387	363	6.3	2.3	18.0	0.45	2.3
適熟区	貯蔵前	—	—	379	—	3.0	19.0	0.30	3.3
	貯蔵後	92	406	391	3.7	3.0	19.5	0.39	3.6

数値は10果房の平均値。供試樹：「シャインマスカット」14年生／５ＢＢ台、高接ぎ樹（中間台「ピオーネ」）、1樹
収穫日：未熟区９月14日（満開後87日）、適熟区10月10日（満開後113日）
調査日：未熟区12月11日、適熟区１月10日
冷蔵貯蔵条件：温度２～３℃、湿度85～95%、果実袋を被せたまま貯蔵した
果皮色：ぶどう欧州系黄色品種用カラーチャート（2012年版）を使用、1（未熟）－3（適熟）－5（過熟）
酸度：酒石酸換算で算出した。食味：1とてもまずい、2まずい、3ふつう、4うまい、5とてもうまい
注：2017　長野果樹試

表６－２　過熟な果房を貯蔵した場合のロス果粒発生

試験区		貯蔵日数	ロス果粒率(%)	ロス果粒の内訳		
				腐敗(%)	軟化(%)	脱粒(%)
適熟区	貯蔵前	—	0.8	0.0	0.0	0.8
	貯蔵後	90	1.2	0.3	0.3	0.6
過熟区	貯蔵前	—	7.6	0.0	7.4	0.2
	貯蔵後	93	27.0	20.3	6.7	0.0

数値は10果房の平均値。供試樹：「シャインマスカット」15年生／５ＢＢ台、高接ぎ樹（中間台「ピオーネ」）、1樹
収穫日：適熟区10月10日（満開122日）、過熟区10月30日（満開142日）
調査日：適熟区１月８日、過熟区１月31日
冷蔵貯蔵条件：温度２～３℃、湿度85～95%、果実袋を被せたまま貯蔵した
注：2018　長野果樹試

貯蔵性の良い果房の特徴

貯蔵性の良い果房には、外観的にも特徴がある。まず、穂軸が太くしっかりしているものがよい。また、果粒に張りがあり、脱粒しづらい程度に果粒どうしが接していることも、貯蔵性の良い果房の特徴である。

一方、貯蔵性が劣る果房の特徴として、穂軸が細く、果房自体が小さく、果粒に張りのないものが挙げられる。もともと、穂軸が黄化や褐変している果房も貯蔵性が劣る傾向が見られる。また、果粒が過剰に密着している果房では、果粒が密集している部分の果粒の軟化が多い傾向が見られる。

外観で選別する場合は、穂軸が太くしっかりしており、果粒の張りのある果房を選ぶとよいと考えられる。穂軸が貧弱で、果粒に張りのない小さな果房は、貯蔵しないことが望ましい。

ブドウの基本的な貯蔵方法

「シャインマスカット」の貯蔵方法の基本的な部分は、他のブドウ品種と大きな違いはない。

そのため、まずは基本的な貯蔵方法を理解してから、貯蔵を始めることが大切である。冷蔵庫の準備から果実の収穫、貯蔵中の注意点など順を追って解説する。

冷蔵庫の準備、管理

冷蔵庫の準備

冷蔵庫の種類は、大きさや冷却性能、加湿装置の有無など千差万別である。そのため、一概に「この冷蔵庫がいい」とは言いづらい。

しかし、「シャインマスカット」の場合は、貯蔵期間が長くなるため、十分な冷却能力と保冷性能があることが必要である。

長野県の現地農家では、2～5坪程度のパネル式冷蔵庫が使用されている場合が多い。大規模な冷蔵庫で貯蔵する場合は、温度ムラが発生しやすいことやカビなどが発生した場合に近接した果房に伝播してロスが多くなりやすいことに注意が必要である。

冷蔵庫の設定

庫内温度は凍結しない範囲で、0℃に近いほどよい。

しかし、低温にしすぎて、デフロスト（霜取り運転）の回数が多くなると、かえって庫内温度が不安定になるため、冷蔵庫の能力に注意して温度設定を行う。また、冷蔵庫の性能以上の低温に設定すると、冷凍機の運転回数が増え、庫内の湿度を低下させる原因となるため、機能に合った温度設定とする。

また、できるだけエチレンを発生するリンゴなどの他の品目と同じ冷蔵庫で貯蔵しないようにする。

湿度の管理

庫内の湿度も、貯蔵の良否を左右する重要な要素である。湿度が低い場合は、穂軸の褐変や果粒のしなびが発生しやすくなる。一方、湿度が高すぎる場合には、カビの発生や裂果を助長する。そのため、湿度（相対湿度）は85～90％を保つようにする。

加湿器を設置している冷蔵庫では、適宜活用する。加湿器のない冷蔵庫では、果実を庫内容積の80％程度入庫することで、果房自らの蒸散によって庫内湿度を保つ。

収穫から入庫まで

果実の収穫

収穫は、気温と果実の温度の低い朝方に行う。

果実の温度が高い状態で収穫すると、果実の呼吸や蒸散作用が旺盛になる。また、果実温が高いと、冷蔵する場合、冷蔵開始から果実の温度が目標の温度に下がるまでに時間がかかり、品質低下の一因となる。朝露が着く時期では、日が昇り、ひととおり露が蒸発し、果実袋が乾いたタイミングで収穫する。

降雨の後には、糖度が下がることがあるので、晴天が2～3日続いた後の収穫が望ましい。

果実の調整

収穫してきた果実は、冷蔵庫へ入れる前に、調整を行う。

傷や傷み、病害虫の発生している果粒は切除し、健全な果房だけを貯蔵する。貯蔵する際には、果実袋で覆ったまま貯蔵するとよい。果実袋が緩衝材の代わりになるとともに、冷風や乾燥から果実を守る役割をする。ただし、果実袋が汚れていたり、破れていたりする場合には、新しいものに取り替える。

貯蔵用のコンテナは、清潔なものを使用する。コンテナの底には緩衝材を敷き、果房を並べる。コンテナの上面には、乾燥を防止するために新聞紙を被せるとよい。

入庫作業

収穫、調整後はできるだけ早く冷蔵庫に入庫し、収穫後1日以内に品温を5℃前後に下げる。

目標品温までの必要冷却時間は、入庫量と冷蔵庫の冷凍機の能力によって決まるため、1回当たりの最適入庫量を把握しておくことが重要である。入庫直後は、できるだけ平積みすることで、品温の低下が早くなる。品温が下がり次第、積み上げる。

　また、入庫作業などの冷蔵庫への出入りの際は、冷蔵庫内の温度が一時的に高くなってしまう。そのため、出入り口にビニール製のカーテンを設置するなど、冷気を逃がさない工夫をするとよい。

冷蔵庫出入り口のカーテン設置

冷蔵条件と品質確認

冷風による乾燥に注意

冷蔵庫の冷凍機から送風される冷風は、設定温度より低いことが多い。そのため、冷風に直接当たり続けると、果粒が凍結してしまうおそれがある。また、風が当たることで、果房が乾燥して、障害が発生してしまうこともある。

　そこで、冷風が直接当たらない工夫をするとよい。例えば、コンテナの上面にも新聞紙を敷く、冷風が当たる場所のコンテナにビニールシートや毛布などをかけて風よけをするなど、現地の農家では様々な工夫がされている。ただし、ビニールシートで被う場合は、カビ防止のために密封しないようにして通気性を確保しておく。

コンテナにビニールをかける

定期的な品質確認

定期的にブドウの品質を確認することも大切である。

　収穫時の果実品質や冷蔵条件によって、想定より鮮度低下が早まる場合があるため、果実品質のチェックはこまめに行う。穂軸の褐変や果粒の萎凋が見られ始めた場合は、直ちに出荷を開始し、できるだけロスを発生させないようにする。

シャインマスカットの長期貯蔵

長期の鮮度保持対策として

この項では、「シャインマスカット」を長期貯蔵するためのポイントについてまとめる。

貯蔵が長期間にわたると、果房自体の水分消失による穂軸の褐変や果粒のしなびなどの障害が多くなる。また、貯蔵3か月あたりからカビの発生が急激に増加し始める。そのため、長期貯蔵に対応した鮮度保持対策を実施する必要がある。

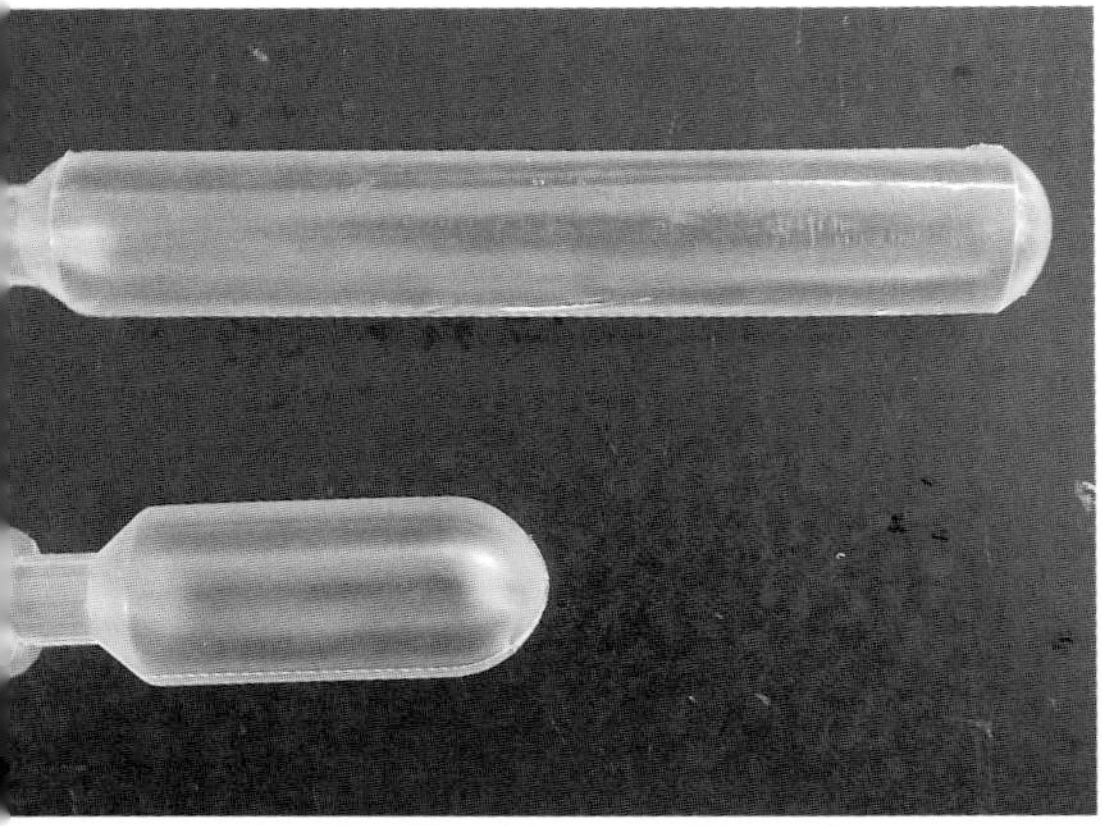

フレッシュホルダー（上・28mℓ、下・14mℓ）

穂軸の褐変、果粒のしなび対策

貯蔵中に発生する障害の一つとして、穂軸の褐変や果粒のしなびが挙げられる。

穂軸が褐変すると外観が劣り、果粒がしなびたり軟化したりすると食感が悪くなるため、商品性を失ってしまう。これらの障害は、果房の水分が失われることで発生すると考えられている。

「シャインマスカット」では、冷蔵庫内の湿度が低かったり、果房の水分消失が早かったりすると、貯蔵2か月目あたりから穂軸の褐変が発生しやすい傾向がある。そのため、長期間貯蔵するには、果房の水分消失を軽減する方策が必要となる。

穂軸からの水分補給技術

果房の水分消失を軽減する方法の一つに、生花鮮度保持用のプラスチック容器（商品名：フレッシュホルダー、特許2962350号）に水を満たして穂軸の先端に装着する方法[1]がある。

このプラスチック容器を装着することで、貯蔵後の穂軸の褐変が大幅に軽減された（**図6-1**）。これは、穂軸先端から水分が補給され、水分消失による障害を軽減できたためと考えられた。

プラスチック容器の装着は、入庫前の調整時に行う。あらかじめ、バケツ等の中でプラスチック容器に水を入れておくと作業がしやすい。穂軸の先端をハサミやナイフ等で切り、プラスチック容器に挿入する（第5章の図5-22参照）。

穂軸をプラスチック容器の底面まで挿入した場合、果粒内水分が過剰となり、果房の自重によって底面の果粒に損傷果が発生しやすくなる。[2] そのため、穂軸のプラスチック容器への挿入は2～3㎝程度の部分的な挿入にとどめる。また、穂軸が水面から離れるのを防ぐため、容器底面が上向きになるようにする。

長野県果樹試験場内の冷蔵庫（温度2～3℃、湿度85～95％）では、容量14mℓのプラスチック容器で約2か月、28mℓの容器で約4か月程度、容器内の

図6－1　プラスチック容器の装着の有無による穂軸褐変の推移

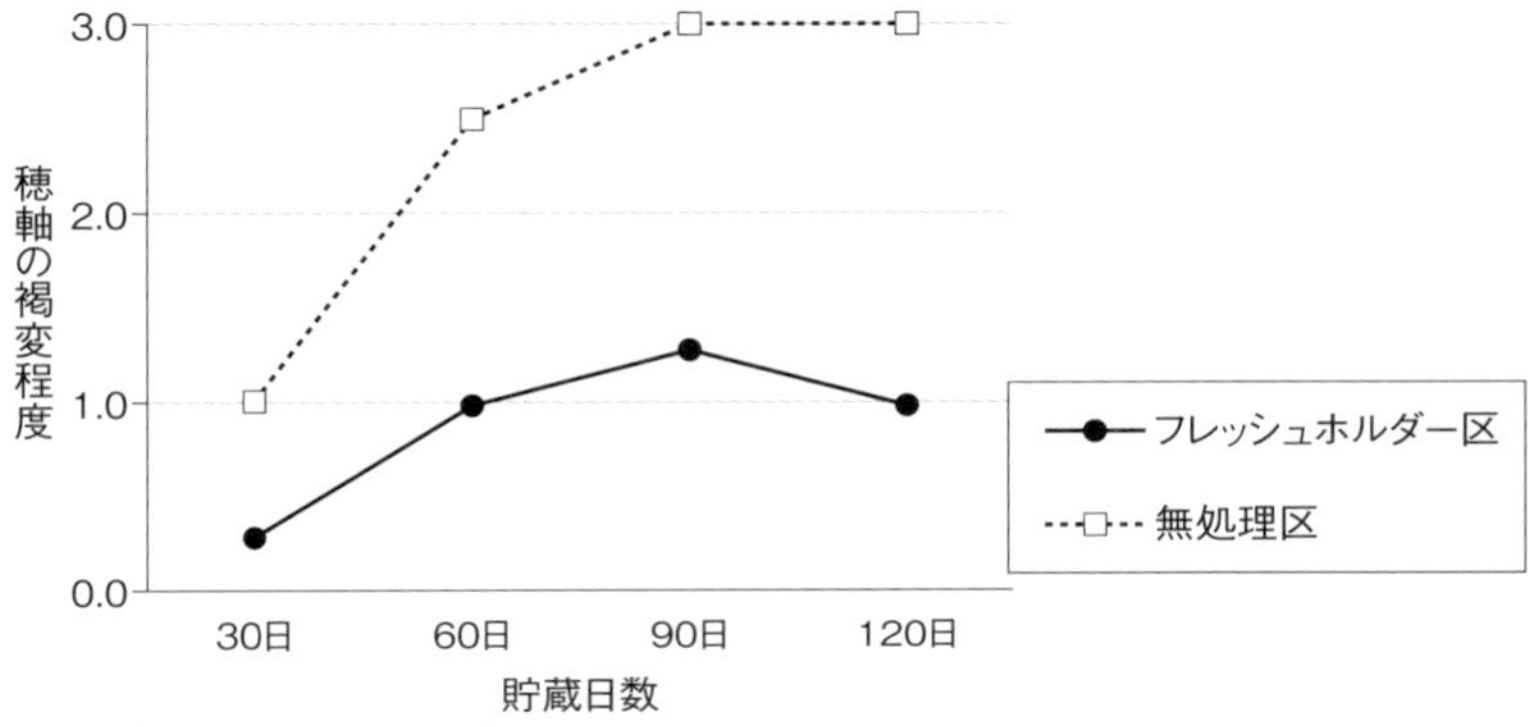

品種：「シャインマスカット」
貯蔵条件：温度2～3℃、湿度90～95%、貯蔵開始10月12日
褐変程度：0正常、1やや褐変が混じる、2緑色がわずかにある、3全体が褐変する
注：2016　長野果樹試

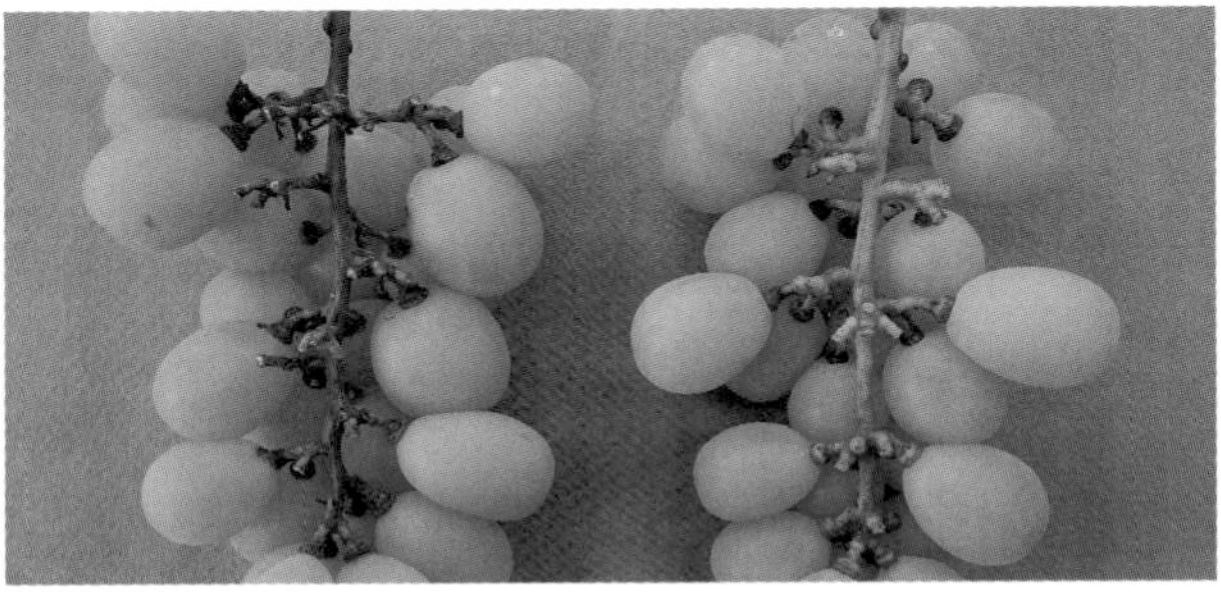

貯蔵90日後の穂軸褐変（左・無処理区）の違い。右はフレッシュホルダー区

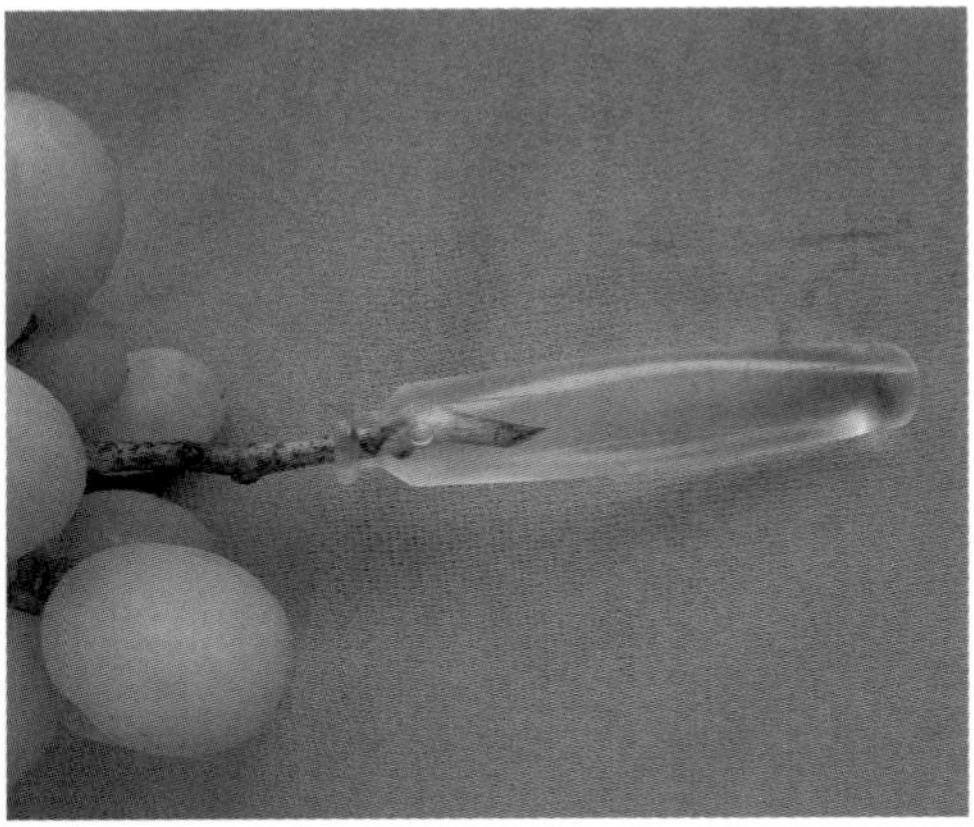

フレッシュホルダーへの挿し込み

水が残存していた。しかし、水分の消失は、冷蔵庫の条件によって大きく変わるため、プラスチック容器内の水量を自分でよく確認するようにしてもらいたい。

腐敗果、病害果の対策

腐敗果の発生とその原因

灰色かび病の果房

貯蔵中に発生する障害の一つとして、腐敗果の発生が挙げられる。貯蔵中には、様々な原因による腐敗果が発生する。

そのうち、果粒の果皮が淡褐色、円形〜やや不正形に変色し、次第に全体が腐敗する障害の原因は、主に灰色かび病菌によるものである。この病害による褐変部分は果皮が剝がれやすくなっており、次第に果粒全体が腐敗することになる。

この果房を冷蔵庫から出庫し、常温下に置くと腐敗は速やかに進行して大型の病斑となり、病斑上に白色の長いカビが発生し、次第に灰色で粉状の胞子が多量に形成される。

なお、本症状から分離された菌株を温度別に生育量調査を行ったところ、5℃の低温下でも、生育速度は遅いものの培養約2週間後には十分な生育が認められた。

灰色かび病菌の軽減方法

貯蔵中に発生する灰色かび病は、いつ感染しているのだろうか。実は、冷蔵貯蔵中に発病する灰色かび病菌は、幼果期以降に感染している。そのため、一般的な灰色かび病の防除時期（開花期前後）にきちんと防除していても、冷蔵庫の中でカビが発生してしまう。

では冷蔵庫内で発生する灰色かび病は、いつ防除すると軽減させることができるのだろうか。その適切な防除時期は、袋かけの直前である。

長野県の栽培体系では、満開30日後頃（7月上〜中旬）を目安に袋かけを行う。この袋かけの直前に、灰色かび病に効果のある殺菌剤を散布することで、貯蔵中の発病を軽減させることができる（**図6-2**）。

この技術を利用する際には、薬剤散布時期がやや遅くなるため、ブルーム

（果粉）の溶脱や薬剤による汚れ、袋かけが遅くなることによる晩腐病やべと病の発生に注意する必要がある。また、農薬の使用にあたっては最新の登録内容を確認のうえ使用する。

参考までに、図6‐2で使用したオンリーワンフロアブルの登録情報を記しておく。

作物名称：ぶどう。適用病害虫：うどんこ病、晩腐病、褐斑病、黒とう病、さび病、白腐病、すす点病、灰色かび病。希釈倍数：2000倍。使用方法：散布。散布液量：200～700ℓ／10a。使用時期：収穫前日まで。使用回数：3回以内。

図6－2　袋かけ前の殺菌剤散布による貯蔵4か月後の発病果粒軽減効果

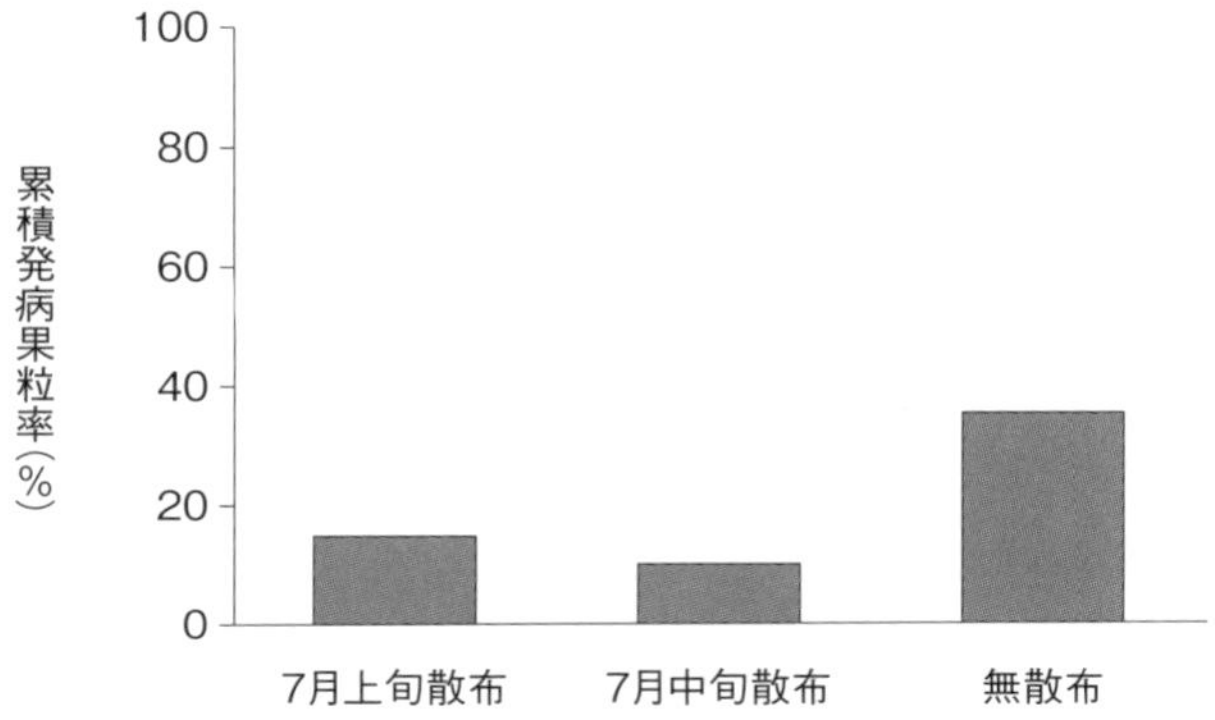

品種：「シャインマスカット」
散布薬剤：オンリーワンフロアブル2000倍液
注：2017　長野果樹試

コンテナに並べた果房

地元ではリンゴ用コンテナを新聞紙で覆い、収穫した果房を果実袋入りのまま詰めて新聞紙をかけ、冷蔵庫で長期貯蔵するケースが多い

長期貯蔵販売の確立へ

先述したように、貯蔵に有用な防除方法が開発されている。また、貯蔵用の果実と収穫後に直ちに販売する果実とでは、園地の管理方法が異なってくる。そのため、貯蔵用の防除計画や管理作業をする機会が発生してくると考えられる。

よって、貯蔵用果実生産専用の園地

をつくることが必要だと考える。貯蔵販売を拡大していこうという方は、是非検討していただきたい。

「シャインマスカット」は貯蔵性が良く、この特徴を活かした長期貯蔵販売は、高単価となり非常に魅力的である。貯蔵期間を延長したり、ロスを軽減したりする技術開発が全国で活発に進められている。

今後も、冷蔵庫の性能が向上したり、鮮度保持のための新たな資材が開発されると考えられるため、様々な情報をいち早く手に入れて、より安定した貯蔵技術を習得してもらいたい。

〈注〉

注1　引用文献　「穂軸からの水分補給によるブドウ〝シャインマスカット〟の長期貯蔵技術　園芸学研究13別紙2（米野智弥・今部絵里・松田成美・明石秀也）

注2　引用文献　「ブドウ「シャインマスカット」収穫期延長と長期貯蔵技術」平成27年2月（農研機構果樹研究所）

〈参考文献〉

「長野県果樹指導指針」（長野県、全国農業協同組合連合会長野県本部）

「平成28年度　長野県普及に移す農業技術（第2回）　技術情報　ぶどう「ナガノパープル」および「シャインマスカット」の長期貯蔵におけるフレッシュホルダー装着による穂軸褐変および果房重減少抑制効果」（長野県果樹試験場）

「平成28年度　長野県普及に移す農業技術（第2回）　普及技術　貯蔵中のぶどう「シャインマスカット」に発生する灰色かび病防除に、オンリーワンフロアブルあるいはフルーツセイバーの袋かけ前散布が有効である」（長野県果樹試験場）

「平成27年度　長野県普及に移す農業技術（第2回）　普及技術　冷蔵貯蔵中のぶどう「シャインマスカット」に発生する灰色かび病防除に、オンリーワンフロアブルの7月中～下旬散布が有効である」（長野県果樹試験場）

第7章

シャインマスカットの生理障害と防止対策

島根県農業技術センター
持田 圭介

未熟粒混入症（左）とカスリ症

生理障害の発生実態と傾向

栽培環境と管理で差異

ブドウは、果樹の中では比較的生理障害の多い樹種であり、とりわけ欧州種は裂果、縮果症といった年によっては壊滅的な被害をもたらす障害の発生が見られる。

無機養分の過剰、もしくは欠乏に起因する障害については、その原因がはっきりしていることから対策が比較的容易であり、対処を適正に行えば改善に向かう。

縮果症激発果房

一方、栽培環境条件が主要因と考えられる生理障害については、何か一つ対策を行えば発生を完全に抑えられるというものはなく、発生の要因が複数にわたるものや、原因自体が未だ不明なものもある。

降水量や日照時間、土壌の物理性や化学性、排水性、あるいは園地の向きや立地条件による、日当たり、風当たりといった栽培環境条件は、地域により異なる。同じ地域でも施設化の程度、すなわち露地栽培、簡易雨よけ栽培（園地のうち植栽列部分のみ被覆）、ハウス栽培（園地全体を被覆）により樹体周辺や、根域の環境は大きく変化する。さらに「シャインマスカット」は使用する台木品種によって生育の影響を受けやすい品種である。

これらもともとの園地や樹の条件に加え、栽培者の管理方法（土壌改良、施肥、整枝剪定、新梢管理、果房管理、換気方法）の違いにより、生理障害の発生は大きく異なる。

「シャインマスカット」は、片親の安芸津21号が米国ブドウの「スチューベン」と欧州ブドウの「マスカットオブアレキサンドリア」の交雑品種であることから、「マスカットオブアレキサンドリア」で問題となる縮果症の発生には同様に注意が必要であるが、裂果を始めとした生理障害の発生は少ない。とりわけ、簡易雨よけや露地栽培では生理障害の発生が少なく、比較的つくりやすい品種といえる。

ハウス栽培での発生が顕著

生理障害が特に問題になるのはハウ

ス栽培であり、とりわけ樹齢が5年に満たない樹冠拡大中の若木での発生が顕著である。

樹齢が5年を超え成木化すると、根域が十分に拡大し、いわゆる幼若性もなくなることから、果（花）房への養水分の移行が滞ることが少なくなり、多少のストレスには耐えるようになる。しかし、米国系品種や、巨峰系4倍体品種と比較すると生理障害の発生は多く、生育期間を通じて注意が必要となる。

本章では、「シャインマスカット」で問題となっている生理障害を、生育の早い時期に発生するものから、果実の成熟に伴って発生するものまで、時系列に沿ってその症状の発生実態と、現状で解明されている範囲での対応策について解説する。

主な生理障害と防止対策

展葉～開花期の発症

芽萎え

症状

展葉直後～6枚展葉期頃（養分転換期前）に、葉縁が褐変して新梢伸長が停止し、最終的に枯死する症状。平行整枝短梢剪定において、樹冠拡大中の主枝延長枝で発生が多く、芽座の欠損につながる。

原因

新梢のつやが明らかになくなり、葉縁が褐変してくることから、水分の新梢への移行が急激に低下したことが原因と考えられる。高温乾燥時に、比較的速やかに発生する。

芽《め》萎《な》え発生園は晴天時のハウス内温度が35℃を超え、相対湿度も低く推移していたことから、高温乾燥条件で発生が助長される(1)。

延長枝内の無機成分濃度が低く、浸透圧が低い状態で急速な乾燥条件に置かれた場合に発生しやすい(2)。

芽萎え

葉緑が褐変し、新梢先端が枯死する芽萎え症状

発生しやすい条件

短梢剪定樹の3～5年生時（短梢剪

定部分と、主枝延長枝の長梢剪定部分が併存する年次）、地上部の樹冠拡大に根の伸長が追いついていない状態で、高温状態に遭遇することで水分吸収が間に合わず速やかに萎え症状を呈する。

主枝延長枝が扁平でひび割れている（前年の副梢管理不足、窒素過多・遅効き）、延長枝自体が前年遅くに伸長し枝が太くやや白っぽい、延長枝が太すぎる（切り返し部分の枝径が13㎜以上）場合には、主枝延長枝の発芽が遅れ、発生の危険性が高まる。

短梢部分より主枝延長枝の発芽が遅い場合、根に近い短梢部分で養水分を多くとられることで、樹冠外部にある主枝延長枝への移行が妨げられることで発生しやすくなる。主枝延長枝内で、発芽に葉3枚以上の差がつくと、遅れた芽の芽萎えリスクが高まる。

展葉3枚期～6枚期頃が芽萎えの危険性が高い時期で、養分転換後個々の新梢が旺盛に生育（節間が伸びる）するようになると収束する。

対策

前年

夏秋季の夏季剪定（副梢の摘心）を徹底し、主枝延長枝、短梢剪定部分ともに枝が扁平に太るのを防ぎ、芽の充実を促す。樹冠拡大中の園では、主枝延長枝の芽数が確保される梅雨明け以降、施肥が過剰にならないように注意する。

ただし、気温が低下し副梢の発生が穏やかになる10月以降の秋季に追肥を行うことにより、貯蔵養分としての無機成分含量を高めることができれば、翌年の初期生育時の新梢中無機成分濃度が高まることで、芽萎え抑制に効果的と思われる(2)。

芽萎え発生新梢の摘心、摘葉後の副梢再発芽。芽座の欠損を防ぐことができる

2～4年生樹では、主枝延長枝が25葉程度展葉した頃に先端を棚下に下垂させることにより、副梢の発生が穏やかになり、省力的に主枝延長枝の充実を図ることができる。

主枝延長枝が扁平で太くなってしまった場合（延長枝切り返し15節部分の長径が13㎜以上）、延長枝のみシアナミド処理を実施し、さらに芽キズ処理をすることで、短梢部分より発芽が4～5日（展葉1～2枚）早まり、芽萎え低減に有効である。

太い延長枝で剪定時に長く残しすぎると、発芽のばらつきを助長することから、15芽程度での切り返しが適当であり、20芽以上残さないようにする。

当年

ハウス内温度が35℃以上になると発

生の危険が高まることから、温度が30℃未満で推移するように早めの換気に努める。主枝延長枝内での発芽のばらつきが大きい場合、発芽の早い新梢を房先で摘心し、遅れた新梢の生育を促す。1芽から主芽1新梢、副芽2新梢がすべて発芽した場合、最も発芽の遅れた1芽はほぼ芽萎えすることから、発生次第除芽する。

発芽が遅れた新梢が2～4枚展葉時に芽萎えした場合、花房が確認できるものは摘房したうえで新梢先端を摘心、摘葉して葉からの蒸散を抑えて枯死を防ぐ。その後、副梢が発芽することで欠損を防ぐことができる。延長枝は、新梢を確保することによる芽座の養成を最優先とし、発芽の遅れた新梢は速やかに摘房して伸長を促す。

芽萎えの発生が見られた場合、夕方に散水し夜間の吸水を促すことで、再生を促すことができる(1)。

モザイク様奇形葉

モザイク様に葉色が褪せる奇形葉

モザイク様奇形葉

症状

加温栽培を中心に、養分転換期頃（展葉6～7枚）から葉が萎縮して小型化し、モザイク様に葉色が褪せる症状。発生が早い場合、第4葉から発生する。葉が奇形となり、葉面積が小さくなるうえ、まだらに葉緑素の抜けたモザイク様症状を呈することから、光合成能力が低下し、収量減少のおそれがある。ただし、現状ではその後の果房の生理障害発生、果粒肥大、糖度上昇への明らかな影響は見られず、実害は日焼け果の助長程度である。

1年生樹の旺盛な生育期に発生した奇形葉

カルシウム欠乏と考えられる葉縁のカッピング症状（内側への湾曲）と併発する場合もある。一定期間発生するが、樹体内養水分条件が改善されると回復する。

植えつけ直後の1年生樹でも、養分転換期以降、旺盛に生育する時期に発生する場合がある。ただし、他の障害と異なり新梢の成長点の停止は見られないことから、実害は少ない。

原因

加温栽培において、地温が上昇していない（地下20㎝が15℃未満）状態で

加温栽培でのダクト直上部での激発状態

高温管理すると新梢成長に養水分の吸収が追いつかず発生を助長しているようである。貯蔵養分のなくなった時点で発生が見られ、土壌を乾燥ぎみに管理した園での発生が顕著である。

発生の状況から、養分転換期以降、新梢が旺盛に生育するタイミングで、土壌の乾燥あるいは地温が低いことにより、根からの無機成分（ホウ素、カルシウム、マンガン）や水分の吸収が間に合わず、養分欠乏症状を呈するようであるが、葉分析の結果健全葉との明確な差は見られず、原因は不明である。

発生しやすい条件

発芽後の夜間温度管理を18℃以上で行うと発生が多く、とりわけ加温機周辺や、ダクト吹き出し口付近の新梢での発生が顕著である。強勢台（1202、イブリッド・フラン）使用園では発生が少なく、準わい性台で、とりわけ低温発根性の低い品種（188－08、3309）を使用している園[3]で、加温栽培をした際の発生が顕著である。無加温栽培や雨よけ栽培の初期生育時にはほとんど発生が見られず、発生しても軽微な場合が多い。秋季の長雨時に副梢葉での発生が見られる場合がある。

対策

地上部の生育に根からの養水分の吸収が間に合っていないと思われる樹で発生が見られることから、発芽後7枚展葉頃までは、夜温設定を15～16℃とし、18℃以上の高温で管理することは控える。昼温管理も、芽萎え対策も含め30℃未満で管理する。

地温上昇を図りながら吸水を促すため、晴天時の朝方散水を行い、廃ビニールマルチを敷設するとよい。

前年の貯蔵養分の蓄積が少ないと生育初期からの発生が見られることから、翌年加温栽培を予定している園では、適正着果の遵守、秋季の副梢管理の徹底、礼肥や定期的な灌水による葉色維持、ハダニ等による早期落葉防止に努める。

花蕾黒変症状（仮称）

症状

加温栽培および無加温栽培で、花蕾が開花期までに黒変し、脱落する症状で、生き残っても果粒が扁平な小粒奇形果粒になり、商品価値がなくなる。

養分転換期（展葉6～7枚期）頃から発生が見られ、特に花穂調整期頃（開花始期）～開花期の発生が顕著である。

原因

被害花房では、蕾内に水が溜まり、柱頭、子房に褐変障害が生じていたことから、吸水過多による湿害が主因と考えられる。

花蕾黒変症状（仮称）

扁平で小粒の奇形果が多発

花蕾黒変症状発生花房

発生しやすい条件

養分転換期～開花期の灌水が過多な場合、特に強勢台使用園では、根からの吸水が旺盛になり発生が助長される。ハウス内湿度が高い圃場で発生が多い。

対策

養液土耕栽培園（点滴灌水）で、マルチを敷設している園では、発生が極めて少なかったことから、適度な水分管理とハウス内湿度を下げることで発生を抑制できる。

慣行のスプリンクラー灌水園では、この期間の灌水量を少なめとし、穴あきマルチを敷く。さらに、加温機の設定温度を16～18℃とし、ハウス内の相対湿度を下げることで低減できると思われる。[4]

花振るい

花振るい発生果房

花振るい

症状

開花期直前～直後に、花蕾、果粒が脱落する症状で、着粒不足による商品価値の低下を招く。

原因

新梢と花房の養分競合、高温・過湿過乾燥、開花前の曇天による同化養分生成の不足が考えられる。

発生しやすい条件

花穂調整～ジベレリン処理期に副梢

の伸長が旺盛な樹や、土壌の過湿もしくは過乾燥条件で発生の危険が高まる。この時期に曇天が続くと、同化養分の生成不足により、花振るいのリスクが一気に高まる。

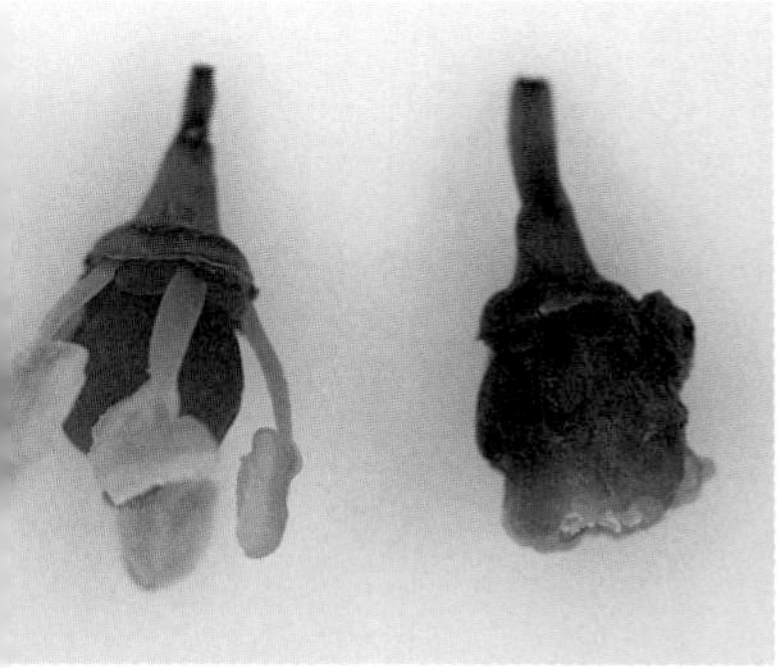

左・健全花、右・花冠の離層形成が見られない開花異常花（桐崎力氏原図）

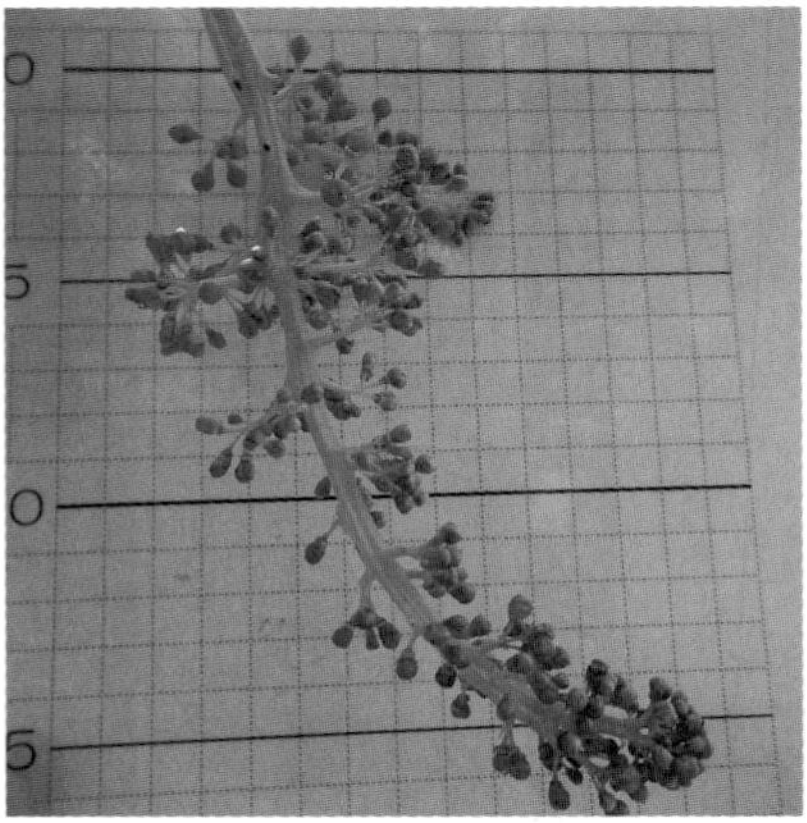

花蕾の表面が褐変（桐崎力氏原図）

対策

房先4～5枚展葉時の新梢先端の摘心により、花穂への同化養分の移行が促され、抑制に効果的である。先端摘心後、開花期までに伸長してくる副梢を再度摘心することでさらに効果が高まる。展葉8枚期のフルメット1～2ppm花穂散布処理（花穂充実処理）、もしくは開花前のフルメット2～5ppm花房浸漬処理は抑制に有効である。土壌の過湿、過乾燥は花振るいを助長することから、やや乾燥気味の土壌水分を維持する。(4)

開花異常

症状

長野、山梨、広島県で発生が確認されている。開花時に、花蕾の花冠が花床に付着したまま離脱せず、表面が褐変する症状。通常は花冠が離脱して子房や葯が現れるが、異常花穂では花糸（雄しべ）が押しつぶされて子房を包むように広がり、花冠の離層形成がされていない。

主穂の先端で発生が多いことから、通常の花穂整形をした場合、減収や品質低下を招く。

異常花穂は、先端が尖ったようないびつな奇形果になる場合が多く、「マスカットベーリーA」で報告されている「二重果」に類似したものも認められている。

原因・発生しやすい条件

長野県では、発生の多かった年次には開花直前～開花期の最低気温が10℃を下回る低温になっていたことから、発生との関連が示唆されたが、再現試験では発生が見られなかった。

作型、仕立て法による発生の差異は見られず、現状では着果管理、施肥および植物生育調節剤の使用方法に発生との関係が認められるものはない。花穂、葉、葉柄中の微量無機成分含量に健全樹との差は見られなかった。

対策

現状では根治対策が見いだされていないことから、次のように対処する。

展葉6枚時頃に花穂の異常（緑色が濃い、花蕾が丸く膨らんでいる）の有無を確認する。異常が認められた場合は、主穂の中間部分および副穂・上部支梗を花穂整形時に残す。通常どおりにジベレリン処理を行った後、果房の形の良い部分を使用する。[5]

黄白色果粒

黄白色の果粒が混在した果房

結実〜果粒軟化期の発症

黄白色果粒

症状

開花期のジベレリン処理後、1果房内にクロロフィル（緑色）の抜けた黄白色の果粒が混在する症状。2回目のジベレリン処理以降回復する。

原因・発生しやすい条件

樹勢の弱い樹や高温多湿条件下でストレプトマイシン剤を処理した場合、果肉部の空洞化とともに黄化現象が起きる。[6] さらにストレプトマイシン剤の処理が早すぎる場合にも発生する。

果粒肥大に伴い回復するが、重度な場合は果粒肥大が劣る。さらに、初期の無機成分の取り込みが弱いようであり、その後カスリ症等生理障害の発生も多くなる。

対策

ストレプトマイシン剤処理は、「シャインマスカット」において必須であることから、処理適期（開花前7〜14日）を遵守し、高温多湿条件での使用を避ける。

ジベレリン処理後の果面障害

ジベレリン処理後の果面障害

果面障害（ジベやけ）

症状

ジベレリン2回目処理を曇雨天日や夕方に行った場合、果粒下部に溶液が乾かないまま長時間付着することにより、リング状の褐変障害を生じる。通称「ジベやけ」。

発生しやすい条件・対策

ジベレリン処理濃度が25ppmと「デラウェア」の4分の1と薄いため、「デラウェア」ほど神経質になる必要はないが、ジベレリン2回目処理は、なるべく晴天日もしくは薄曇り日の午前中に行い、確実にいったん薬液を乾かす。

障害部分の果皮はコルク化し、柔軟性がなくなることから、肥大に伴い水回り期以降に裂果することも多い。

未熟粒混入症

左・健全果房、右・未粒果混入（石ブドウ）果房

未熟粒混入症（果房全体）

症状

実どまり期～果粒軟化期に見られる果房全体での症状。ジベレリン2回目処理期（満開後15日）以降、果房全体の果粒肥大が一時的に停止し、果粒の張りや光沢がなくなる症状。水回り期以降回復し、果粒肥大し始め、糖度も上昇する場合が多い。しかし、糖度は18％以上に達するものの果粒肥大は健全果粒の3分の1程度と著しく劣る。

通常、激発樹でも1樹当たり数房単位での発生で、10％以上の発生はまれである。通称「石ブドウ」と呼ばれる症状である。

発生しやすい条件・対策

果穂軸に人為的に維管束まで達する傷害を与えると、果粒肥大が停止し、本症状が再現されることから、何らかの理由で養水分の移行が著しく妨げられることにより発生するものと思われる。

前年の着果過多、開花期前後の土壌水分過多、夜間のハウス内高湿度条件により発生が助長されるようであり、1園の中でも発生しやすい樹が存在することから、特に着果過多に注意する。「石ぶどう」果粒でのみ、オーキシン様物質が確認されたことから、ホルモンの異常発生による影響も考えられるが、未だ原因は不明である。

縮果症

症状

果粒軟化期前の満開後30～50日頃、果粒肥大が停滞する硬核期に、果粒の一部が褐変し、陥没する症状。

硬核期初期（満開後35日前後）に多い軽度なシミ状の障害は、果粒のごく一部がスポット的に色素が薄れ、わずかに陥没・白色化し、等級に影響するものの、商品性は維持される。

硬核期後期（満開後50日前後）に発生する症状は程度の進行が比較的早く、障害部分が褐色化し、陥没面積が大きいことで商品性はなくなり、重症化すると自然に脱粒する。[7] 発生が極めて急速な場合、一晩で果粒全体が褐変し、その後脱粒する。

縮果症

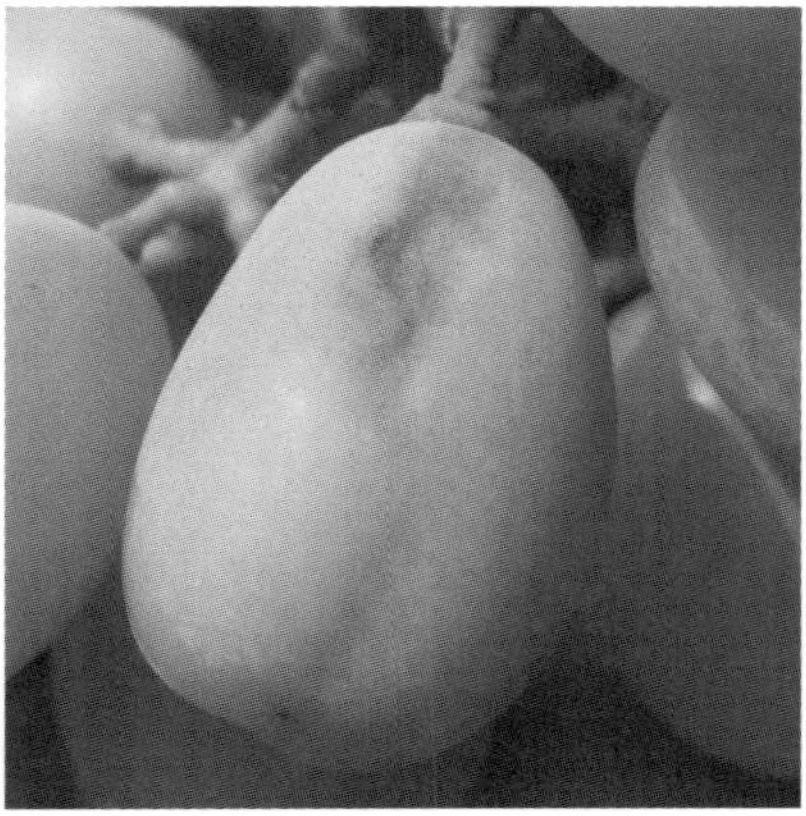
果粒の一部が褐変、陥没する縮果症状

重症果房

原因

以前から、欧州系品種である「甲斐路」や「マスカットオブアレキサンドリア」では大きな問題になっており、「シャインマスカット」も遺伝的に発生しやすい品種である。

果粒肥大が旺盛な樹で土壌水分が多い場合、特に水分の取り込みが旺盛となる早朝に、果粒内の膨圧が高まり、維管束～柔細胞が破壊されることにより発生する。

発生しやすい条件

硬核期の果粒肥大が緩慢になる時期に、果粒に出入りする水分のバランスが崩れることにより発生する。この時期の果肉組織は柔軟性がなく外圧に対してもろく、その後果粒軟化期に入り柔軟性を生じると発生しなくなる。

とりわけ、新梢成長の旺盛な強勢樹園で外気温が30℃以上の高温になるような日には、果粒の昼間の収縮と夜間の肥大の変動が大きくなり、翌朝には速やかに重度の縮果症状を呈する。昼間の日照が多く、乾燥した条件では部分的な縮果症状が、日中、曇天であるが気温が高い条件（蒸すような状況）から急激に天候が回復すると、重度な縮果症が発生しやすい。

また、硬核期に灌水量が多いと、果粒肥大が旺盛となり、夜間～早朝の果粒の水分の引き込みが強すぎることで過剰な果粒肥大を招き、維管束が壊死することで縮果症が発生する。[8]

どうしても「土壌水分不足で縮果症になるのが怖いので多めに灌水する」という考えになりがちだが、土壌の過湿状態はかえって縮果を助長する。

満開後40～45日に1果房内の果粒が一斉に水回りを迎えるような樹勢が望ましく、水が回った果粒と水回りが著しく遅れた果粒が混在する果房では、縮果症の発生が多い。

樹勢の強い若木で強剪定すると極めて発生が多く、逆に弱勢樹での発生は少ない。平行整枝短梢剪定樹の若木では、注意が必要である。

硬核期（満開後30～50日）に、一度にばっさりと切るような夏季剪定をすると発生しやすく、特に晴天時の被害が顕著である。これは、急激な葉面積の減少により、蒸散流として吸い上げられた水分が余剰となり、夜間に果粒へ急激に流入することにより維管束が損傷を受けることによる。したがって、摘心をこまめに行い過繁茂にしないことが極めて重要である。

果粒中窒素含有率の高い果房（濃緑色で光沢が強い）や、ジベレリン2回目処理の遅れた果房は果粒肥大が旺盛で吸水力が強く発生のリスクが高いうえ、水回り期が満開後50日以降まで遅れることにより、危険性の高い期間が長く続く。逆に赤軸果房は、窒素含量が少なく速やかに果粒軟化期を迎えることから、縮果症の発生が少ない。

対策

満開後3～5日のジベレリン25ｐｐｍ＋フルメット10ｐｐｍ果房浸漬処理は、ジベレリン25ｐｐｍの2回処理と比較し果粒肥大が穏やかで、果粒軟化期への移行が速やかなことから比較的発生が少ない。

ハウス栽培における硬核期の灌水量は土質により幅はあるが晴天日で1日2・0～2・5ｔ／10ａとやや少なめを基本とし、園内温度を下げることを目的として短時間数回に分けて散水するという感覚がよい。特に、曇雨天日の灌水は控え、やや乾燥気味に維持する。高温多湿条件では、蒸散を促すため循環扇や送風ファンの設置や加温機のダクトを利用した送風が効果的である。

硬核期の副梢の摘心を徹底する。少なくとも毎週園内を見回って夏季剪定する。労力的に難しい場合、新梢発生を抑制するフラスター液剤を散布するのも効果的である。

曇雨天後の急な天候回復により発生する縮果症は、散乱光型フィルムや遮熱ネットの被覆により、低減効果が見込まれる。

縮果症の発生した果粒を摘粒すると、他の水回り前の果粒の水分バランスを崩し、発生を誘発することから、全果粒が水回りを迎えるまでそのまま放置する。

果梗黒変症状（仮称）

症状

果梗黒変症状（仮称）

果梗基部に発生した黒変症状

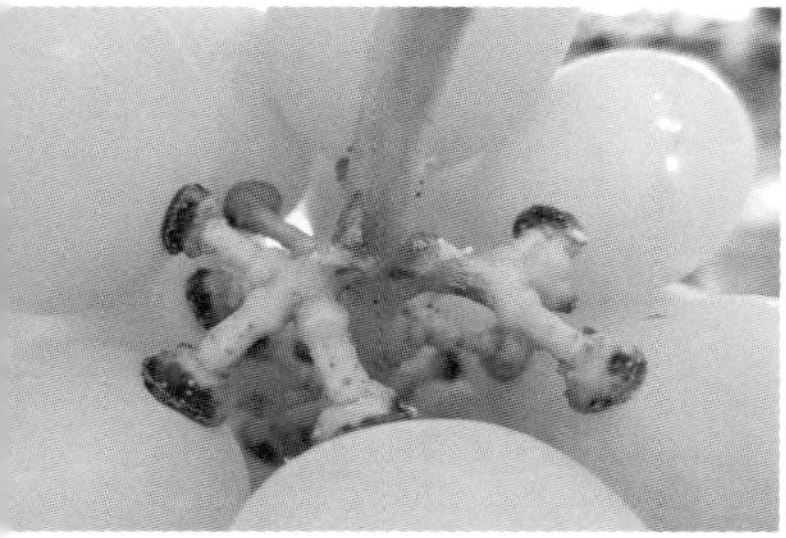

黒変のスポット的発生

果梗中間部に発生した黒変、褐変症状

果粒軟化期以降、高温条件、曇雨天から晴天への急激な変化、土壌の乾燥もしくは過湿により、果梗基部（果粒との接着部分）が黒変（枯死）する症状。硬核期でも、果房に直射を受け、果面の高温障害が発生するような条件に遭遇すると発生する場合がある。

果梗基部全体が黒変して師部《しぶ》組織が損傷を受けると、果粒への糖の供給が停止し、糖度上昇が停滞する。激症の場合、通導組織の障害により養水分の移行が抑制され、萎凋・脱粒する。果梗が太く、黒変症状がスポット的に発生した程度であれば、糖度上昇への影響は少なく、出荷可能である。果梗の中間部分のみが黒変ないし褐変する症状も見られるが、果梗基部の黒変症状とは発生原因が異なるようである。

成熟期初期（水回り期以降半月）が最も危険であり、それ以降の発生、進行は少ない。

原因・発生しやすい条件

満開後50~60日に、棚面の温度が40℃を超えると発生の危険性が高まる。

立地条件的に通気が良く、さらに換気が徹底している園ではほとんど問題なく、逆に通気の悪い園で、谷や棲《つま》が閉めてある場合や、傾斜のある園地の上側で熱気がこもりやすい部分の植栽樹での発生が問題になる。新梢管理（副梢の摘心）を徹底すると発生が抑制されたことから、果実と新梢間の水分競合も一因と考えられる。[9]

過繁茂園は、蒸散量が多くなり、若齢樹や弱勢樹で根の張りの悪い樹では吸水が間に合わず、葉と果粒との水分競合により果梗が障害を受けるようである。また、過繁茂園では、棚面上下の通風が悪く、障害を助長しやすい。

若齢樹や、果梗の細い樹で発生しやすい。成木で発生の多い樹は、健全樹と比較し根量が明らかに少なかったことから、高温時の吸水不足が原因と思われる。

硬核期の副梢放任は、後述する未熟粒混入症を誘発し、水回りの遅れた果粒の縮果症を招くが、縮果症を免れてもその後果梗黒変症を発症しやすい。

清耕栽培のハウスでは、外気温が30

℃以上になる場合、散水（灌水とは別に短時間）が有効だが、土壌の過湿は逆に助長するので注意する。特に、過湿に弱いテレキ5BB台樹では発生が多いことから注意が必要である。

果梗中間部分に黒変症状の発生した果粒、および果梗中のマンガン含量は、健全果房より少ない傾向が見られた。これまでの研究でも、「デラウェア」の果梗中間部の黒変はマンガン欠乏が指摘されている。

対策

換気対策が最も重要で、毎年発生の見られる園は、園地的に発生しやすいことから、換気、排熱対策を講じる。周年マルチ、点滴栽培園では、過乾燥により気孔が閉じて蒸散流が停滞することで発生するおそれもある。副梢の伸長と果粒肥大成長双方の養水分競合が原因になることから、夏季剪定をこまめに行い、一挙に大量の枝を抜かない。

草生栽培の園地では、草の蒸散でハウス内温度が高まりにくく、縮果症や果梗黒変症の発生が少ない。

細根が多く発生し、かつ活性が高く維持されるよう、土壌改良による土壌の物理性改善、腐植質の補給を行う。堆肥、籾殻あるいはわら等で樹冠下マルチをしている圃場では、水ストレスが少なく根の活性が高く維持されることにより発生が少ない。

散乱光型フィルムの被覆、棚上の細霧冷房（ミスト処理）はハウス内の急激な昇温が回避されることで抑制効果が高い[10]。高温時には、打ち水的に短時間の散水をすることで気化熱による降温効果が得られる。雨よけ栽培以降の糖度上昇に問題のない作型では、タイベック傘の被袋も有効である。

比較的果梗が太い果粒（おおむね直径2・5㎜以上）では発生が少ないことから、樹勢の強化、通常より強めの摘心、開花期前後の環状はく皮処理が効果的である。植調剤処理は、展葉8枚期フルメット2ppm花房散布処理を行ったうえで、ジベレリン1回処理（満開後3～5日ジベレリン25ppm＋フルメット10ppm果房浸漬処理）とするか、2回処理体系での満開期処理をジベレリン25ppm＋フルメット5ppm果房浸漬処理とすることにより、果梗が太くなりやすく発生が抑えられる。

果梗中間部分の黒変・褐変症状が主体であれば、マンガンの吸収を阻害しないよう土壌pHが7・0を超えないように石灰質肥料の施用量、種類を考慮する。「ピオーネ」では、ジベレリン1回目処理時に硫酸マンガンを0・5%になるように混用することで発生を軽減できるという報告もあり[11]、検討の余地がある。

未熟粒混入症（果粒単位）

症状

果粒軟化期に果粒単位で発生。1果房内で、果粒軟化が正常な果粒と比較して明らかに遅延し、比較的果粒の小さい、糖度上昇の遅れた未熟果粒が混在する症状。島根県では通称「負け粒」と呼ばれる症状である。

果粒軟化期以降も発生し、収穫間近に発生すると健全果との見分けがつきにくく、低糖度果粒の混入として問題になる。加温栽培では、満開後60日以降、日照不足に遭遇することで発生する。未熟粒は、わずかに透き通る、あるいは果肉が軟化（崩壊）する場合が多い。

通常の糖度上昇遅延果房と異なり、熟度の進行（老化）自体が停止するようであり、カスリ症の発生は見られない。

未熟果粒が混在した果房

過繁茂による部分的な水浸状果粒

原因・発生しやすい条件

着果過多条件は、発生を明らかに助長することから[12]、各産地での適正着果基準を遵守する。

副梢の摘心管理を10日間隔で行った場合の発生率が7％であったのに対し、40日間隔で行った場合の発生率は64％と明らかに発生を助長した[13]。

縮果症対策で、硬核期の夏季剪定をいったん中止する場合が多いが、樹勢が強い場合、この間の副梢成長が旺盛なことにより、養分競合で発生を助長する。養分競合の裏付けとして、あえて棚面に誘引せず、発生位置から斜めに下垂させ、養分の移行や受光体勢を悪化させた結果枝に着生した果房では、未熟粒の発生が明らかに多かった。これらのことから、硬核期以降の日照不足、着果過多、夏季剪定不足による養分競合、果房への分配不足により、いわゆる「負け粒」状態になることが主因と思われる。

多窒素条件や、ジベレリン2回目処理の遅れは、熟期の遅延を招き、1果房内で果粒軟化期到達日の差が大きくなることで、遅れた果粒が未熟粒になりやすい。

対策

果粒肥大、糖度上昇がスムーズになるよう、早期摘粒、地域の適正着果基準に準じた適正な果房管理（1房当たり着粒数、10ａ当たり着房数）を徹底する。そのうえで、果房との養分競合が起きないよう、副梢の過繁茂を防ぐための摘心を中心とした新梢管理を徹底し、土壌水分の過不足がないよう注意する。

特に、縮果症回避のため、硬核期の夏季剪定を行わず放置すると、強勢樹では過繁茂となり未熟粒の発生を助長することから、こまめに摘心を繰り返すか、フラスター液剤の利用により副梢の伸長をいったん抑え込むことが重要である。適正な窒素施肥と、ジベレリン2回目処理日を遵守する。

褐斑葉

症状・発生原因・対策

加温栽培での発生が多く、果粒軟化期以降に基葉を中心に発生する。この時期、高温多湿条件の遭遇が多いことから、高温障害の可能性がある。

光合成速度が低下することから、糖度上昇への影響が大きいと思われる。

病原菌は確認されないことから、生理障害と思われるが、未だ原因は不明である。

褐斑葉

褐斑葉の発生

葉やけ・果面の高温障害

葉やけ症状

果面の高温障害

葉やけ・果面の高温障害

症状・発生原因・対策

生育初期の新梢伸長期は、40℃以上の高温に2～3時間遭遇することで、萎え症状を呈しその後枯死する。

成葉化後は、45℃以上の高温に5時間以上遭遇することで、葉やけ（葉の褐変）が発生し、重度の場合には落葉する。

果房が同様の条件に遭遇すると、直射を受ける肩部分を中心に果皮はもとより果肉にまで至る障害を受け、褐変し縮果様症状を呈する。

葉やけは、特に2重被覆栽培園で、内張フィルムが固定で展張してある場合、4月の高温時にサイド換気が遅れると被害を起こしやすい。

高温により気孔が閉じている状態で、一気に換気すると、気孔が急速に開き症状を助長するため、灌水をして湿度を高めた後、徐々に換気する。

　葉面積が不足することから、障害発生後に伸長してくる副梢の葉を利用して葉面積を確保する。

　果房の日焼け障害は、樹冠拡大中の若木では延長枝部分に、成木では園周囲の果房や棚面の葉面積が少ない果房で発生しやすいことから、緑色等の遮光性袋やカサを使用するとよい。

成熟・収穫期の発症

果皮褐変障害（レンズ現象）

果皮褐変障害（レンズ現象）

果皮褐変障害発生果房

水回り期以降、袋かけ前の薬剤散布を日中の高温時に行った園で果皮表面が褐変する症状。

　果面に付着した薬液の水滴が、レンズとして働いて太陽光を吸収し、陽光面の果皮が高温になることで、比較的速やかに症状が発生する。従って、特に果房の南向きの面での発生が多い。

　カスリ症と症状が類似するため混同しやすいが、発生時期が袋かけ前の満開後50～60日で、発生が陽光面中心であることから区別できる。

　薬剤散布を早朝、もしくは夕方にかけての高温になりにくい時間帯に実施する。スプリンクラーの灌水も、果面にしぶきがかからないよう注意が必要である。

カスリ症

カスリ症

カスリ症発生果房

症状

成熟期のおおむね満開後70日以降、果粒表面が不整形な薄墨状に褐変する障害で、スリップスの被害果と類似するが、後者は部分的に線状の被害痕を残すことが多いことで判別できる。

　カスリ症の発生は、樹齢および作型で異なり、雨よけ栽培の若齢樹では、おおむね満開75～80日頃で果実糖度が17％を超え、酸度０・４ｇ／１００mℓ以下になる時期に発生し始め、特に小粒果での発生が顕著である。

　一方、加温栽培では、成熟期が梅雨の寡日照期間と重なることから、糖度上昇が遅延しやすく、果実糖度が16％未満であっても、満開後75～90日頃に発生し始め、出荷基準である果実糖度18％に達するのを待つ間に、発生が重篤化する場合が多い。

原因

カスリ症発生初期の表皮組織を顕微鏡で観察したところ、表皮細胞層は健全であり、褐変は亜表皮細胞第2～3層で確認された。

一方で、カスリ症発生果粒は健全果粒と比較し亜表皮細胞層が薄く、さらに亜表皮細胞の細胞壁が薄かった。

カスリ症発生果粒では、健全果粒と比較してポリフェノール酸化酵素（PPO）Ⅱ型の遺伝子発現が高く推移していた[14]。

これらのことから、カスリ症の発生は、果房の成熟過程で果皮が徐々に老化し、亜表皮細胞の細胞壁（膜）が崩壊もしくは漏れを生じ、液胞中に蓄えられていたポリフェノールが漏出し、細胞質中に存在するPPOとの接触によりキノンに変化し、それが重合することによって褐変症状を呈する酵素的褐変の可能性が高いと考えられる。

スリップス被害果粒（カスリ症に類似）

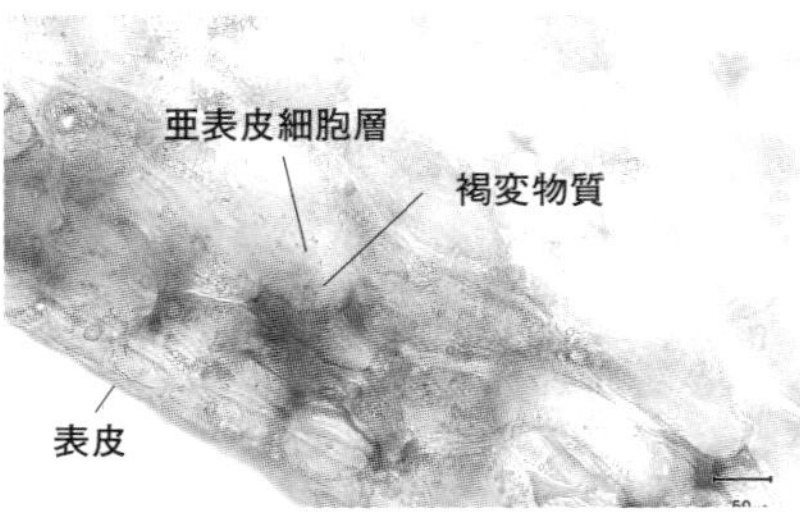

亜表皮細胞層に蓄積した褐変物質

発生しやすい条件

樹冠拡大中の若齢樹では、地上部の生育が旺盛であるのに対し、根域の発達不足により、果房への養水分の移行が伴わず、満開後70日以降果粒肥大の停滞とともに発生が見られる。

しかし、雨よけ栽培以降の作型では、成木化に伴いほとんど発生が見られなくなる。一方で、1～2月以降加温を行う作型では、成木になって以降も発生が多い。

加温栽培での発生の端緒は、カスリ症の発生しやすい期間（満開後75～90日）の多湿（多雨）条件の長期化であり、2月加温栽培ではこの期間が梅雨後期に当たり、危険性が高い。さらに、曇雨天時の高湿条件から、日中天候が急速に回復することにより高温多湿条件となることで、速やかに発生する場合が多い。

また、カスリ症多発園は、少発園と比較し糖度上昇が遅く、成熟期の果皮中カルシウム含量が少なく、窒素含量が多い傾向が見られた[15]。

対策

①糖度上昇と無機成分含量

カルシウムは、細胞壁中葉においてペクチン質と結合し、細胞どうしの結合を強固にする重要な役割を担っており、その含量が多いほど成熟・老化ストレスに対する耐性が高まり、カスリ症発生の低減に寄与しているものと考えられる。

欧州系の性質が強い「シャインマスカット」はカルシウム要求性が強く、目標土壌pHを７・０～７・２とし、土壌改良時に石灰資材を投入する。

満開後70～90日の期間中に果粒肥大が停滞すると、その時点を端緒にカスリ症が発生することから、窒素成分の追肥が必要になる。ただし、施用量が多すぎるとカスリ症の発生が増加するうえ、褐変の色調が濃い褐色になる。

したがって、果粒肥大および糖度上昇が収穫期までわずかながら停滞することなく続くことがポイントである。

②副梢管理

「シャインマスカット」は新梢伸長が旺盛であり、こまめに副梢を摘心する必要がある。これは、過繁茂による光合成の減少や通風の不良を抑え、さらに果房と枝梢との養水分競合を抑える意味合いが大きく、それにより果粒肥大やカルシウムの果実への移行が促され、カスリ症の発生も減少する。

適正樹勢になるよう過度な窒素施肥を控え、土壌条件に適した台木品種を選定し、樹冠面積を適度に拡大することが重要である。

③植調剤処理

合成サイトカイニン剤であるフルメットは細胞分裂促進効果があり、展葉７～８枚期の２ｐｐｍ花房散布処理により、果皮、特に亜表皮細胞層が厚くなる。さらに、フルメットは老化抑制効果も有することから、開花前処理および開花期の処理により、カスリ症の抑制に有効である。

現状の植調剤処理基準では、展葉８枚期フルメット２ｐｐｍ花房散布処理を行ったうえで、ジベレリン１回処理（満開後３～５日ジベレリン25ｐｐｍ＋フルメット10ｐｐｍ処理）とするか、２回処理体系での満開期処理をジベレリン25ｐｐｍ＋フルメット５ｐｐｍとすることがカスリ症抑制に有効な方法である[16]。

④果房周辺環境改善

成熟期の果房周辺環境、とりわけ湿度条件の影響が大きく、果房周辺の高湿度条件は明らかにカスリ症の発生を促進する。果房周辺湿度が高くこもらないよう、夏季剪定を徹底して過繁茂を防ぎ、適正な葉面積指数２・５～２・８を維持する。

⑤成熟期の日照条件、湛水および蒸散量の影響

成熟期の日照不足や排水不良は、葉の蒸散を抑制し、糖度上昇遅延とともにカスリ症の発生を促進する。

適正な葉面積指数を維持することや、谷樋《たにどい》の設置や明渠により降雨を速やかに園外へ排出し、根のストレスを抑える工夫が必要である。成熟期の土壌水分は、やや乾燥気味に、変動が少ない状態に維持する。

さらに、送風ファンを設置して園内に空気の流れを強制的につくり、棚面が常時0・5m／s程度の微風のある状態で管理することにより、葉面境界層が薄くなり蒸散が促進されることで発生抑制に効果的と考えられる。

⑥果粒肥大、収量と糖度上昇

加温栽培園のカスリ症多発樹では、満開後70日以降一時的に果粒肥大、糖度上昇が停滞する時期があり、そのタイミングを端緒にカスリ症が発生し、その後急速に増加する。

このとき、発生直前には果皮に光沢（冴え）がなくなったことから、この時点で亜表皮細胞層に障害を生じたことにより、果面に当たった光が正常に反射しなくなったものと考えられる。

加温栽培では、寡日照条件下でも果粒肥大や糖度上昇の停滞がないよう、果房重は600g以下、10a当たり収量は1・5t程度に抑えるほうが賢明であり、果粒肥大が20g程度にまで達するような園では、さらに1・2t程度まで少なくする。

同一樹であれば、開花が盛期より遅れた果房は、早期～盛期開花の果房と比較し、果粒肥大が劣りカスリ症の発生が極めて多かったことから、[17] 必要着房数が確保できれば、速やかに残った果房を摘房することが管理面を含め合理的である。

⑦細根活性

カスリ症の発生は、成熟期の細根の発生が少ないことと、その活性が低いことが一因にあげられ、土壌物理性の低さと腐植の少なさに、梅雨の寡日照による同化養分生成不足が相まっていると推測される。実際、長期間土壌改良を行わなかった樹において、土壌改良を行った結果カスリ症の発生が著しく減少した。

裂果

症状

「シャインマスカット」は裂果性の低い品種であるが、とりわけ雨よけ栽培において、収穫期直前に降雨が多くなると、柱頭痕付近から裂果する場合がある。

8月下旬以降秋雨が多く降り、さらに収穫が遅れた場合は、果てい部の三日月状裂果も見られる。

原因・発生しやすい条件

特に、若齢樹や弱勢樹のように、貯蔵養分が少なく、果実発育初期の生育が緩慢な場合果皮の細胞分裂が少なく、成熟期の降雨による旺盛な肥大に果皮が追いつかず、特に果皮強度の劣る柱頭痕付近から裂皮する。

柱頭痕にさび状の障害（ジベやけ、灰色かび病）がある場合や、うどんこ病発生果粒では治癒部分がコルク化することから、その部分を起点に裂けやすい。

対策

裂果の見られる果粒は、健全粒と比較し果皮強度が劣ることから、十分な細胞分裂が行われるように貯蔵養分含量が高まるよう、夏秋季の枝管理の徹底、適正な追肥、早期落葉の防止に努める。

当年の管理としては、表皮細胞層の発達を促して果皮強度を高めるため、早期摘粒に努める。２回目ジベレリン処理までに整房・粗摘粒を必ず終えるようにする。

結果枝の摘心を慣行より１～２枚強くし、果粒肥大を促進することも有効と思われる。[18] フルメット１～２ｐｐｍの展葉８枚期花房散布処理や、満開後３～５日ジベレリン25ｐｐｍ＋フルメット10ｐｐｍ１回処理が効果的である。

カスリ症抑制対策と同様に、送風ファンを設置して園内に空気の流れを強制的につくり、蒸散を促進させることも発生抑制に効果的と考えられる。

花かすが長期間付着しないよう注意し、成熟期は降雨が滞水しないよう明渠等で表面水の排水に努める。

果てい部の三日月状裂果の発生しやすい園地では、収穫が遅れないよう注意する。

裂果

柱頭痕付近からの裂果

果てい部の三日月状裂果

果穂軸の登熟

症状・発生原因・対策

主として加温栽培園で、糖度上昇が遅延し、収穫が満開後１００日以降までずれ込むと、果軸が部分的に登熟してくる症状。結果枝に近い部分から登熟するわけではなく、ランダムな発生がもっぱらである。

枯死しているわけではないが、登熟部分の師部に色素が沈着していることから、同化養分の移行に影響している可能性がある。

夏季剪定を徹底している園での発生が顕著なことから、成長点（副梢先

花軸穂の登熟

花穂軸の登熟

カルシウム欠乏症

新梢先端の褐変枯死

カルシウム欠乏によるカッピング

マグネシウム欠乏症

新梢基部葉で発生したマグネシウム欠乏症状

端）でつくられ、果房へ転流する植物ホルモンが減少していることが関与しているようにも見えるが、推測の域を出ない。

よく見られる欠乏症

カルシウム欠乏症

症状・発生原因・対策

植栽当年の新梢伸長が旺盛な6～7月に、新梢先端や新梢先端葉に発生する場合が多い。

展葉間もない新梢先端付近の葉の縁が褐変して内側に巻き込み、新梢先端が褐変枯死するため、樹冠拡大が大幅に遅れる。

予防的にこの時期は、10日間隔で3回以上、硝酸カルシウム約30gを約30ℓの水に溶かし、灌水を兼ねて施用する。成園においても、加温栽培で生育初期の養分吸収がスムーズにいかない場合（低温発根性の低い台木園で、地温上昇が悪いときなど）に、モザイク様奇形葉と併発する。

マグネシウム欠乏症

症状・発生原因・対策

主として成熟期以降に、新梢（結果枝）基部葉で発生する。

副梢の成長が旺盛な場合などに、道管中の移行性の高いマグネシウムが副梢に移行するため、基部葉で欠乏症状が発生する。

発生葉では光合成速度が低下することから、糖度上昇に影響する。硫酸マグネシウムの土壌施用（10～20kg／10a）、もしくは2～3％溶液の葉面散布が効果的である。

カリウムとの拮抗作用により吸収が阻害される場合が多いため、カリ過剰に注意する。ただし、4倍体品種と比較すると、重度に発生する園はほとんど見られず、樹内で部分的に発生する場合がほとんどで、糖度上昇への影響は少ないようである。

ホウ素欠乏症

ホウ素欠乏発生葉

ホウ素欠乏による花穂先端の退化

ホウ素欠乏症

症状・発生原因・対策

花穂調整期までの幼花穂の段階で、花房先端のみが枯死したようになくなる状態となる。

発生率が高くなることはなく、1樹内で数房レベルの発生で留まることから、摘房で対処する。

若齢樹で、新梢伸長期に欠乏すると、カルシウム欠乏と同様に葉縁が巻いて奇形となる。石灰欠と異なり葉縁の枯れ込みは少ない。さらに程度が重篤化すると、葉が極めて小型化し、新梢伸長が停止する。

FTE（クミアイ総合微量要素肥料）を1樹当たり30g程度施用し様子を見る。ホウ素は適正範囲が狭いため、一度に多量の施用はしないよう注意する。ホウ素は、土壌pHが7以上に高まると吸収されにくくなることから、発生が見られる園では炭酸石灰の施用を控える。


〈引用・参考文献〉
（1）引用文献「ブドウシャインマスカットにおける新梢萎凋（芽萎え）症状の発生要因と対策」持田圭介　2018　島根農技セ研報45　p11-20
（2）引用文献　田村史人・藤井雄一郎　2010　ブドウ'マスカット・オブ・アレキサンドリア'生育初期における新梢の萎凋発生と溢泌液中無機成分濃度との関係　近中四農研　16　p25-29

（3）引用文献「ブドウ「デラウェア」における加温栽培向き台木品種選抜」大野泰司　2008　果実日本　63　p38-42

（4）引用文献「ブドウ〝シャインマスカット〟における花蕾黒変症状の発生要因と対策」持田圭介・永島進　2020　島根農技セ研報　47　p39-48

（5）引用文献「長野県における〝シャインマスカット〟の開花異常の発生状況とその特徴」桐崎力　2018　平成30年度落葉果樹研究会資料　農研機構果樹茶業研究部門　p57-60

（6）引用文献「ストレプトマイシン利用によるブドウの無核果生産技術の確立（第1報）ストレプトマイシンによるブドウの単為結果の誘発について」小笠原静彦　1985　広島県果樹試報　11　p39-49

（7）引用文献「ブドウ〝マスカット・オブ・アレキサンドリア〟果粒の発育第Ⅱ期の特徴と〝シミ〟症状の発生要因」中野幹夫　1989　園学雑　58　p529-536

（8）引用文献「ブドウ縮果病の発生条件」高木伸友・森本正康・間苧谷徹　1981　園学雑　50　p185-191

（9）引用文献「ブドウ〝シャインマスカット〟における「果梗部黒変症状（仮称）」の発生要因の探求」安田喜一・谷川宏行・四宮亮　2016　園学研　15別2　p300

（10）引用文献「ハウス栽培ブドウ〝シャインマスカット〟におけるミスト処理、被覆資材の違いが生理障害発生と果実品質に及ぼす影響」持田圭介・高橋利幸　2020　園学研　19別1　p61

（11）「硫酸マンガンの果房浸漬処理によるブドウ〝ピオーネ〟の「房枯れ症」発生軽減」岡山農総セ・農試　2001　2001年度（平成13年度）近畿中国四国農業研究成果情報　生産環境推進部会　p48

（12）引用文献「ブドウ〝シャインマスカット〟の果粒軟化後に発生した成熟遅延粒の特徴」金澤淳・倉藤祐輝・岸弘明　2013　園学研　12（別2）　p119

（13）引用文献『優良新品種のつくりこなし方　シャインマスカット　未熟粒混入症』唐澤友洋　2017　農業技術大系（果樹編）　ブドウ　技168の43の28～31　農文協　東京

（14）引用文献「Skin browning and expression of PPO, StS, and CHS genes in the grape berries of〝Shine MusCat.〟」Suehiro, Y., K.Mochida, H.Itamura and t.Esumi. J.Japan.Soc.Hort.Sci.83（2）：122-132

（15）引用文献「ブドウ〝シャインマスカット〟におけるかすり症の発生と無機成分含量との関係」持田圭介・牧慎也・大西彩貴・中原望・三谷宣仁・内田吉紀・倉橋孝夫　2013　島根農技セ研報　41　p41-50

（16）「CPPU処理方法の違いがブドウ〝シャインマスカット〟の果実品質に及ぼす影響」持田圭介・牧慎也・大西彩貴・内田吉紀・倉橋孝夫　2013　園学研　12　p155-163

（17）「花穂の開花時期で判断する加温「シャインマスカット」の果実品質低下の回避技術」岡山県農林水産総合センター農業研究所　2019　平成30年度試験研究主要成果　p31-32

（18）引用文献『優良新品種のつくりこなし方。シャインマスカット開花期の強摘心による果粒肥大促進』宇土幸伸　2014　農業技術大系（果樹編）ブドウ　技168の43の4～7　農文協　東京

第8章

シャインマスカットの病虫害と防除対策

山梨県果樹試験場
綿打 享子　内田 一秀

新梢に発生した黒とう病

主な病害の発生と防止対策

対策を組み合わせる

大粒系ブドウにおいて、「シャインマスカット」は病虫害の発生が比較的少ない品種といえるが、特異的に被害が生じやすい病虫害もあるので、その特徴に合わせた防除対策が必要となる。

温暖で降雨の多い日本の気候は病原菌の増殖や伝染に好適であるが、病原菌は非常に小さく目に見えないため、症状が見えるようになって初めて気づくことが多い。いったん発病すると治療が難しく、特に果房では商品価値の低下につながるため経済的被害が大きい。

このような考えから病害防除は「予防」が基本となる。防除といえばまず農薬散布が思い浮かぶが、実はそれ以外の管理作業も病害を防ぐのに役立っている。薬剤散布と上手に組み合わせることで総合的な防除を実施していただきたい。

早めのカサかけ・袋かけと簡易雨よけの設置

ブドウに発生する病害の多くは降雨により伝染する。特に晩腐病や黒とう病は降雨の多い年に発生が多くなるが、できるだけ早く果房にカサや果実袋をかけ、雨水を遮ることで発病を防ぐことができる。

また、果実袋をかけるときは病原菌を含んだ雨水の侵入を防ぐため、留め金はしっかり閉じる。降雨の多い地域では、簡易雨よけ栽培や施設栽培を導入すればより安心である。

適正な肥培管理定期的な新梢管理

施肥量が多いと新梢や副梢が遅くまで伸びるため過繁茂な状態となる。新梢が重なると棚面が暗くなり風通しが悪くなるだけでなく、薬剤も付着しにくくなる。

特に黒とう病やべと病は袋かけ後の生育期後半でも軟らかい葉に発生するため、樹の生育に応じた適正な肥培管理を心がける。また、定期的な新梢管理により棚面を明るくし、風通しを良くするとともに薬剤散布しやすい樹形を維持する。巻きひげは剪定時になると硬くなり棚面から除去するのが難しくなるため、生育期のうちに切除するか、先端をつまんでおくとよい。

休眠期の枝みがき、生育期における発病部位の除去、被害残さの処理

果梗の切り残し、巻きひげ、結果母

枝に形成された病斑、枯れ枝等には晩腐病菌や黒とう病菌、灰色かび病菌などが越冬している。

剪定時はこれらの部位を切除し、越冬病原菌の密度を下げる。また、生育期の発病部位や被害残さ上には病原菌が増殖している。健全部への伝染防止のため見つけ次第除去し、圃場衛生に努める。

病害の発生状況と防除

一般的にハウス栽培では、風により伝染する灰色かび病やうどんこ病が問題となり、露地栽培では降雨により伝染する晩腐病やべと病が問題となるが、「シャインマスカット」ではハウス栽培における病害の発生は比較的少なく、露地栽培では主に黒とう病が問題となる。また、収穫後は貯蔵病害として灰色かび病が問題となる。一般的に欧州系品種は病害に罹病しやすい性質を持っているが、欧米雑種である「シャインマスカット」は定期的な防除が実施できれば病害の発生は比較的少なく、安定生産が可能な優良品種である。

山梨県は簡易雨よけを使用しない露地栽培が主である。病害予防の観点から第2回目ジベレリン処理後は早々に摘粒を終わらせ、果実袋やカサをかけた後、果実袋を用いる場合は棚下から、カサを用いる場合は棚上からボルドー液を散布している。

産地や栽培体系により発生する病害は異なるが、ここでは「シャインマスカット」に発生する主な病害について、発生状況と防除対策を述べる。

黒とう病

発生状況

糸状菌による病害で、葉、新梢、花穂、果房、巻きひげ等に発病する。葉では初め小さな黒い斑点が見られ、その後円形の病斑となる。葉では水がたまりやすい葉脈部分や葉の縁に多く発生する。

病斑が多数つくられると生育が不均一になり、葉が奇形したり葉の縁が巻いたりする。新梢や巻きひげには、わずかにくぼんだ茶褐色～黒褐色の斑点が見られる。

新梢の先端に多く発生すると生育が止まり、黒く枯死する。幼果では、初め褐色の斑点を生じ、次第に周辺部が黒褐色、中心部が灰白色でわずかにくぼんだ円い病斑となる。

病原菌は結果母枝や巻きひげ上につくられた病斑に菌糸の形で越冬する。病原菌の伝染時期は早く、4月には越冬場所でつくられた胞子が降雨により伝染する。病原菌は若くて軟らかい組織を好み、発芽前～展葉初期に降雨が多いと早い時期から発生するため被害が大きい。

いったん発病すると、枝や巻きひげからの伝染に加え、葉などにできた病斑からの伝染も重なるため、すぐに圃場全体に蔓延する。生育初期が好天で推移し発生が見られなくても、梅雨期や秋に降雨が続くと突発的に新梢や副梢の葉に発生する。

黒とう病

初め小さな黒褐色の斑点がみられる

初め小さな黒色の斑点がみられる

果粒や果梗、穂軸などにも病斑が見られる

病斑は拡大し、中央部に穴があく

中央が灰白色、周囲が黒褐色の病斑

新梢にはくぼんだ病斑をつくる

防除対策

本病の最重要防除時期は、枝病斑から葉への伝染を防ぐ休眠期防除である。発芽前（萌芽直前）にジチアノン水和剤により防除する。散布時期が遅れると展葉したばかりの葉に発病するため散布時期が遅れないよう注意する。薬剤の防除効果を高めるため、剪定時に伝染源となる枝病斑や巻きひげは必ず除去し、土中に埋めるなどして適切に処分する。

本病に対する治療薬剤はない。雨が降らなければ結果的には発病しないが、予想もできない天候不順に備え生育期も定期的に防除する。

山梨県は、露地栽培が中心であるため生育期防除は黒とう病以外にもべと病、晩腐病、灰色かび病、うどんこ病なども併せて防除している。また、立木類と隣接している圃場が多いため、周辺作物への飛散防止にも配慮し薬剤を選択している。生育期は、展葉初期（先端が5～6枚、平均が2～3枚、一部発芽始め）、展葉5～6枚期、9～10枚期、開花前、落花期および小豆大期にテブコナゾール水和剤、シアゾファミド・TPN水和剤、キャプタン水和剤、ペンチオピラド水和剤、マンゼブ水和剤等で防除している。また、袋かけ後はボルドー液により定期的に防除している。

本病は前述のとおり降雨で伝染するため、散布予定日に降雨が予想される場合は降雨前に散布する。薬剤は散布ムラのないよう丁寧に散布するとともに、なるべく早くカサや果実袋をかける。また、発病した部位は周囲への伝染源となるため見つけ次第取り除き、土中に埋めるなどして適切に処分する。

結果母枝上の病斑は翌年の伝染源になる

棚上に伸びた軟らかい部位にも発病する

新梢管理が遅れると、発病していても気づかないだけでなく、棚面にからまった巻きひげが翌年の伝染源として棚面に残ってしまう。新梢管理は定期的に実施し、薬液が付着しやすいような樹づくりを心がける。また、本病が発病すると思うように樹幹拡大できないだけでなく、数年にわたる徹底した防除が必要となるため、降雨の多い地域は簡易雨よけの導入や雨よけ栽培への切り替えも検討する。

べと病

発生状況

卵菌類による病害で、葉、花穂、果房に発病する。病原菌は軟らかい組織を好み、気孔から感染する。

葉では、葉表に油がにじんだような黄白色の斑点を生じ、裏側には毛足の長い白い菌体が見られる。花穂では、感染した穂軸や花蕾は淡褐色になり、だらりと生気を失ったようになる。その後は花穂全体に毛足の長い白い菌体が見られる。

果房における被害の様子は生育ステージにより異なる。小豆大期までは果粒全体に白い菌体が見られるが、大豆大期以降では果粒が鉛色に変色し、その後乾固する。花穂や果房で発病すると、商品価値が低下するため経済的な被害が大きい。

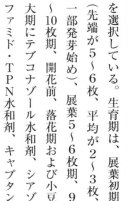

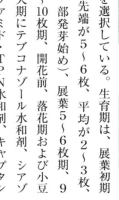

また、葉での発病が多くなると早期落葉し登熟不良となるため、翌年の芽吹きが悪くなる。

病原菌は被害落葉で越冬する。翌年、越冬部位でつくられた遊走子《ゆうそうし》（胞子の一種）が降雨により伝染し、気孔から感染する。

　通常は降雨が多くなる梅雨期頃から先端に近い葉で発病が見られる。しかし、花穂の穂軸が伸長しはじめる展葉7〜8枚期頃は、花穂も罹病しやすくなる。この時期に降雨が続くと葉だけでなく花穂でも発病するため注意が必要である。

べと病

発病初期の葉表の症状。黄白色で油がにじんだように見える

花穂では全体に白い菌体が見える

葉裏には毛足の長い白い菌体が見える

大豆大期以降に発病すると果粒は鉛色になる。果梗部分に菌体が見える

小豆大期の果房における症状

大豆大期以降の果房における症状

　夏になると発生はいったんおさまるが、気温が下がり台風や秋雨が続く頃になると再び副梢の葉などに発生する。欧州系品種では本病の発生が問題となるが、「シャインマスカット」での発生は比較的少ない。

防除対策

　生育期防除は展葉5〜6枚期から開始する。この時期は花穂での発病を防ぐ重要な防除時期であるため、散布が遅れないよう注意する。その後は展葉9〜10枚期、開花直前、落花期、小豆大期と、およそ10日間隔で定期的に防除する。

　露地栽培の場合、黒とう病や晩腐病も併せて防除するため、山梨県では、シアゾファミド・TPN水和剤、キャプタン水和剤、マンゼブ水和剤等を用いている。これらの薬剤はべと病菌に対する予防効果が高いが、天候不順が続いた場合は病原菌に感染するおそれがある。曇雨天が続き感染が心配される場合や前回からの散布間隔があいてしまった場合、また発病初期には、上記の薬剤に代えて治療効果が期待できる薬剤（フルオピコリド・ベンチアバリカルブイソプロピル水和剤、シモキサニル・ベンチアバリカルブイソプロピル水和剤等）を用いて防除するとよい。

しかし、これらの薬剤は耐性の発達するリスクが高いため、連用を避け年1回の使用とする。カサかけ後や袋かけ後はボルドー液等の無機銅剤により定期的に防除する。

病原菌は軟らかい組織を好む性質がある。葉が硬化すると発病は少なくなるが、繁茂した副梢の葉などでは発生が多くなる。新梢管理は定期的に実施し、遅伸びしないよう肥培管理に留意する。また、発病した部位は、健全な部位への伝染源となるため見つけ次第切除し、土中に埋めるなどして適切に処分する。

晩腐病

発生状況

糸状菌による病害で、主に収穫期の果房に発病する。病原菌は幼果期の果粒に感染するが発病せずにそのまま潜伏している。

収穫期近くになると、黒褐色でかすり状の斑点が現れ、その部分を中心に同心円状の病斑が拡大し軟化腐敗する。病斑上には鮭肉色でネバネバした胞子の塊がつくられる。まれに幼果期の果粒に黒とう病の初期症状と類似した褐色の小斑点が見られるが、この病斑は拡大しない。欧州系品種やピオーネなどでは本病の発生が問題となるが、「シャインマスカット」での発生は比較的少ない。

病原菌は結果母枝の節部や前年に発病した果梗の切り残し、巻きひげなどで越冬する。翌年、これらの部位でつくられた胞子が降雨により幼果に伝染する。越冬部位から果房への主な伝染時期は梅雨期であるため、梅雨期に降雨の多い年は発生が多くなる。また、収穫期の発病果粒上につくられた胞子が健全な果粒へ伝染するため、収穫期の降雨も発生を助長する。

晩腐病

発病果粒の様子。症状が進むと干からびる

幼果での発病はまれで、病斑は拡大しない

果梗の切り残しは翌年の伝染源となる

防除対策

本病に対する特効薬はないため、薬剤防除に加え伝染源となる果梗の切り残しや巻きひげを除去する耕種的防除、早めのカサかけや袋かけといった物理的防除を組み合わせた総合的な防除を実施する。

山梨県の露地栽培では、休眠期に黒とう病やつる割病を併せて防除するため、発芽前にジチアノン水和剤により防除している。薬剤の効果を高めるため、剪定時には伝染源となる果梗の切り残しや巻きひげを除去し圃場における病原菌の密度を下げる。切除した伝染源は土中に埋めるなどして適切に処分する。

生育期は他の病害の防除と併せキャプタン水和剤、フルジオキソニル水和剤、マンゼブ水和剤等により防除する。重点防除時期は結果母枝からの伝染が多くなる落花期～小豆大期（主に6～7月）である。

山梨県ではこの時期は、防除効果が比較的安定しているマンゼブ水和剤を用いている。しかし、果粒肥大が進むと薬液の汚染や果粉の溶脱が問題となり、十分量の薬剤を散布することが難しくなるため、防除時期が遅れないよう注意するとともに、感染防止のためなるべく早くカサや果実袋をかける。手間はかかるが第1回目のジベレリン処理後に「デラウェア」用のロウ引きカサをかけておくと降雨が続いて薬剤散布ができないときも安心である。

発病した果粒は健全な果粒への伝染源となるため、見つけ次第除去し土中に埋めるなどして適切に処分する。降雨の多い地域では簡易雨よけの導入や雨よけ栽培への切り替えも検討する。

うどんこ病

発生状況

糸状菌による病害で、果房、葉、新梢などあらゆる部位に発生する。

葉では葉表に初め薄い白色で小さな斑点が見られ、その部位がうどん粉をまぶしたようになる。果房では、果粒や穂軸、支梗などに発病する。葉での症状はべと病と似ているが、べと病は葉裏に白い病斑が見られるのに対し、うどんこ病は葉表に白い病斑が見られることから見分けがつく。「シャインマスカット」では栽培当初から本病の発生が問題となっている。

病原菌は樹上で越冬し、風により伝染する。生育期の天候にもよるが、露地栽培では例年6月中～下旬頃から発生する。過去に山梨県では「甲州」で展葉3～4枚くらいの新梢が白色の菌体でつつまれる芽しぶが多く見られたが、「シャインマスカット」で芽しぶはほとんど見られず、摘粒中に果房での発病に気づくことが多い。病原菌は湿度の高い条件を好む。風通しの悪い圃場や地下水位が高い圃場、新梢が繁茂している圃場など、湿気がたまりやすい環境で発病が多い。

防除対策

山梨県の露地栽培では、開花前および小豆大期の2回、ＳＤＨＩ剤（ペンチオピラド水和剤等）やＤＭＩ剤（トリフルミゾール水和剤やテブコナゾール水和剤等）で本病を防除している。

本病に対する防除薬剤はいずれも効果が高いため、適期に防除すれば発病を抑えることができる。しかし、防除しなかった場合や開花前の1回だけの場合、また、開花前は防除したが小豆大期の防除が遅れた場合など、適期に防除できなかった場合は発病が見られる。

うどんこ病は果粒だけでなく、穂軸や小果梗などにも発生する。小豆大期は果房の内部にまで薬液が十分散布できるよう防除時期が遅れないよう注意する。また、発病した果房や新梢は健全な部位への伝染源となるため見つけ次第取り除き、土中に埋めるなどして適切に処分する。

降雨が少ない年は黒とう病やべと病の発生が少なく安心しがちであるが、うどんこ病は風により伝染する。いったん発生すると治療が難しく経済的な被害が大きいため、定期的な予防散布に努める。

うどんこ病

発病初期の症状。葉表にうっすらと黄色みがかった病斑が見える

次第にうどんこをまぶしたようになる

新梢に発生したうどんこ病

白色粉状の菌体がみえる

果房に発生したうどんこ病。中央が白色、周囲が褐色の病斑となる

灰色かび病

発生状況

糸状菌による病害で葉、花穂、収穫期の果房に発生する。

灰色かび病

葉における症状

花穂における症状。黒褐色に軟化、腐敗する

収穫期の果房における症状

葉では、水のたまりやすい葉縁部などに褐色で不整形の病斑を生じる。開花前の花穂では、支梗や花蕾が褐変枯死する。穂軸に発病すると感染した部位が黒褐色に変色し軟化腐敗する。収穫期の果房では、裂果した傷から感染し腐敗果となる。欧州系品種では本病の発生が問題となるが、「シャインマスカット」では、生育期の花穂および収穫期の果房における発生は少ない。

この他、収穫後の果房を貯蔵する場合は、貯蔵中の発生が問題となる。多湿条件下では、果粒に約2㎜程度の褐色斑点を生じ、出庫後急速に軟化腐敗する。

病原菌は前年の被害残さや樹上で越冬する。翌年、被害部位でつくられた胞子が風雨により伝染し、軟らかい組織や傷口から感染する。病原菌は低温、多湿条件を好むため、湿度が高い条件で発病が多くなる。

発病した部位には毛足の長い灰色の菌体が見られ、そこから健全な部位に伝染を繰り返す。病原菌は多犯性で、野菜や花、果樹など多くの作物に寄生する。

防除対策

ハウス栽培では、開花直前および落花期に防除する。露地栽培では展葉9~10枚期から小豆大期にかけて定期的に防除する。防除薬剤はキャプタン水和剤、SDHI剤（ペンチオピラド水和剤等）、DMI剤（テブコナゾール水和剤等）、シプロジニル・フルジオキソニル水和剤等を用いる。

病原菌は花かすや果梗の褐変部などに腐性的に寄生している。落花期は花かす除去を徹底するとともに、小豆大期は穂軸の中にまで届くよう十分量の薬液を散布し、病原菌の密度を下げる。また、切除した新梢や発病した果房等は健全な部位への伝染源となるため、土中に埋めるなどして適切に処分し、圃場衛生に努める。

貯蔵中の果房における症状

さび病

発生状況

糸状菌による病害で葉に発生する。初め葉裏に小さく盛り上がった褐点を生じ、そこからオレンジ色で粉状の胞子が吹き出す。

発病時期は天候にもよるが、山梨県の露地栽培では例年8月に入った頃から発生が見られる。新梢基部に近い成葉から発病し、次第に新梢全体に発病が広がる。果実には発病しないため経済的な被害はないが、多発すると早期落葉するため登熟不良となる。「シャインマスカット」での発生は比較的少ない。

防除対策

病原菌は風雨により伝染する。山梨県では落花期以降、晩腐病やべと病と併せマンゼブ水和剤等により防除されている。カサかけ・袋かけ後はボルドー液などの無機銅剤で定期的に防除する。感染が早い年は、7月下旬頃から発病するため、袋かけ後の防除が遅れないよう注意する。

つる割病

発生状況

糸状菌による病害で主に葉、新梢に発生する。山梨県では展葉初期から発病が見られる。葉では初め針でついたような黄白色の小斑点がみられ、のちに中央部が褐色となる。病斑は拡大しない。初期の症状は黒とう病と似ているが、黒とう病の病斑は古くなると穴があき、つる割病の病斑は穴があかないため区別ができる。新梢基部や葉柄には黒色でスジ状の斑点ができる。発

さび病

葉裏にオレンジ色の粉が吹き出す

つる割病

初め黄白色の小さな斑点が見られる

多発すると葉が奇形する

新梢基部における症状

病枝では病斑部に亀裂が入り、枝の伸びが悪くなるため次第に樹勢が低下する。果房での被害はごくまれであるが、果粒や穂軸、果梗に小黒点が多数見られ、後に亀裂が入る。

病原菌は結果母枝上に形成された病斑で越冬する。本病の感染時期は黒とう病と同様に早い。翌春、越冬した病斑上でつくられた胞子が降雨により伝染し、展葉したばかりの葉や新梢に感染する。

防除対策

本病の最重要防除時期は休眠期で、山梨県ではジチアノン水和剤により、黒とう病や晩腐病と併せて防除している。生育期防除薬剤で本病に登録のあるものはないが、現在山梨県で実施している防除体系における本病の発生は少ない。

（綿打享子）

主な虫害の発生と被害防止対策

特徴をとらえた防除の実施

他の品種のブドウ栽培において問題となる害虫類は、「シャインマスカット」でも同様に被害につながることが多い。しかし、中には品種特有の発生状況を示す害虫もある。

その一つとして、幼虫が幹や枝に食入することにより枯死や樹勢低下が生じるクビアカスカシバがある。クビアカスカシバは巨峰群品種や「甲斐路」などを中心に全国的に発生しているが、「シャインマスカット」では被害が極めて少ない。

また、施設栽培を中心にハダニ類が発生する場合があるが、「シャインマスカット」における被害は、葉のみならず果実にも発生して商品価値の低下を招く。同じブドウといえども、その性質は様々であるので、特徴をとらえて適切に防除を行う必要がある。

なお、果粒が小豆程度の大きさを超えるまでに生育した果房への薬剤散布には、剤型などにもよるが果粒の汚染や果粉溶脱のおそれが生じる。そのため、この生育ステージにおける薬剤散布は一時的に困難となる場合が多く、早めに摘粒作業を終えてカサや袋をかけることが望ましい。その後、山梨県の露地ブドウでは各種殺虫剤をボルドー液に混用して防除を継続している。このとき、カサを使用した場合は果房への薬剤の付着を避けるため、ブドウ棚の上からの散布となる。

以下に主要な虫害について、発生状況と防除対策を述べる。

虫害の発生状況と防除

クワコナカイガラムシ

発生状況

全身がロウのような白い物質で覆われており、果房内に寄生して増殖する。クワコナカイガラムシが果房内に寄生しただけでも消費者に不快感を与えるが、ブドウの組織から吸汁して栄養を摂り、多量の糖分が含まれた液体（甘露）を排出するため、果実がベトベトになる。さらに、そこへ黒いカビが発生する場合が頻繁にあり、果実品質が大幅に低下する。果実袋を被せた果房にクワコナカイガラムシが侵入して増殖すると、甘露に発生したカビにより果実袋が汚れることがあり、収穫前に被害に気づくこともある。

また、ブドウリーフロール病やルゴースウッド症状に関連するとされるウイルスを伝搬することが確認されている[1][2]。9月以降に収穫期を迎える品種で被害が発生することが多く、いったん、生息密度が高まると繰り返して問題となる傾向がある。

越冬は粗皮下に産下された白い綿のような卵の塊（卵嚢）の状態で行う。年によっても異なるが、山梨県では4月下旬から5月中旬にかけて幼虫がふ化することが観察されている[3]。

越冬後、ふ化した幼虫は新梢の葉裏などに寄生して発育する。脱皮を繰り返し、雌は3齢を経て成虫となり、体長は約4㎜に達するが、その形状は幼虫のままである。一方、雄は蛹を経た後、体長は約1㎜程度の成虫になる。雄成虫は雌と異なり、翅を持ち飛翔することが可能である。雌成虫は交尾の後、再び産卵し、6月後半から7月にかけて次世代の幼虫が発生する。その後、山梨県内では、さらに1世代を経過し、年間では計3世代を繰り返すとされている。

農作物害虫類の発生時期や発生量などを知りたい場合、害虫の種類に

クワコナカイガラムシ

雌成虫。全身が白いロウ質物で覆われている

果実袋の汚れなどで気づくことがある

雄成虫は翅を持ち、飛翔することができる

よっては「発生予察調査用トラップ」の利用が可能である。クワコナカイガラムシについては、2018年に性フェロモンを誘引源として用いたトラップが市販され、発生消長データが蓄積されつつある。

山梨県果樹試験場内のブドウ園における調査結果では、特に7月以降は連続して発生していることが明らかとなった[3]。なお、先述のとおり、山梨県では年間3世代を経過するとされてきたが、発生期間が非常に長く、今後の調査次第では年間の世代数についての新たな知見が得られる可能性もある。

トラップ以外に発生状況を把握する目安としては、樹上のクワコナカイガラムシの発生量が増加してくると、排出された甘露を目当てに、アリが頻繁に樹上を往来するようになる。また、休眠期に粗皮を除去したとき、多数の卵嚢が認められる。

防除対策

山梨県内のブドウ生産現場では、防除対策として、5月と7月の幼虫発生期を中心に薬剤散布を実施している。

近年では、出荷期の調整のため収穫を遅らせる事例もあり、場合によっては追加防除が必要となる。また、前年、被害が多かった樹では、散布による防除の補完として、一部の殺虫剤で登録されている樹幹への「塗布」による防除も併用する。また、休眠期には粗皮を除去する作業を行うが、越冬している卵の除去に有効であるため励行する。

ハダニ類

発生状況

ナミハダニやカンザワハダニが主要な加害種であり、糸を排出しながら葉裏を中心に寄生して吸汁する。露地栽培では問題になることは少ないが、施設栽培では深刻な被害となる場合がある。

ナミハダニは、気温25℃の条件では約10日間で卵から成虫まで発育し、雌は生涯で約170個の卵を産むとされている。2週間で約70倍まで増えるとする計算結果もあるように増殖が非常に早い。

発生初期には葉に部分的な黄変が観察される程度であるが、寄生個体数が急増すると、葉の葉脈間が褐変したり、ひどい場合では早期落葉したりすることがある。また、果房に寄生し、果粒の表皮を吸汁する場合もある。「巨峰」など果粒が着色する品種では問題とならないが、「シャインマスカット」などの黄緑色品種においては、果皮が茶褐色に変色し、品質の低下につながる。

施設栽培においては、収穫期に向かって気温が上昇するとともに、果実品質を上昇させるために土壌中の水分を絞るため、施設内の環境が乾燥しやすく、ハダニ類の発生に好適な環境となる。

防除対策

ハダニ類の生息密度を高めないことが重要となる。特に施設栽培では、防除開始の遅れや、散布間隔の延伸などにより、気温の上昇に伴って個体数が急増することがある。生息密度が高くなると、薬剤による十分な防除効果が得られにくいため、乾燥気味になる加温機の周辺など、施設内の発生しやすい場所を注意深く観察して状況を把握する。

また、定期的な防除による生息密度の抑制が必要となるが、個体群によっては殺ダニ剤に対する抵抗性の発達のため、使用した薬剤の効果が期待どおりには得られない場合がある。防除実施後には寄生個体の生死を観察し、防除効果を確認する。

様々な農作物栽培において、ハダニ類の薬剤抵抗性の発達は、大きな問題となっており、従来の殺ダニ剤に頼るだけでは困難な場合もある。ブドウ栽培においても、その対策として以下のような技術の導入が検討されている。

①気門封鎖剤 「気門」という呼吸をするための器官を塞ぎ、ハダニ類を窒息させる。一般的な殺ダニ剤とは異なり、呼吸を妨げる物理的な作用により効果を現すため、抵抗性が発達するおそれが極めて低く、また、すでに様々な薬剤に抵抗性が発達している個体群でも防除効果が期待できる。ただし、虫体に直接付着しないと効果は現れず、残効も期待できないため、1週間程度の間隔で複数回散布する必要がある。

②天敵類の導入と土着天敵の保護
ハダニ類を補食する天敵「ミヤコカブリダニ」を製剤化した防除資材を導入するとともに、下草などに生息するカブリダニ類などの土着天敵を保護、活用することで、ハダニ類の発生を抑制する手法が研究され、成果に基づいたマニュアルが公開されている(4)。

③紫外線と光反射シート 紫外線

ハダニ類

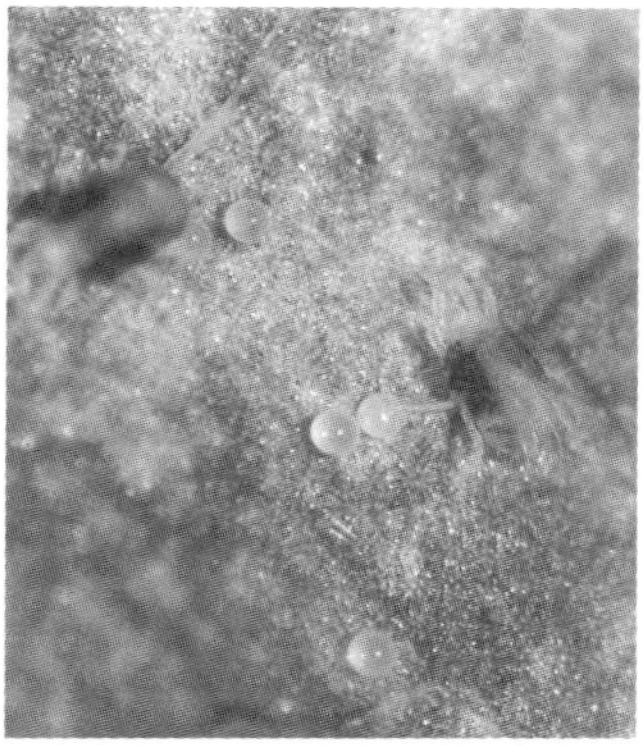
糸を排出しながら葉裏などに寄生し、吸汁

果皮が茶褐色に変色

（UVB）の照射がハダニ類の正常な発育を阻害する効果があることが、近年の研究で明らかとなり、[5] イチゴなどを中心に研究が進められている。[6] 現状、果樹栽培でのデータは十分ではないが、今後の動向が注目される。

チャノキイロアザミウマ

発生状況

体長は雌成虫で0・8㎜程度と、アザミウマ類でも小さい種類であるが、ブドウ栽培上、非常に重要な防除対象害虫である。

植物体に口針を刺して吸汁し、発育するため、ブドウの表面の細胞が傷つき、果房では穂軸が褐変したり、幼果期に吸汁されると果粒の表面がコルク化したりする。また、多発時には葉の葉脈沿いが食害を受けて褐変することもある。「シャインマスカット」などの黄緑色品種においては、収穫期が近づいた果粒に、カスリ症と呼ばれる生理障害に酷似した褐色のしみを生じさせる。[7]

チャノキイロアザミウマは黄色に誘引されることが知られているため、ブドウ棚に黄色粘着シートを吊るすことで、その発生消長を把握することができる。

山梨県果樹試験場内のブドウにおける調査では、各世代による誘殺虫数の増減は明確ではなく、例年、6月から9月末にかけての大きな一山型を示し、そのピークは7月後半から9月上旬頃である。

また、チャノキイロアザミウマは、木本性を中心として非常に幅広い植物に寄生することが知られており、[8] ブドウ栽培圃場の周辺に生育に好適な植物が植栽されていると、そこを増殖の場として、圃場内へ侵入してくることがある。

防除対策

山梨県では、ブドウ圃場内の生息密度を低く維持することを目的に、発生初期からの定期的な薬剤散布による防

チャノキイロアザミウマ

穂軸が褐変（左・被害果房、右・正常）

果粒に褐色のしみが生じる

除を実施している。

ブドウのチャノキイロアザミウマ防除に使用できる登録薬剤は多数あるが、その効果には差があり、薬剤によっては感受性が低下している可能性がある。防除効果が疑われるような場合は、地元の技術指導機関に相談し、効率的に防除を実施する。

ブドウハモグリダニ

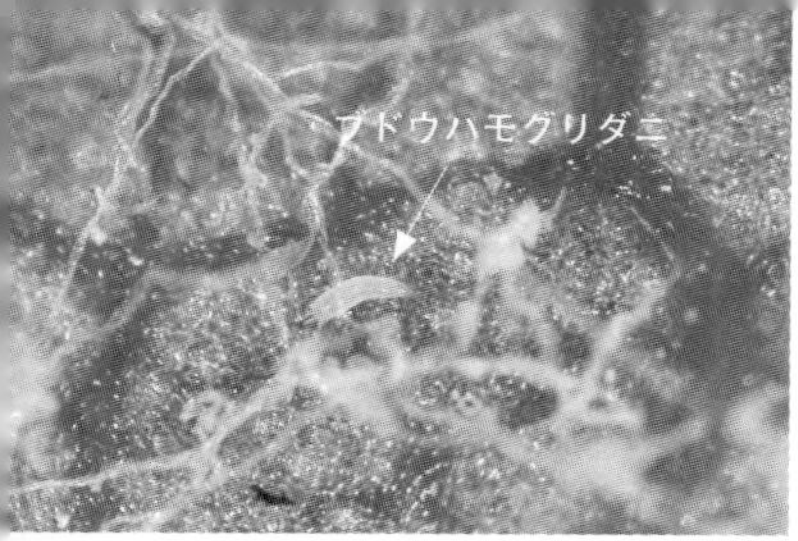

体は三角のくさび形で小さい

葉裏から葉表に向けて隆起する

葉裏に白い毛が密植

チャノキイロアザミウマは新梢先端や副梢などの軟らかい組織を中心に生息しているため、適切な新梢管理によって、これらの組織を剪除することは密度抑制に役立つ。また、果実袋を使用して栽培する場合は、袋内への侵入を防ぐため、防除薬剤散布後には速やかに袋かけを実施するとともに、袋の口金をきちんと閉める。

先述のとおり、チャノキイロアザミウマは、非常に幅広い植物に寄生するため、圃場内に被害が発生しやすい場所がある場合は、管理が不十分な植物が近接していないか点検する。

ブドウハモグリダニ

発生状況

ブドウハモグリダニは結果母枝の芽のりん片内部で越冬する[9]。一般的なハダニ類と異なり、体は三角のくさび形をしており、体長は0・2㎜程度と小さく、肉眼で観察することは難しい。ブドウハモグリダニが寄生した葉は、葉裏に白い毛が密植し、葉表に向けて隆起する「毛せん」と呼ばれる症状が発生する。

この症状は展葉開始直後の5月から観察されることが多い。栽培上、毛せんが大きな問題となることは少ないが、ブドウハモグリダニは、巨峰群品種などで果実の品質低下を生じさせる「ブドウえそ果病」[10]の原因となるウイルスを媒介するため、注意が必要である。

なお、「デラウェア」や「甲斐路」などでは、ブドウえそ果病ウイルスに感染しても無病徴のままであり、気づかないうちに近くのブドウへの伝染源になる可能性がある。「シャインマスカット」については病徴の有無は確定されていないが、巨峰群品種と同様に、これらの品種も徹底したブドウハモグリダニの防除が重要である。

防除対策

休眠期防除に使用する石灰硫黄合剤の効果は高い。しかし、都市化が進み農地と宅地が近くなっているなどの理由により、石灰硫黄合剤が使いづらく、防除が難しい場合も多い。2019年にはクロルフェナピル水和剤が登録となり、萌芽直後に散布することで被害を抑制することができる。

カメムシ類

カメムシ類

果粒がカメムシに吸汁され、吸汁痕が褐変

発生状況

巨峰群品種などの着色系ブドウでは問題にならないが、「シャインマスカット」などの黄緑色品種においては、収穫期を迎えた果粒がカメムシ類に吸汁されると吸汁痕が褐変する。

また、詳細は後述するが、果実袋を使用して栽培したところ、果頂部などに集中的な被害が発生した事例もある。幼果期に吸汁された場合、収穫期の果粒には極めて小さい茶褐色の吸汁痕が点のように残る程度で、被害に気づかない場合も多い。

防除対策

収穫期の「シャインマスカット」果房に、代表的な果樹を加害するカメムシであるチャバネアオカメムシを人工的に放虫した被害再現試験では、被害は果実袋を使用することで大幅に減少させることができた[11]。ただし、果房が成熟とともに大きくなり、果粒が果実袋と密着すると、果実袋の上から集中的に加害され、果頂部などが激しく変色する場合があった。

例年、被害が発生しやすい地域や、他の作物でカメムシ類の被害が発生しているような多発年には、果実袋を使用するとともに、果房と果実袋の大きさに留意して果粒と袋が密着しないような工夫が必要である。また、薬剤散布による防除については、移動能力が高い種類のカメムシも多いため、隣接園に逃げ込んだり、逆に自園に侵入したりしないように地域で一斉に実施する。

その他の害虫

アブラムシ類

開花期の花穂や幼果期の果房にアブラムシ類が寄生することがある。多発すると花振るいが生じ、着粒数が大幅に減少することもある。通常はクワコナカイガラムシ防除に用いられる薬剤の影響により発生は少ない。

トリバ類（ブドウトリバ、ブドウオオトリバ）

小型の蛾類であり、幼虫が複数の果粒にわたって穴をあけてはその内部を食害する。中山間地で発生しやすく、被害を受けた果粒からは糞が排出される。登録薬剤はブドウトリバを対象にMEP乳剤があるが、有機リン系、合成ピレスロイド系、ネライストキシン系薬剤などに感受性が高く、これらを使用しているブドウでは被害は少ない。

トリバ類の幼虫が果粒内部を食害

ツマグロアオカスミカメ

発芽直後の芽の中で、ふ化した幼虫が展葉中の組織を吸汁加害する。そのため、多数の穴があいたボロボロの葉になる。被害は新梢基部から5～6枚程度の葉までに多い。また、幼花穂が加害されると、花蕾が消失する場合もある。

発育が進むとブドウを離れて他の寄主植物へ移動するとされているが、詳細な生態は不明である。なお、寄主植物は、チャ、ナス、ウリ類、ダイズ、マメ科牧草、ヨモギ、キクなどが報告されている。前年の被害発生状況などを参考に、登録のある防除薬剤を発芽期に散布する。なお、展葉が進み葉の破れが目立つようになってからでは防除効果は低い。併せて圃場内外の雑草管理を徹底する。

ツマグロアオカスミカメの幼虫が展葉中の組織を吸汁、加害

コガネムシ類

山梨県では特にマメコガネの発生が多い。副梢の先端などに多数の個体が群れて食害し、太い葉脈を残して葉を網目状に食害する。

年や場所によって発生量が大きく異なり、多発園では、殺虫剤を散布しても別の個体がすぐに飛来する場合もある。マメコガネ成虫は刺激（振動・音）に敏感で、死んだふりのように葉から落下する特徴がある。

登録薬剤の散布により防除するが、圃場周辺の環境整備も発生の抑制には重要である。堆肥置き場があったり、

マメコガネが葉を網目状に食害

未熟な堆肥を使用したりすると、産卵と幼虫の生育場所となり、翌年の発生源となる。また、周囲にクズなどのマメ科雑草が多いと、そこも発生源となる可能性がある。

（内田一秀）

＊

以上、「シャインマスカット」の病虫害について、その特徴などを述べた。なお、記載した防除薬剤については２０２０年３月現在の登録内容に基づいている。農薬登録は変更となる場合があるので、使用の際には必ず最新の登録内容を確認していただきたい。

〈参考文献〉

（１）中野正明・中畝良二・駒崎進吉（２００３）クワコナカイガラムシによるブドウ葉巻随伴ウイルス３及びブドウＡウイルスの伝搬　日植病報69　ｐ３１８‐３１９

（２）中野正明・中畝良二・駒崎進吉（２００５）クワコナカイガラムシによるブドウＢウイルスの伝染　日植病報71　ｐ76

（３）内田一秀（２０２０）露地ブドウにおけるクワコナカイガラムシの発生生態と防除薬剤　山梨県果樹試験場研究成果情報　https://www.pref.yamanashi.jp/kajushiken/r01seika.html

（４）外山晶敏・岸本英成（編）（２０１９）新・果樹のハダニ防除マニュアル―〈ｗ天〉防除体系―　国立研究開発法人 農業・食品産業技術総合研究機構 果樹茶業研究部門　茨城　46pp

（５）村田康允・刑部正博（２０１４）ハダニに対するＵＶＢの致死効果と光回復　植物防疫68　ｐ５３９‐５４３

（６）国立研究開発法人 農業・食品産業技術総合研究機構 野菜花き研究部門（編）（２０１９）紫外光照射を基幹としたイチゴの病虫害防除マニュアル～技術編～　国立研究開発法人 農業・食品産業技術総合研究機構 中央農業研究センター　茨城　53pp

（７）村上芳照・内田一秀・綿打享子・功刀幸博（２０１５）チャノキイロアザミウマによる緑色系ブドウ品種における果面被害の識別と抑制　山梨果試研報14　ｐ49‐54

（８）日本応用動物昆虫学会（編）（２００６）農林有害動物・昆虫名鑑（増補改訂版）日本応用動物昆虫学会　東京　387pp

（９）長田巌（１９７０）ブドウハモグリダニの生態について　山梨果試研報２　ｐ38‐51

（10）功刀幸博（２０００）ブドウハモグリダニによるブドウえそ果病の伝搬　植物防疫54　ｐ３６９‐３７２

（11）内田一秀（２０１９）収穫期のブドウ「シャインマスカット」におけるチャバネアオカメムシの被害　山梨県果樹試験場研究成果情報　https://www.pref.yamanashi.jp/kajushiken/h30seika.html

付属資料

シャインマスカットを用いた品種改良と新品種

近畿大学附属農場
佐藤 明彦

ニーズに応えるための育種

「シャインマスカット」が育成されてから後も、多様な果皮色、大粒性、マスカット香の強化を含めた多様な香り、耐病性の向上、生理障害抵抗性、光合成能力の向上による多収性・低コスト生産化、耐虫性などの消費者・生産者ニーズに応えるための育種は重要である。

農研機構では、生食用欧州ブドウの食味と米国ブドウの耐病性や耐裂果性を結合させ、欧州ブドウの食味を持ち、日本で容易に栽培できる品種の育成を目標とし、欧米雑種の交配により「シャインマスカット」を育成した。しかし、早期に実用品種を育成するため、欧米雑種間の交配ではなく欧米雑種の安芸津21号に欧州ブドウを交配して育成した。

「シャインマスカット」は、べと病抵抗性や晩腐病抵抗性は「巨峰」並みと強さと評価されているが、黒とう病抵抗性は強くない。「デラウェア」など多くの米国ブドウ品種と比べると、全体として耐病性は劣ると考えられる。耐病性の向上を目指して、農研機構では「シャインマスカット」を育成したのちも欧米雑種の育種を続けている。しかし、食味などと耐病性を結合するためには、長期の育種が必要である。

シャインマスカットは品種改良の交配親にもなっている

品種改良の交配親として利用

一方、「シャインマスカット」が新品種となって以来、公立場所、民間育種家に品種改良の交配親として利用

表1　シャインマスカットを親に持つ最近のブドウ新品種（一部）

品種名	育成者	情報提供されている特性	品種登録（2020年２月現在）
ジュエルマスカット	山梨県	大粒、黄緑、皮ごと	品種登録＊
甲斐ベリー７	山梨県	大粒、赤色、皮ごと	品種登録出願中＊
長果G11	長野県	赤色、マスカット、皮ごと	品種登録＊
神紅	島根県	赤色、マスカット、皮ごと	品種登録出願中＊
スカーレット	植原葡萄研究所	赤色、皮ごと	
マスカ・サーティーン	植原葡萄研究所	黄緑、マスカット、皮ごと	
ヌーベルローズ	植原葡萄研究所	赤色、マスカット、皮ごと	
マスカット・ノワール	植原葡萄研究所	黒色、微マスカット香、皮ごと	
雄宝	志村富男	大粒、黄緑、皮ごと	
天晴	志村富男	極大粒、黄緑	
バイオレットキング	志村富男	大粒、赤色、皮ごと	
マイハート	志村富男	赤色、皮ごと	
クイーンセブン	志村富男	赤色、皮ごと	
コトピー	志村富男	大粒、赤色	
富士の輝	志村富男	大粒、紫黒色	品種登録出願中

情報提供されている特性は、育成者あるいは苗木カタログに記載されている特性。皮ごと：皮ごと食べられる特性を表す。甲斐ベリー７はサニードルチェと交配。＊印は県内限定

され、主に「シャインマスカット」と欧州ブドウ品種との交配によって様々な新品種が育成されてきた。

ここでは、その中の15品種について**表１**に示す。これらの新品種は育成からまだ日が浅く、試作試験による特性の把握が十分できていないため、主要な特性について育成者からの情報または苗木カタログ等に記載されている情報に基づいて示している。

欧州ブドウは耐病性の遺伝子を持っていない場合が多いので、耐病性は一般に劣ると思われるが、大粒、着色、食味等、様々な特性の品種が生まれている。果皮色は、交配親となる品種の果皮色によって大きく変動し、黄緑色（「ジュエルマスカット」、「雄宝」等）から赤色（「神紅」、「コトピー」、「甲斐ベリー７」等）、紫黒色（「マスカット・ノワール」等）まで様々な品種が生まれている（**図１**）。

「皮ごと食べられる」という特徴

また、これらの品種は共通に、皮ごと食べられる特徴が示されている。簡便に皮ごと食べられることは、消費者の評価が高く、現在のブドウ育種では重要な目標となっている。

「デラウェア」のような米国ブドウや「巨峰」、「ピオーネ」のような欧米雑種の果皮は、厚くむけやすい。皮ごと

図1　シャインマスカットを親に持つ新品種の果皮色

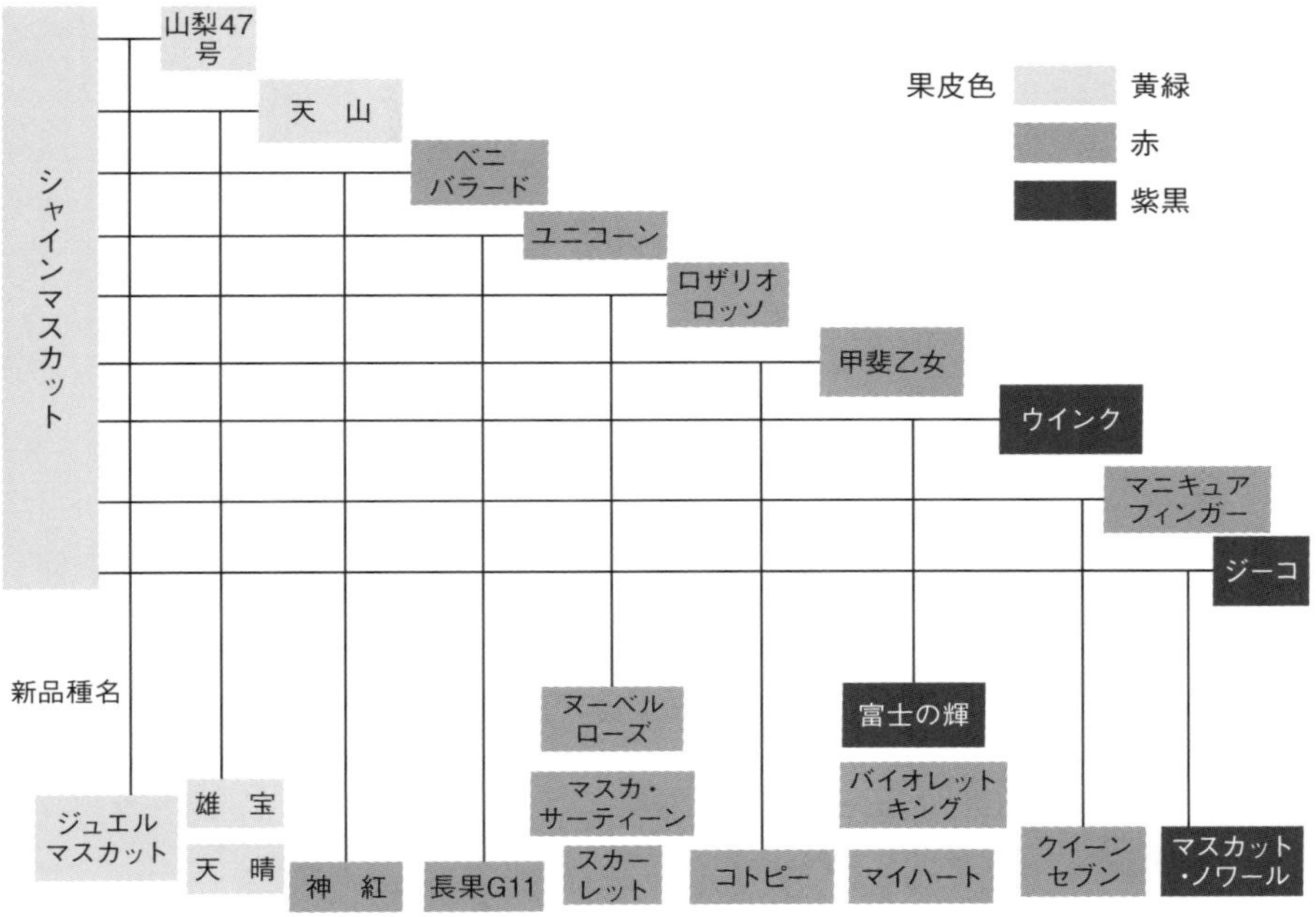

食べられるという特性は、「デラウェア」、「巨峰」、「ピオーネ」といったこれまでの主要品種にはなく、「シャインマスカット」の登場によって広く注目され始めた特性である。果皮が薄くてむけにくいと皮ごと食べられるが、これは欧州ブドウに由来する。また、「皮ごと食べられる」ためには、果皮に渋みがない品種であることも必要である。渋みは栽培条件によって変動しやすいので、特性を把握するうえでは注意が必要である。

これらの15品種は、果実特性については育成者のホームページや苗木カタログに示されているが、耐病性、裂果性、縮果症の発生など、栽培のしやすさについては明らかにされておらず、試作試験が行われたり、今後広く栽培が広がることによって、そういった特性が明らかになってくると思われる。

また、これらの育成品種、および品種登録出願中のうち、「ジュエルマスカット」および「甲斐ベリー7」、「神紅」、「長果G11」は、それぞれ山梨県、島根県、長野県の育成品種であり、現時点では県内限定で普及が進められている。一方、民間育種家による育成品種は農林水産省への品種登録がされていない品種が多い。

◆執筆者紹介・本文執筆分担一覧

執筆順、敬称略（＊印は編者）
所属・役職は 2020 年９月現在
p. は執筆分担頁

山田昌彦（やまだ まさひこ）＊
日本大学生物資源科学部教授（前・農研機構果樹研究所品種育成・病害虫研究領域長）。
P. 2 ～、P.11 ～、P.29 ～

宇土幸伸（うど ゆきのぶ）
山梨県果樹試験場栽培部生食ブドウ栽培科主任研究員。P.45 ～

安井淑彦（やすい としひこ）
岡山県農林水産総合センター農業研究所果樹研究室専門研究員。P.97 ～

米野智弥（よねの ともや）
山形県農業総合研究センター園芸農業研究所研究主幹（兼）バイオ育種部長。P.127 ～

桐崎 力（きりざき りき）
長野県果樹試験場栽培部研究員。P.163 ～

持田圭介（もちだ けいすけ）
島根県農業技術センター栽培研究部果樹科長。P.175 ～

綿打享子（わたうち きょうこ）
山梨県果樹試験場栽培部長。P.200 ～

内田一秀（うちだ かずひで）
山梨県果樹試験場環境部病害虫科主任研究員。P.210 ～

佐藤明彦（さとう あきひこ）
近畿大学附属農場教授（前・農研機構果樹茶業研究部門ブドウ・カキ育種ユニット長）。
P.219 ～

シャインマスカット果房（簡易被覆栽培）

スーパーマーケットの売り場

●

デザイン――ビレッジ・ハウス
イラスト――宍田利孝
写真・資料協力――農研機構果樹茶業研究部門
山梨県果樹試験場　岡山県農林水産総合センター
山形県総合農業研究センター　長野県果樹試験場
島根県農業技術センター　植原葡萄研究所
天香園　菊地園芸　久保田園　ぶどうばたけ
日園連　三宅 岳　ほか
校正――吉田 仁

〈編者プロフィール〉

●山田昌彦（やまだ まさひこ）

日本大学生物資源科学部教授（前・農研機構果樹研究所品種育成・病害虫研究領域長）。

1956年生まれ。京都大学大学院農学研究科修士課程修了。1980年以来長年にわたり、農研機構（前・農林水産省果樹試験場）でブドウ・カキの品種改良に従事し、約6haの圃場で多くの品種と交雑実生樹の栽培と特性評価を行う。「シャインマスカット」、「クイーンニーナ」などブドウ14品種の育成者。「シャインマスカット」の育成で園芸功労賞（育成者グループ）などを、果樹の品種改良の方法に関する研究で日本農学賞などを受賞。

著書に『果樹の交雑育種法』(養賢堂)、『農業技術体系(分担執筆)』(農文協)、『新版 果樹栽培の基礎(分担執筆)』(農文協)などがある。

シャインマスカットの栽培技術《さいばいぎじゅつ》

2020年10月20日 第1刷発行
2024年11月22日 第7刷発行

編 著 者——山田昌彦《やまだまさひこ》

発 行 者——相場博也

発 行 所——株式会社 創森社

〒162-0805 東京都新宿区矢来町96-4

TEL 03-5228-2270 FAX 03-5228-2410

https://www.soshinsha-pub.com

振替00160-7-770406

組 版——有限会社 天龍社

印刷製本——中央精版印刷株式会社

 ISBN978-4-88340-345-5 C0061